# NOTES

D'UN

# JUGE D'INSTRUCTION.

# NOTES



# JUGE D'INSTRUCTION

SUR

## LA TAXE ET LE PAIEMENT

# DES FRAIS DE JUSTICE

## EN MATIÈRES

CRIMINELLE, CORRECTIONNELLE ET DE SIMPLE POLICE;

## PAR M. SUDRAUD-DESISLES,

JUGE D'INSTRUCTION A LIMOGES.

## PARIS.

ALEX-GOBELET, LIBRAIRE, RUE SOUFFLOT, N° 4.

PRÈS L'ÉCOLE DE DROIT.

—

## LIMOGES.

F. CHAPOULAUD, IMPRIMEUR-LIBRAIRE.

1832.

# NOTE PRÉLIMINAIRE.

Je me suis proposé, pour les frais en matières criminelle, correctionnelle et de simple police, le but que j'espère avoir atteint, quant aux matières civiles, par mon *Manuel du juge taxateur*. J'ai voulu rendre plus facile aux jeunes magistrats le travail que leur impose la taxe des frais de justice; j'ai aussi voulu mettre toutes les parties intéressées à portée soit d'obtenir le prix de leurs soins et de leurs avances, soit de vérifier si les frais qu'on réclamait d'elles n'étaient pas exagérés.

Lorsque je commençai à exercer les fonctions de juge d'instruction, il ne me fut pas toujours facile de fixer les indemnités dues aux témoins, aux médecins, aux experts, et de faire payer les travaux et les fournitures qu'il m'avait fallu requérir; j'ai aussi éprouvé les mêmes embarras lorsque j'ai été chargé de liquider des états de frais.

J'ai pris note des difficultés qui m'arrêtaient, et j'y ai joint les solutions que j'adoptais.

J'ai tracé quelques tableaux ou *comptes faits* de divers articles de frais.

A ces premières notes j'ai ajouté quelques renseignemens sur les droits de timbre et d'enregistrement, ainsi que quelques développemens, que j'ai pris en partie dans l'Instruction générale du 30 septembre 1826.

Je m'empresse de déclarer que ce livre ne sera que rarement utile à tous ceux des présidens, des procureurs du roi, des juges d'instruction et des juges de paix qui ont l'habitude des affaires criminelles ; mais, au moins je l'espère, il pourra souvent servir aux jeunes magistrats soit pour suppléer à l'expérience qu'ils ne peuvent avoir encore, soit pour leur faire acquérir plus facilement cette expérience.

Il pourra aussi être utile aux membres de l'administration des contributions indirectes et de celle des postes pour vérifier les frais dont ils font les avances.

Les médecins, les experts, les huissiers, les gendarmes et toutes les personnes employées dans les instructions criminelles pourront y trouver les renseignemens nécessaires pour obtenir les sommes qui leur sont dues.

Enfin les parties pourront elles-mêmes, avec son secours, vérifier le prix de tous les actes des procès correctionnels et de simple police, et se défendre de toute exagération dans le montant des frais dont on leur demande le paiement.

# ERRATA.

Page 29, dernière ligne ; page 30, 3e et 19e lignes ; page 31, avant-dernière ligne, après ces mots *les gendarmes*, ajoutez *les gardes champêtres, les gardes forestiers*.

Page 32, 23e ligne, après ces mots *les agens de police*, ajoutez *les gardes champêtres, les gardes forestiers*.

Page 69, 27e ligne, au lieu de 4 fr., *lisez* 6 fr.

28e ligne, au lieu de art. 15, *lisez* art. 14.

Page 114, remplacez la n° 264 par ces mots : — *Capture.* — Les gardes champêtres peuvent, comme les gendarmes et les agens de police, être chargés, à défaut d'huissiers, de l'exécution des mandemens de justice. (*Décret du 7 avril* 1813, art. 6.) Ils obtiennent la même indemnité que les gendarmes. — V. n° 90. — Pour en obtenir le paiement ils doivent rédiger un mémoire conforme au 1er tableau placé à la fin du volume.

# NOTES

## D'UN JUGE D'INSTRUCTION

### SUR LA TAXE ET LE PAIEMENT DES FRAIS DE JUSTICE EN MATIÈRE CRIMINELLE, CORRECTIONNELLE ET DE SIMPLE POLICE.

~~~~~~~~~~~~~~~~~~~~~~~~~~~~~~~~~~~~~~~~~~~~~~~~~~~~~~~~~~~~

## AFF

**ACOMPTE** POUR FRAIS DE VOYAGE.

V. *Gendarmes*, n° 283.

*Témoins*, n° 615.

**ACTES** DE L'ÉTAT CIVIL.

V. *Rectification*, n° 547.

*Vérification*, n° 637.

**ACTES** D'HUISSIER.

V. *Citations*, nᵉˢ 97 et suivantes.

*Huissiers*, nᵉˢ 312 et suiv.

**ADMINISTRATIONS** ASSIMILÉES AUX PARTIES CIVILES.

V. *Parties civiles*, n° 469.

**AFFICHES.**

Actes qui doivent être affichés. — V. n° 1ʳᵉ.

Apposition des affiches : par qui faite. — V. n° 6.

Ses frais. — V. nᵉˢ 7 et 8.

Format des affiches. — V. n° 3.

Impression. — V. n° 4.

Rédaction de l'article qui doit être affiché. — V. n° 2.
~~~~~~~~~~~~~~~~~~~~~~~~~~~~~~~~~~~~~~~~~~~~~~~~~~~~~~~~~~~~

Timbre des affiches. — V. n° 5.

**Note 1ʳᵉ.** — *Actes qui doivent être affichés.* — Ce sont les arrêts, les jugemens et les ordonnances dont la loi prescrit expressément l'affiche ; ce sont aussi tous les actes dont les tribunaux, d'après l'autorisation formelle d'une loi, ordonnent la publication par la voie des affiches.

**N° 2.** — *Rédaction de l'article qui doit être affiché.* — La rédaction du manuscrit sur lequel est faite l'impression d'une affiche ne procure aucun émolument à son auteur.

Néanmoins, s'il est indispensable que le greffier délivre un nouvel extrait d'un arrêt ou jugement pour être remis à l'imprimeur, cet extrait est payé au prix fixé aux notes 238 ou 239.

**N° 3.** — *Caractères, format des affiches.* — La dimension des caractères et du papier, pour les affiches imprimées à la requête du ministère public, est réglée par l'Instruction générale du 30 septembre 1826.

Quant aux actes affichés à la requête des parties, il suffit que la lecture en soit facile. Il convient de se conformer aux mêmes règles que pour les affiches requises par le ministère public.

**N° 4.** — *Impression des affiches.* — Tous les actes qui sont affichés à la requête du ministère public doivent être imprimés. (*Réglement,* art. 105). Pour les frais de cette impression, — V. n° 339.

**N° 5.** — *Timbre des affiches.* — Les affiches qui doivent être apposées à la requête du ministère public sont imprimées sur papier libre.

Celles qui sont apposées à la requête des parties doivent être imprimées sur papier timbré : le prix du timbre, pour le papier destiné à ces affiches , est de 10 centimes pour une feuille entière.

**N<sup>e</sup> 6.** — *Par qui est faite l'apposition des affiches ?* — Si elle est requise par le ministère public , elle est faite par les soins du maire de la commune où elle est effectuée.

Quant aux affiches faites sur les poursuites d'une partie , les maires ne sont pas chargés de leur apposition ; la partie doit aviser aux moyens de la faire opérer.

**N<sup>e</sup> 7.** — *Frais de l'apposition des affiches.* — **Dans** tous les cas ces frais sont réglés par un tarif qui doit être réglé par l'administration municipale.

Ces frais se réduisent au salaire alloué à l'afficheur.

Cette apposition n'est pas constatée par un procès-verbal.

L'intervention d'un officier ministériel entraînerait des frais frustratoires, sauf néanmoins quant à l'ordonnance rendue contre un contumace. Pour ce cas, —V. n<sup>e</sup> 141.

**N<sup>e</sup> 8.** — *Par qui ces frais sont-ils supportés ?* — Lorsque l'apposition des affiches est requise par le ministère pu-blic, les frais sont à la charge de la commune où elle est faite. (*Règlement*, art. 3, n<sup>o</sup> 3.)

Si elle est requise par un particulier , c'est lui qui doit en payer les frais, sauf son recours, s'il y a lieu, contre son adversaire.

**AGENS** DE POLICE.

    Assistance donnée aux huissiers. — V. n<sup>e</sup> 9.
    Avertissemens aux médecins, experts, etc. —V. n<sup>e</sup> 10.
    Capture. — V. n<sup>e</sup> 12.
    Citations et significations. — V. n<sup>e</sup> 11.
    Enregistrement. — V. n<sup>e</sup> 14.
    Mandats d'amener. — V. n<sup>e</sup> 13.

Mandat d'arrêt. — V. nᵉ 12.

     De comparution. — V. nᵉ 11.

     De dépôt. — V. nᵉ 13.

Mémoire de droits de capture. — V. nᵉ 17.

Procès-verbaux. — V. nᵉ 14.

Séjour forcé en route. — V. nᵉ 15.

     Dans la ville où se fait l'instruction. — V. nᵉ 15.

Témoignage. — V. nᵉ 16.

Timbre. — V. nᵉ 14.

Voyage. — V. nᵉ 15.

Nᵉ 9. — *Assistance donnée aux huissiers.* — Les agens de police n'ont droit à aucune rétribution pour prêter aide et main forte aux huissiers qui les en ont légalement requis. L'agent de police qui en exigerait devrait être poursuivi, et puni suivant l'exigence des cas. (*Réglement*, art. 77, 3ᵉ alinéa.)

Nᵉ 10. — *Avertissemens aux médecins, etc.* — Dans plusieurs cas les agens de police peuvent être chargés par les magistrats d'appeler devant eux les experts, les médecins, les parties et les témoins. Ces avertissemens, soit verbaux, soit écrits, ne procurent jamais aucun émolument aux agens de police. Il n'en résulte aucuns frais.

Nᵉ 11. — *Citations, notifications, mandats de comparution, significations.* — Les agens de police ne doivent être chargés de ces actes qu'à défaut des huissiers et des gendarmes ; jamais il n'en peut résulter pour eux aucun émolument. (*Réglement*, art. 72.)

Nᵉ 12. — *Captures.* — Lorsque les agens de police porteurs de mandemens de justice viennent à découvrir, hors la présence des huissiers, un individu prévenu, accusé ou condamné, ils doivent l'arrêter, et le conduire devant le magistrat compétent. Dans plusieurs cas cette arrestation procure aux agens de police la même indemnité qu'aurait obtenue un huissier. (*Réglement*, art. 77, 4e alinéa.) Ces cas arrivent lorsque l'arrestation a lieu en exécution d'un

*Arrêt* de cour royale ou de cour d'assises qui condamne à un emprisonnement, ou à une peine plus forte, ou à la contrainte par corps;

*Jugement* qui prononce les mêmes peines;

*Mandat d'arrêt;*

*Ordonnance de prise de corps.*

Nᵉ 13. — *Mandats d'amener, de dépôt.* — L'exécution de ces mandats devrait procurer aux agens de police le même émolument qu'aux huissiers; cependant le ministère refuse de le leur allouer. — V. nᵉ 28.

Nᵉ 14. — *Procès-verbaux, enregistrement, timbre.* — Dans un seul cas les agens de police doivent rédiger un procès-verbal; c'est lorsqu'ils effectuent l'arrestation d'un individu prévenu, accusé ou condamné. Ce procès-verbal est soumis à l'enregistrement et au timbre; il est écrit sur papier visé pour timbre; il est enregistré en débet.

Nᵉ 15. — *Voyage, séjour forcé en route, séjour dans la ville où se fait l'instruction.* — Les agens de police n'obtiennent aucune de ces indemnités, si ce n'est lorsqu'ils sont appelés en témoignage. — V. la note suivante.

Nᵉ 16. — *Témoignage.* — Les agens de police reçoivent un traitement sur les fonds communaux. Ainsi, d'après l'art. 32 du réglement, l'indemnité pour simple déposition ne peut jamais leur être allouée.

Mais, s'ils étaient appelés en témoignage dans une commune dont le chef-lieu est éloigné de plus d'un myriamètre du chef-lieu de la commune où ils résident, ils obtiendraient les mêmes indemnités de voyage et de séjour que les autres témoins.

Pour l'indemnité de voyage, — V. nᵉ 591.

Pour celle de séjour forcé en route, — V. nᵉ 592.

Pour celle de séjour dans la ville où se fait l'instruction, — V. nᵉ 593.

Nᵉ 17. — *Mémoire des droits de capture alloués aux agens de police.* — Pour obtenir le paiement de ces droits les agens de police rédigent, par triple expédition, un mémoire conforme au modèle porté au tableau nº 1ᵉʳ. — V. à la fin du volume.

L'une des copies de ce mémoire est sur papier timbré. (*Réglement*, art. 145.)

Néanmoins, si ces droits ne s'élèvent pas à plus de 10 francs, les trois copies sont écrites sur papier libre. (*Réglement*, art. 146.)

**ALIMENS** ET AUTRES SECOURS AUX PRÉVENUS, ETC.

En cas de translation. — V. nᵉ 19.

Hors le cas de translation. — V. nᵉ 18.

Mémoire pour le paiement des frais. — V. nᵉ 20.

Nᵉ 18. — *Alimens et autres secours fournis aux prévenus hors le cas de translation.* — Ces alimens et ces secours sont toujours à la charge du ministère de l'intérieur. (*Réglement*, art. 10.)

Ces frais sont toujours à la charge de l'état, sans aucune répétition, soit contre le prévenu ou accusé, soit contre la partie civile, sauf néanmoins dans le cas de contrainte par corps exercée à la requête d'un particulier.

Nᵉ 19. — *Alimens et secours fournis aux prévenus ou*

*accusés pendant leur translation.* — Si ces alimens et ces secours sont fournis dans les prisons et maisons d'arrêt de la route, la dépense en est confondue dans la masse des dépenses ordinaires des prisons. Elle reste toujours à la charge du ministère de l'intérieur.

Dans les lieux où il n'y a pas de prison ces alimens et ces secours sont fournis par les ordres des officiers municipaux ; le prix en ce qui concerne les prévenus ou accusés est payé sur les fonds généraux des frais de justice criminelle. (*Réglement,* art. 10.) Ces frais restent toujours à la charge de l'état, sans aucune répétition.

Nᵉ 20. — *Mémoire pour le paiement de ces alimens et secours.* — Ces frais sont ordinairement avancés par le maire. Il doit exiger de chaque fournisseur un état qui constate l'espèce, le nombre et le prix des objets fournis, et une quittance de la somme payée.

Le maire, pour en obtenir le remboursement, rédige, par triple expédition, un mémoire conforme au modèle porté au tableau nᵒ 2. — V. à la fin du volume.

Si l'on s'attachait rigoureusement aux dispositions des articles 145 et 146 du Réglement, l'une des copies du mémoire, s'il s'élève à plus de 10 francs, devrait être écrite sur papier timbré ; ainsi la commune, qui ne peut retirer aucun bénéfice de ces fournitures dont elle fait l'avance, serait tenue de supporter les frais de timbre.

A l'appui de sa réclamation le maire doit toujours joindre l'état du fournisseur ainsi que sa quittance.

**AMENDES.**
Décime par franc. — V. nᵉ 154.
Recouvrement. — V. nᵉ 543.
Solidarité. — V. nᵉ 579.

**AMENER** ( MANDAT D').

Ecrou. — V. nᵉ 27.

Enregistrement, timbre. — V. nᵉ 21.

Exécution du mandat d'amener : par qui est-elle faite ? — V. nᵉ 22.

Frais de l'exécution par les huissiers :

Si l'individu a été réellement arrêté. — V. nᵉ 24.

S'il était précédemment arrêté. — V. nᵉ 23.

S'il n'a pu être arrêté. — V. nᵉ 23.

Si le mandat d'amener est suivi d'un mandat de dépôt. — V. nᵉ 25.

Frais de l'exécution par les gendarmes , les agens de police , etc. — V. nᵉ 28.

Par qui ces frais sont avancés. — V. nᵉ 29.

Sont supportés. — V. nᵉ 30.

Perquisitions. — V. nᵉ 26.

Séjour. — V. nᵉˢ 327 et 328.

Voyage. — V. nᵉ 326.

Nᵉ 21. — *Enregistrement , timbre.* — Les mandats d'amener sont toujours écrits sur papier libre ; ils sont exempts d'enregistrement , même dans le cas où il y aurait en cause une partie civile qui aurait consigné.

Nᵉ 22. — *Exécution du mandat d'amener : par qui est-elle faite?* — Aux huissiers appartient l'exécution de tous les mandemens de justice ; mais , à leur défaut , les gendarmes et les autres agens de la force publique peuvent en être chargés.

Nᵉ 23. — *Frais de l'exécution d'un mandat d'amener contre un individu qui n'a pu être arrêté , ou qui était déjà détenu.* — Dans ces deux cas l'huissier qui signifie le mandat n'obtient que l'émolument alloué pour une simple citation. (*Réglement*, art. 74.) — V. *Citation*, nᵉ 102. — La copie de ce mandat ne peut compter pour plus d'un rôle. Ainsi elle ne procure aucun nouvel émolument à l'huissier. — V. nᵉ 147.

L'huissier obtient en outre, s'il y a lieu, les mêmes indemnités de voyage et de séjour en route que pour une citation.

Pour indemnité de voyage, — V. nᵉ 326.

Pour celle de séjour en route, — V. nᵉ 327.

Le procès-verbal que l'huissier rédige pour constater l'exécution du mandat est soumis aux mêmes droits d'enregistrement et de timbre qu'une simple citation. — V. nᵉ 101.

Nᵉ 24. — *Exécution du mandat d'amener lorsqu'il en résulte l'arrestation du prévenu et sa comparution devant le juge.* — Il est alloué à l'huissier, tant pour la signification du mandat et la transcription de la copie qui est donnée au prévenu, que pour l'original et la copie du procès-verbal, ainsi que pour la conduite du prévenu devant le magistrat (*Réglement*, art. 71, nᵒ 3); savoir :

A Paris. . . . . . . . . . . . . . . . . . . . . . . . . 8 »

Dans les villes de 40,000 habitans et au-dessus. . 6 »

Dans les autres villes et communes. . . . . . . . 5 »

L'huissier obtient en outre, s'il y a lieu, une indemnité de voyage — V. nᵉ 326 — et une indemnité de séjour en route. — V. nᵉ 327.

Le procès-verbal de l'huissier est soumis aux mêmes droits d'enregistrement et de timbre qu'une simple citation. — V. nᵉ 101.

Nᵉ 25. — *Mandat d'amener suivi d'un mandat de dépôt.* — Lorsqu'un mandat d'amener et un mandat de dépôt sont exécutés, contre le même individu, par le même huissier et dans les mêmes vingt-quatre heures, cet huissier n'obtient qu'un seul droit pour l'exécution de ces deux mandats ( *Décret du 7 avril* 1813, art. 5 ) ; savoir :

A Paris. . . . . . . . . . . . . . . . . . 10   »
Dans les villes de 40,000 habitans et au-dessus. .   8   »
Dans les autres villes et communes. . . . . . . .   6   »

L'huissier obtient en outre, s'il y a lieu, une indemnité de voyage — V. n° 236 — et de séjour. — V. n° 327.

L'huissier doit rédiger deux procès-verbaux.

N° 26. — *Perquisitions.* — Les recherches que l'huissier doit faire pour arriver à la pleine exécution du mandat d'amener ne lui procurent aucun émolument spécial. — V. n° 470.

N° 27. — *Ecrou.* — Sous aucun prétexte l'individu arrêté en exécution d'un mandat d'amener ne doit être déposé dans une maison d'arrêt : ainsi jamais l'huissier ne peut, pour l'exécution d'un mandat d'amener, obtenir l'indemnité allouée pour assistance à l'inscription de l'écrou.

N° 28. — *Exécution d'un mandat d'amener par les gendarmes et les agens de police.* — A défaut des huissiers, les gendarmes et les agens de police peuvent être chargés de l'exécution des mandats d'amener.

Cette exécution doit être constatée par un procès-verbal, qui est soumis aux mêmes droits d'enregistrement et de timbre qu'une citation donnée par un huissier. — V. n° 101.

Les gendarmes et les agens de police qui exécutent réellement un mandat d'amener devraient obtenir la même indemnité que les huissiers. — V. n° 24. — C'est ce que semble ordonner le dernier alinéa de l'art. 77 du Réglement. Cette exécution ne peut être assimilée à une simple signification , pour laquelle il n'est rien alloué aux gendarmes et aux agens de police par l'art. 72 du Réglement.

Néanmoins le ministère a refusé d'allouer cette indemnité.

N⁰ 29. — *Par qui les frais de l'exécution du mandat d'amener sont-ils avancés ?*— S'il y a en cause une partie civile qui ait consigné, ces frais sont pris sur les sommes consignées. S'il n'y a pas de partie civile, ou si elle n'a pas consigné , ces frais sont avancés par l'administration de l'enregistrement sur les fonds généraux des frais de justice criminelle.

N⁰ 30. — *Par qui ces frais sont-ils supportés en définitive ?* — Ces frais sont en définitive à la charge, soit du prévenu s'il succombe , soit des personnes civilement responsables ou de la partie civile, soit de l'état , suivant les distinctions établies dans les notes 257 et suivantes.

## APPEL DE CAUSES.

N⁰ 31. — Aucune disposition législative n'attribue d'émolument aux huissiers audienciers pour l'appel des causes en matière criminelle , correctionnelle ou de simple police. Les magistrats ne peuvent admettre en taxe aucune indemnité pour cet objet.

## APPEL DE JUGEMENT.

Amende pour appel. — V. n⁰ 32.

Appel par acte d'huissier. — V. n⁰ 33.

  Par déclaration au greffe. — V. n⁰ 34.

  Par requête déposée au greffe. — V. n⁰ 35.

Avances des frais de l'acte d'appel. — V. n⁰ 40.

Désistement d'appel. — V. n⁰ 39.

Enregistrement au comptant. — V. n⁰ 37.

  En débet. — V. n⁰ 38.

Frais d'une instance d'appel en matière correctionnelle. — V. nᵉ 46.

Frais d'une instance d'appel en matière de police. —
V. nᵉ 41.

Notification d'appel. — V. nᵉ 36.

Timbre au comptant. — V. nᵉ 37.

Visa pour timbre. — V. nᵉ 38.

Nᵉ 32. — *Amende pour appel.* — En matière correctionnelle et de simple police l'appelant n'est soumis ni à la
consignation ni au paiement d'aucune amende.

Nᵉ 33. — *Appel par acte d'huissier.* — Les frais de cet
acte sont les mêmes que ceux d'une simple citation. —
V. nᵉ 102.

Il en est ainsi en matière correctionnelle et en matière
de simple police. Ces frais sont aussi les mêmes, soit que
l'acte ait été requis par un simple particulier, soit qu'il l'ait
été par le ministère public, ou par une administration
assimilée aux parties civiles. — V. nᵉ 312.

Pour connaître si l'enregistrement doit être perçu au
comptant ou en débet, et si l'huissier doit employer du papier timbré ou du papier visé pour timbre, — V. nᵉˢ 37 et 38.

Nᵉ 34. — *Appel par déclaration au greffe.* — La rédaction de cet acte n'est soumise à aucun droit de greffe ; elle
ne procure aucun émolument au greffier. Ainsi tous ses frais
se réduisent au prix de l'enregistrement et du timbre. Pour
savoir comment doivent être perçus ces droits, — V. nᵉˢ
37 et 38.

Cet acte ne doit être expédié ni signifié.

Nᵉ 35. — *Appel par requête.* — Pour la rédaction de cette
requête, — V. nᵉ 80. — Les frais de cette requête se ré-

duisent au prix du timbre du papier sur lequel elle est écrite. Pour savoir s'il doit être employé du papier timbré ou du papier visé pour timbre, — V. les n<sup>es</sup> 37 et 38.

Le dépôt au greffe de cette requête doit être constaté par un procès-verbal. La rédaction de ce procès-verbal ne procure aucun émolument au greffier. Ce procès-verbal est soumis aux droits de timbre et d'enregistrement. Pour connaître si ces droits doivent être payés au comptant, — V. n<sup>es</sup> 37 et 38.

N<sup>e</sup> 36. — *Notification d'appel.* — Lorsque l'appel a été formé au greffe, soit par une déclaration, soit par le dépôt d'une requête, il serait frustratoire d'en faire la signification par acte d'huissier. Les frais de cette signification ne seraient pas admis en taxe.

Il n'y a lieu à une notification de l'appel que dans le cas de l'art. 205 du Code d'instruction criminelle. Les frais de cette notification sont les mêmes que ceux d'une simple citation. (*Réglement*, art. 71, n<sup>o</sup> 1<sup>er</sup>.) — V. n<sup>e</sup> 102.

N<sup>e</sup> 37. — *Actes d'appel écrits sur papier timbré, enregistrés au comptant.* — Ce sont les actes faits à la requête

1<sup>o</sup> De l'administration des contributions indirectes;

2<sup>o</sup> De celle des postes lorsqu'il s'agit du transport frauduleux des dépêches;

3<sup>o</sup> Du ministère public lorsqu'il agit dans l'intérêt de l'une de ces administrations, ou lorsqu'il y a en cause une partie civile qui a consigné;

4<sup>o</sup> D'une partie civile proprement dite qui n'a pas justifié de son indigence;

5<sup>o</sup> D'un prévenu qui ne se trouve pas incarcéré.

N<sup>e</sup> 38. — *Actes d'appel enregistrés en débet, écrits sur papier visé pour timbre.* — Ce sont les actes qui ne sont pas désignés dans la note précédente. Tels sont les actes d'appel faits à la requête

1° Des administrations, assimilées aux parties civiles, autres que celles des contributions indirectes et des postes ;

2° Du ministère public lorsqu'il n'y a en cause ni l'une de ces deux administrations, ni une partie civile proprement dite, qui ait justifié de son indigence ;

3° D'une partie civile proprement dite qui n'a pas justifié de son indigence ;

4° D'un prévenu qui n'est pas actuellement incarcéré.

N⁰ 39. — *Désistement d'appel.* — Ce désistement est fait par un acte d'huissier. Les frais en sont les mêmes que ceux d'une simple citation. — V. n⁰ 102.

N⁰ 40. — *Par qui les frais d'appel sont-ils avancés ?* — Dans tous les cas prévus en la note 38 les frais de l'acte d'appel sont avancés par l'administration de l'enregistrement. Dans les cas de la n⁰ 37 les frais sont avancés par la partie qui a requis l'acte.

N⁰ 41. — *Frais d'un jugement sur appel en matière de simple police, indépendamment des frais faits devant le premier juge.*

| | ENRE-GISTRᵗ. | TIMBRE | AUTRES DROITS. | TOTAL. |
|---|---|---|---|---|
| Acte d'appel. — V. n⁰ 33 et suivantes. . . | » « | » » | » » | » » |
| Citations aux tém⁵ s'il y a lieu. —V. n⁰ 102. | » » | » » | » » | » » |
| Taxe aux témoins. . . . . . . . . . . . | » » | » » | » » | » » |
| Note des déposit⁵ s'il y a lieu. —V. n⁰ 204. | » » | » » | » » | » » |
| Taxe aux experts. —V. n⁰ˢ 228 et suiv. . . | » » | » » | » » | » » |
| Enregistrement du jugement. — V. n⁰ 52. | » » | » » | » » | » » |
| Feuille d'audience. — V. n⁰ 52. . . . . . | » » | » » | » » | » » |
| Droit pʳ l'obtention du jugemᵗ.—V. n⁰ 79. | » » | » » | » » | » » |
| Expédition s'il y a lieu. — V. n⁰ 222. . . | » » | » » | » » | » » |
| Extrait. — V. n⁰ 238. . . . . . . . . . . | » » | » » | » » | » » |

**ARRÊT**

> De la chambre d'accusation. — V. nᵉ 42.
>
> De la cour d'assises. — V. nᵉ 43.
>
> De la cour royale jugeant sur appel. — V. nᵉ 50.

Nᵉ 42. — **Arrêt de la chambre d'accusation.** — Qu'il y ait ou non partie civile en cause, cet arrêt est écrit sur papier libre ; il est exempt d'enregistrement. Sa rédaction ne procure aucun émolument au greffier.

Il ne doit être expédié que dans le cas où la cour, statuant sur le sort de plusieurs individus, les renverrait devant divers tribunaux.

Pour les frais de cette expédition, — V. nᵉ 222.

Si le prévenu est mis en accusation, l'arrêt lui est signifié par le même acte que l'ordonnance de prise de corps. — V. nᵉ 449 et suivantes.

Si le prévenu est renvoyé en police correctionnelle ou en simple police, la signification de l'arrêt serait frustratoire : il suffit d'une simple citation.

Nᵉ 43. — **Arrêt de cour d'assises.**

> Enregistrement. — V. nᵉ 45.
>
> Etat de frais. — V. nᵉ 46.
>
> Expédition. — V. nᵉ 48.
>
> Extraits. — V. nᵉˢ 237 et suiv.
>
> Frais : par qui avancés et supportés. — V. nᵉ 47.
>
> Rédaction de l'arrêt. — V. nᵉ 44.
>
> Signification. — V. nᵉ 50.
>
> Timbre. — V. nᵉ 45.

Nᵉ 44. — *Rédaction de l'arrêt d'une cour d'assises.* — Le greffier à qui le président peut confier cette rédaction ne peut en retirer aucun émolument. (*Réglement*, art. 63.)

Nᵉ 45. — *Enregistrement, timbre.* — Les arrêts des cours

d'assises sont en général exempts d'enregistrement et de timbre.

Néanmoins l'arrêt qui prononce des condamnations pécuniaires, soit en faveur de la partie civile, soit contre elle, est soumis à cette double formalité. Le droit d'enregistrement est de 2 fr. 20 cent. pour 100 fr. de dommages-intérêts, et de 55 cent. pour 100 fr. de restitution. Ce droit est perçu au comptant; l'arrêt est écrit sur papier timbré, à moins que la partie civile n'ait justifié de son indigence.

N<sup>e</sup> 46. — *État des frais d'un arrêt de cour d'assises.* — Outre les frais antérieurs à l'arrêt de mise en accusation, cet état doit comprendre les frais suivans :

| | ENRE-GISTR<sup>t</sup>. | TIMBRE | AUTRES DROITS. | TOTAL. |
|---|---|---|---|---|
| Signif. de l'ord<sup>e</sup> de prise de corps.-V. n<sup>s</sup> 449. | » » | » » | » » | » » |
| Radiation du premier écrou. — V. n<sup>e</sup> 200. | » » | » » | » » | » » |
| Inscription du nouvel écrou. — V. n<sup>e</sup> 198. | » » | » » | » » | » » |
| Extract. pour l'interrogatoire. — V. n<sup>e</sup> 236. | » » | » » | » » | » » |
| Notificat. de la liste des jurés. — V. n<sup>e</sup> 397. | » » | » » | » » | » » |
| Des témoins. — V. n<sup>e</sup> 397. | » » | » » | » » | » » |
| Citation aux témoins. — V. n<sup>e</sup> 102. . . . | » » | » » | » » | » » |
| Extrac. p<sup>r</sup> comparaît<sup>e</sup> à l'aud<sup>e</sup>. — V. n<sup>e</sup> 236. | » » | » » | » » | » » |
| Taxe aux experts s'il y a lieu. — V. n<sup>e</sup> 228. | » » | » » | » » | » » |
| Aux témoins. — V. n<sup>e</sup> 586 et suiv. . . | » » | » » | » » | » » |
| Enregistrement. — V. n<sup>e</sup> 45. . . . . . . | » » | » » | » » | » » |
| Extraits. — V. n<sup>e</sup> 238. . . . . . . . . . | » » | » » | » » | » » |

TOTAL. . . . . . . .

N<sup>e</sup> 47. — *Frais par qui avancés et supportés.* — Ces frais sont avancés et supportés comme tous les autres frais des procédures criminelles. — V. n<sup>es</sup> 69 et suiv., 256 et suiv.

N<sup>e</sup> 48. — *Expédition des arrêts en matière criminelle.* —

Cette expédition n'est pas nécessaire au ministère public. Néanmoins, s'il l'exigeait, elle devrait être faite : elle serait sur papier libre. — V. le tableau de la note 222, 2ᵉ colonne.

Si la partie civile ou l'accusé demande l'expédition d'un arrêt, le greffier doit la délivrer ; elle est écrite sur papier timbré, à moins que la partie civile n'ait légalement justifié de son indigence. Pour le prix de cette expédition, — V. nᵉ 222.

Nᵉ 49. — *Signification des arrêts de cours d'assises.* — Si l'exécution de ces arrêts est poursuivie par le ministère public ou par l'administration de l'enregistrement, la signification d'un simple extrait suffit. Les frais de cette signification sont les mêmes que ceux d'une citation. — V. nᵉ 102.

Lorsque cette exécution est poursuivie par une partie civile proprement dite ou par l'accusé, l'arrêt doit être signifié en entier. Les frais de la signification sont les mêmes que ceux d'une simple citation. — V. nᵉ 102. — Pour le droit de copie, — V. nᵉˢ 148 et 149.

Nᵉ 50. — *Arrêts et jugemens sur appel en matière de police correctionnelle.*

 Enregistrement. — V. nᵉ 52.
 Expédition. — V. nᵉ 54.
 Extraits. — V. nᵉ 237.
 Frais par qui avancés et supportés. — V. nᵉ 55.
 Liquidation de ces frais. — V. nᵉ 53.
 Obtention du jugement, plaidoieries. — V. nᵉˢ 79 et 158.
 Rédaction. — V. nᵉ 51.
 Signification. — V. nᵉ 49.
 Timbre. — V. nᵉ 52.

**Ne 51.** — *Rédaction des arrêts et jugemens.* — Ainsi que pour les arrêts des cours d'assises, le greffier à qui cette rédaction peut en être confiée par le président n'en retire aucun émolument.

**Ne 52.** — *Enregistrement, timbre.* — Les arrêts en matière de police correctionnelle sont soumis au timbre et à l'enregistrement. Ils sont écrits sur papier timbré; ils sont enregistrés au comptant lorsqu'il y a en cause une partie civile proprement dite qui a consigné, ou qui n'a pas justifié de son indigence, et lorsque l'administration des contributions indirectes ou celle des postes se trouve en cause.

Dans les autres cas le droit d'enregistrement est compté en débet, et le papier est visé pour timbre.

**Ne 53.** — *Liquidation des frais des jugemens et arrêts sur appel.* — Indépendamment des frais faits devant le tribunal correctionnel, les frais faits en appel sont :

| | ENRE- GISTR.ᵗ | TIMBRE | AUTRES DROITS | TOTAL. |
|---|---|---|---|---|
| Acte ou déclar. d'appel.—V. nᵉˢ 32 et suiv. | » » | » » | » » | » » |
| Rad., s'il y a lieu, de l'écrou à la m. d'arr. | » » | » » | » » | » » |
| Inscription de l'écrou à la m. de justice. . | » » | » » | » » | » » |
| Citation aux témˢ s'il y a lieu.—V. nᵉ 102. | » » | » » | » » | ». » |
| Taxe aux témˢ s'il y a lieu.—V. nᵉ 586 et s. | » » | » » | » » | » » |
| Aux experts s'il y a lieu.—V. nᵉ 227. . | » » | » » | » » | » » |
| Extraction s'il y a lieu —V. nᵉ 236. . . . | » » | » » | » » | » » |
| Obtention du jugᵗ s'il y a lieu. —V. nᵉ 79. | » » | » » | » » | » ». |
| Notes des dépositˢ s'il y a lieu.—V. nᵉ 204. | » » | » » | » » | » » |
| Enregistrement et timbre. —V. nᵉ 52. . . | » » | » » | » » | » » |
| Extraits. — V. nᵉˢ 238 et 239. . . . . . | » » | » » | » » | » » |
| Expédition s'il y a lieu. — V. nᵉ 54. . . | » » | » » | » » | » » |

Nᵉ 54. — *Expédition des arrêts et jugemens sur appel.* — Cette expédition, si elle est demandée par le ministère public, est écrite sur papier visé pour timbre. Il en est de même pour l'expédition demandée par une partie civile qui a justifié de son indigence. Dans tous les autres cas elle est écrite sur papier timbré. Pour le prix de ces expéditions, — V. le tableau de la nᵉ 222.

Nᵉ 55. — *Par qui sont avancés et supportés les frais d'un arrêt ou jugement sur appel.* — Ces frais sont avancés et supportés comme tous les frais de poursuites. — V. nᵉˢ 69 et suiv., 256 et suiv.

ARRÊT (MANDAT D').
   Agens par lesquels ce mandat peut être exécuté. —
      V. nᵉ 57.
   Ecrou. — V. nᵉˢ 58 et 59.
   Enregistrement, timbre. — V. nᵉ 56.
   Frais de l'exécution du mandat d'arrêt :
         Si l'individu était déjà arrêté. — V. nᵉ 59.
         S'il n'a pu être arrêté. — V. nᵉ 60.
         S'il a été effectivement arrêté. — V. nᵉ 58.
   Par qui ces frais sont avancés et supportés. — V. nᵉ 62.
   Perquisitions. — V. nᵉ 470 et suiv.
   Procès-verbal. — V. nᵉ 61.

Nᵉ 56. — *Enregistrement, timbre du mandat d'arrêt.* — Ce mandat est toujours écrit sur papier libre ; il est exempt d'enregistrement, quand même il y aurait en cause une partie civile qui aurait consigné.

La rédaction de ce mandat ne procure aucun émolument au greffier.

Nᵉ 57. — *Agens par qui peuvent être exécutés les mandats*

*d'arrêt.* — **Au premier rang** sont les huissiers ; mais , à leur défaut , les gendarmes ainsi que les agens de police peuvent y procéder. (*Réglement*, art. 77. — *Décret du 7 avril* 1813, art. 6.)

N⁰ 58. — *Frais d'exécution lorsque la personne désignée au mandat est réellement arrêtée.* — Il est alloué , soit aux huissiers, soit aux gendarmes , soit aux agens de police qui saisissent un individu en exécution d'un mandat d'arrêt (*Décret du 7 avril* 1813 , art. 6 ) ; savoir :

A Paris. . . . . . . . . . . . . . . . . . . . . . 18    »
Dans les villes de 40,000 habitans et au-dessus. . 15   »
Dans les autres villes et communes. . . . . . . 12   »

Les huissiers obtiennent en outre , s'il y a lieu , les mêmes indemnités de voyage et de séjour en route que pour les citations. — V. n⁰ˢ 326 et 327. — Les gendarmes et les agens de police n'ont pas droit à ces deux indemnités.

Il n'est alloué aucun autre émolument , soit pour perquisitions , soit pour la transcription de la copie du mandat qui doit être donnée à l'accusé , soit pour la rédaction et la transcription du procès-verbal qui constate l'exécution du mandat , soit pour l'acte d'écrou.

N⁰ 59. — *Frais de l'exécution du mandat si la personne était déjà arrêtée.* — Les gendarmes et les agens de police qui , en cas d'urgence , peuvent être chargés de la signification du mandat n'ont droit à aucun émolument. (*Réglement,* art. 72.)

Les huissiers obtiennent , pour cette signification , l'émolument fixé pour une simple citation. (*Réglement*, art. 74.) — V. n⁰ 102. — Ils obtiennent en outre l'émolument fixé pour l'inscription de l'écrou. — V. n⁰ 198.

N⁰ 60. — *Frais de l'exécution du mandat si la personne n'a pu être arrêtée.* — L'huissier ou l'agent de la force publique chargé de l'exécution du mandat, lorsqu'il ne parvient pas à arrêter la personne poursuivie, doit signifier copie de ce mandat, et dresser procès-verbal de perquisition. — V. n<sup>e</sup> 460.

N<sup>e</sup> 61. — *Procès-verbal pour l'exécution d'un mandat d'arrêt.* — Ce procès-verbal, qu'il soit rédigé par un huissier ou par les agens de la force publique, est toujours soumis au timbre et à l'enregistrement. Il est écrit sur papier timbré ; il est enregistré au comptant s'il y a en cause une partie civile qui ait consigné. Dans les autres cas il est enregistré en débet, et il est écrit sur papier visé pour timbre.

N<sup>e</sup> 62. — *Par qui sont avancés et supportés les frais de l'exécution des mandats d'arrêt.* — Ces frais sont avancés et supportés comme tous les frais de poursuites. — V. n<sup>es</sup> 68 et suiv., 257 et suiv.

**ASSISTANCE**

Des avoués aux débats. — V. n<sup>e</sup> 79.

Des greffiers à l'exécution des arrêts criminels. — V. n<sup>e</sup> 63.

N<sup>e</sup> 63. — *Assistance des greffiers à l'exécution des arrêts criminels.*

Greffier qui doit assister à cette exécution. — V. n<sup>e</sup> 64.

Indemnité pour cette assistance. — V. n<sup>e</sup> 66.

Procès-verbal. — V. n<sup>e</sup> 65.

Voyage. — V. n<sup>e</sup> 67.

N<sup>e</sup> 64. — *Greffier qui doit assister à l'exécution.* — C'est le greffier du tribunal supérieur qui siége dans le canton où l'exécution a lieu. C'est le greffier de la justice de paix lorsque, dans le canton, il n'y a ni cour royale ni tribunal de première instance. C'est le greffier du tribunal de première instance lorsque , dans le canton chef-lieu d'arrondissement , il n'y a pas de cour royale. (*Réglement*, art. 52.)

Les greffiers peuvent toujours être remplacés par leurs commis assermentés.

Ne 65. — *Procès-verbal de l'exécution.* — Il est écrit sur papier libre ; il n'est pas soumis à l'enregistrement.

Dans le cas d'exécution à mort le greffier qui rédige le procès-verbal doit adresser à l'officier de l'état civil les renseignemens prescrits par l'article 83 du Code civil.

Il n'est rédigé qu'un seul procès-verbal pour tous les individus condamnés par le même arrêt, quand même ils auraient subi des peines différentes, pourvu que les exécutions aient été faites le même jour et dans le même lieu. (*Instruction générale*, page 59. )

Ne 66. — *Indemnité allouée au greffier.* — Il est alloué au greffier, tant pour assister à l'exécution d'un arrêt et pour en dresser procès-verbal, que pour transcrire ce procès-verbal au bas de l'arrêt, et pour fournir au maire les renseignemens prescrits par le Code civil (*Réglement,* art. 53); savoir : pour les exécutions à mort :

A Paris. . . . . . . . . . . . . . . . . . . . . . 20   »
Dans les villes de 40,000 habitans et au-dessus   15   »
Dans les autres villes et communes. . . . . . .   10   »

Pour les exécutions par effigie et pour les expositions :

A Paris. . . . . . . . . . . . . . . . . . . . . . 10   »
Dans les villes de 40,000 habitans et au-dessus   5   »
Dans les autres villes et communes. . . . . . .   3   »

Il n'est dû qu'un seul droit au greffier, quel que soit le nombre des individus condamnés par le même arrêt , lorsque les exécutions ont lieu le même jour et dans le même lieu.

Le droit est le même pour les greffiers en chef et pour leurs commis, pour les greffiers des cours royales et pour les greffiers des justices de paix.

N⁰ 67. — *Voyage des greffiers pour assister à ces exécutions.* — Indépendamment de l'indemnité allouée d'après la note précédente, les greffiers obtiennent encore une indemnité de voyage s'ils s'éloignent à plus de cinq kilomètres du lieu de leur résidence. Pour le montant de cette indemnité, — V. n⁰ 300.

AVANCES des frais de poursuites.
    En matière criminelle. — V. n⁰ 68.
    En police correctionnelle. — V. n⁰ 71.
    En police judiciaire. — V. n⁰ 76.

N⁰ 68. — *Avances de frais en matière criminelle.*
    S'il y a en cause une partie civile proprement dite.
      — V. n⁰ 70.
    S'il y a en cause une administration assimilée aux
      parties civiles. — V. n⁰ 69.
    S'il n'y a pas en cause de partie civile. — V. n⁰ 69.

N⁰ 69. — *Avance des frais en matière criminelle s'il n'y a pas de partie civile, ou s'il y a une administration assimilée aux parties civiles.* — Dans ces cas les frais de poursuite sont avancés, par l'administration de l'enregistrement, sur les fonds généraux des frais de justice criminelle, sauf tel recours que de droit après le jugement de la cause.

N⁰ 70. — *Avance des frais s'il y a en cause une partie civile proprement dite.* — Il faut distinguer deux cas : celui où la partie civile a consigné, celui où elle n'a pas consigné.
Au premier cas tous les frais d'instruction, d'expédition

et de signification sont payés sur les fonds déposés au greffe.

Lorsque la partie civile n'a pas consigné, il faut encore distinguer si elle a justifié ou si elle n'a pas justifié de son indigence dans les formes prescrites.

Si l'indigence est constatée, l'avance de tous les frais est faite par l'administration de l'enregistrement.

Si l'indigence n'est pas légalement constatée, la partie civile doit faire l'avance des frais. (*Réglement*, art. 159.) Néanmoins les derniers termes de cet article permettent, lorsque des circonstances graves paraissent l'exiger, de décerner les exécutoires sur la caisse de l'enregistrement. Ainsi, par exemple, dans une cause avec partie civile, le ministère public a fait citer un témoin peu fortuné et domicilié au loin ; si la partie civile n'est pas en mesure d'acquitter sa taxe, il convient de la faire payer par le receveur de l'enregistrement, sauf tel recours que de droit.

Nᵉ 71. — AVANCE DE FRAIS EN POLICE CORRECTIONNELLE.
S'il n'y a pas de partie civile en cause. — V. nᵉ 72.
S'il y a en cause une partie civile proprement dite qui ait consigné. — V. nᵉ 74.
Qui n'ait pas consigné. — V. nᵉ 75.
Qui ait justifié de son indigence. — V. nᵉ 72.
Si l'administration des contributions indirectes ou des postes est en cause. — V. nᵉ 73.
S'il y a en cause une autre administration. — V. nᵉ 72.

Nᵉ 72. — *Avance des frais en police correctionnelle* 1° *s'il n'y a pas de partie civile proprement dite ; 2° si elle a justifié de son indigence ; 3° s'il y a en cause une administration assimilée aux parties civiles.* — Dans tous ces cas les frais d'instruction, d'expédition et de signification sont avancés, par l'administration de l'enregistrement, sur les fonds généraux des frais de justice criminelle , sauf son recours après le jugement.

N⁰ 73. — *Avance de ces frais lorsque l'administration des contributions indirectes, ou celle des postes s'il s'agit du transport frauduleux des dépéches, est en cause.* — Cette avance est faite par les préposés de ces administrations.

N⁰ 74. — *Avance de ces frais lorsque la partie civile proprement dite a consigné.* — Dans ce cas tous les exécutoires pour les frais d'instruction , d'expédition et de signification sont décernés contre la partie , et payés par le greffier sur les fonds déposés. (*Instruction générale*, page 137.)

N⁰ 75. — *Avance de ces frais lorsque cette partie civile n'a pas consigné, et n'a pas justifié de son indigence.* — Si le ministère public croit devoir intenter ou poursuivre l'action , les exécutoires doivent être décernés directement contre la partie civile. (*Réglement*, article 159.) — V. néanmoins n⁰ 70.

N⁰ 76. — AVANCE DES FRAIS DE POURSUITES EN POLICE JUDICIAIRE. — L'avance de ces frais est faite comme en matière correctionnelle. — V. n⁰ˢ 71 et suiv.

## AVERTISSEMENS

Aux experts , médecins, sages-femmes. — V. n⁰ 77.
Aux parties, aux témoins en police judiciaire. — V. n⁰ 78.

N⁰ 77. — *Avertissemens aux experts, médecins, etc.* — C'est par un simple avertissement, et non par une citation, qu'ils sont appelés, soit devant le juge d'instruction, soit à l'audience. (*Instruction générale*, page 37.)
Cet avertissement est écrit sur papier libre ; il leur est remis sans frais.

**Nᵉ 78.** — *Avertissement aux parties et aux témoins en police judiciaire.* — L'individu inculpé d'une simple contravention peut être traduit en justice par un avertissement. Par ce moyen on évite les frais d'une citation. Il en est de même des témoins. ( *Code d'instruction criminelle,* art. 169 et 170. )

Ces avertissemens sont écrits sur papier libre ; la remise en est faite sans aucuns frais.

## AVOCATS.

V. *Défenseurs*, nᵉ 158.

## AVOUÉS.

Assistance aux débats. — V. nᵉ 79.

Dépositaires de pièces : séjour en route. — V. nᵉ 83.

　　　　　Séjour au lieu de l'instruction. — V. nᵉ 84.

　　　　　Vacation. — V. nᵉ 82.

　　　　　Voyage. — V. nᵉ 85.

　　　　　Mémoire. — V. nᵉ 173.

Experts. — V. nᵉ 81.

Interdiction d'office. — V. nᵉ 348.

Plaidoiries. — V. *Défenseurs*, nᵉ 158.

Requêtes. — V. nᵉ 80.

Témoins. — V. nᵉ 81.

**Nᵉ 79.** — *Assistance aux débats en matières criminelle et correctionnelle.* — Lorsqu'il y a, dans la cause, une partie civile proprement dite qui prend des conclusions en dommages-intérêts ou en restitution, l'action, quoique portée devant les tribunaux de répression, doit être assimilée à une action civile. Ainsi le ministère des avoués paraît nécessaire tant pour le défendeur que pour cette partie civile. Les honoraires des avoués doivent être taxés comme en matière sommaire. La partie qui succombe doit supporter ces dépens.

Lorsqu'il y a en cause une administration publique, comme celle des contributions indirectes, qui emploie le ministère d'un avoué, le défendeur peut aussi se faire représenter par avoué ; les frais sont taxés comme en matière sommaire ; ils sont supportés par celle des parties qui succombe.

Lorsqu'il n'y a pas de partie civile, l'intervention d'un avoué n'est pas autorisée ; jamais ses honoraires ne peuvent être à la charge de l'état.

L'avoué qui, dans ce dernier cas, a prêté au prévenu le secours de ses talens et de son expérience n'a de recours que contre son client. — V. *Défenseur*, n° 158.

N° 80. — *Requêtes*. — La loi ne fixe pas les honoraires qu'un avoué doit obtenir de son client pour avoir rédigé une requête. La fixation de ces honoraires, s'il y avait discussion, devrait être faite d'après les dispositions des articles 72, 73, 75 et 147 du décret du 26 février 1807. — V. *Manuel du juge taxateur*, n°s 907 et 1639. Ces frais ne sont pas admis en taxe contre l'adversaire. — V. néanmoins n° 158.

N° 81. — *Experts, témoins*. — L'avoué appelé comme expert ou comme témoin obtient les mêmes indemnités qu'un simple particulier.

N° 82. — *Vacations des avoués dépositaires de pièces arguées de faux ou de pièces de comparaison*. — Les avoués obtiennent, pour représenter ces pièces en justice, une indemnité calculée sur le temps employé à cette opération. Il leur est alloué, pour chaque vacation (*Réglement*, art. 13) ; savoir :

Avoués des cours royales. . . . . . . . . . . . . . . 8   »
Avoués des tribunaux de première instance. . . 6   »

Pour le calcul du nombre des vacations, — V. n^es 632 et suiv.

N^e 83. — *Séjour forcé en route.* — Si l'avoué assigné comme dépositaire de pièces est arrêté en route par force majeure, il a droit à une indemnité de 2 fr. pour chaque journée de séjour. ( *Réglement,* art. 95.)

Pour le nombre des journées, — V. n^e 571.

Pour les justifications nécessaires, — V. n^e 572.

N^e 84. — *Séjour prolongé dans la ville où se fait l'instruc-tion.* — L'avoué dépositaire de pièces qui est obligé de prolonger son séjour dans la ville où se fait l'instruction, et qui n'est pas celle de sa résidence, a droit à une indemnité pour le temps qu'a duré ce séjour. Cette indemnité n'est jamais accordée pour les jours où l'avoué obtient une vacation. Il est alloué, pour chaque journée de séjour admise en taxe ( *Réglement,* art. 15 et 96),

Si le séjour a lieu à Paris. . . . . . . . . . . . . 4 »
Dans une ville de 40,000 habitans et au-dessus 2 50
Dans les autres villes et communes. . . . . . . . 2 »

Pour le calcul du nombre des journées qui doivent être admises en taxe, — V. n^e 575.

N^e 85. — *Voyage.* —¡ Lorsqu'un avoué dépositaire de pièces est obligé de se transporter dans une commune dont le chef-lieu est éloigné de plus de deux kilomètres du chef-lieu de la commune où il réside, il a droit à une indemnité de 2 fr. 50 c. pour chaque myriamètre. ( *Régle-ment,* art. 15 et 91.)

Pour le calcul du nombre des myriamètres, — V. n^e 185.

Pour le montant de l'indemnité de voyage, — V. le tableau de la n^e 410.

**CAISSE DES INVALIDES DE LA MARINE.**

Nᵉ 86. — L'administration de cette caisse est assimilée aux parties civiles dans les actions intentées, soit à la requête de ses préposés, soit même d'office par le ministère public, pourvu qu'elle y ait intérêt. (*Instruction générale,* page 133.) — V. *Parties civiles,* nᵉ 469.

## CAPTURE.

Actes dont l'exécution est désignée sous le nom de *capture.* — V. nᶜ 87.

Agens qui peuvent effectuer une capture. — V. nᵉ 88.

Emolument pour chaque capture. — V. nᵉ 90.

Frais de capture : par qui avancés et supportés. — V. nᵉ 91.

Mémoire des frais de capture. — V. nᵉ 92.

Procès-verbal de capture. — V. nᵉ 89.

Nᵉ 87. — *Actes dont l'exécution est désignée sous le nom de capture.* — Ce sont les actes suivans :

*Arrêts* des cours d'assises et des cours royales qui prononcent la peine d'emprisonnement, ou une peine plus forte, ou la contrainte par corps pour frais, amendes, etc.

*Jugemens* de police correctionnelle ou de simple police qui prononcent la peine d'emprisonnement, ou la contrainte par corps pour amende, frais, etc.

*Mandats d'arrêt.*

*Ordonnances* de prise de corps.

On ne désigne pas, par l'expression de *capture,* l'exécution des mandats de comparution ; quant à l'exécution des mandats d'amener et de dépôt, — V. nᵉˢ 28 et 177.

Nᵉ 88. — *Agens qui peuvent effectuer une capture.* — Au premier rang sont les huissiers ; mais, en leur absence, les gendarmes et les agens de police peuvent arrêter les individus contre lesquels existent des mandemens de justice. (*Réglement,* art. 77.) Pour tous les actes désignés à la n° 87 les gendarmes et les agens de police obtiennent le même émolument que les huissiers.

Mais, s'ils ne font que prêter main forte aux huissiers, ils n'obtiennent aucun émolument.

N° 89. — *Procès-verbal de capture.* — Les huissiers et les agens de la force publique qui arrêtent un individu doivent en dresser procès-verbal. Ils remettent à cet individu copie du mandement décerné contre lui, ainsi qu'une copie de leur procès-verbal. La transcription de ces copies et la rédaction du procès-verbal ne procurent aucun nouvel émolument.

Ce procès-verbal et les copies sont écrits sur papier visé pour timbre. Le procès-verbal est enregistré en débet. Néanmoins, s'il y a en cause une partie civile qui ait consigné, ces droits sont perçus au comptant.

N° 90. — *Emolument pour chaque capture.* — Cet émolument est le même pour les huissiers, pour les gendarmes et pour les agens de police. (*Réglement,* art. 77.)

Quel que soit le nombre des huissiers, des gendarmes et des agens de police qui concourent à une capture, il n'est jamais alloué qu'un seul droit; mais il est accordé un droit pour chaque individu arrêté.

Droit pour capture d'un individu condamné à un emprisonnement qui n'excède pas cinq jours, quel que soit le tribunal ou la cour qui ait prononcé la condamnation, et quand même il s'agirait d'un délit correctionnel auquel application aurait été faite de l'art. 463 du Code pénal (*Décret du 7 avril* 1813, art. 6; — *Ordonnance du 6 août* 1823, art. 1<sup>er</sup>) :

A Paris. . . . . . . . . . . . . . . . . . . . .  5   »

Dans les villes de 40,000 habitans et au-dessus  4   »

Dans les autres villes et communes. . . . . . . .  3   »

Droit pour capture en exécution 1.º d'un jugement ou arrêt portant condamnation à un emprisonnement de plus de cinq jours ; 2º d'un mandat d'arrêt ( *Décret du 7 avril* 1813 , art. 6., nº 2 ) :

A Paris. . . . . . . . . . . . . . . . . . . 18   »

Dans les villes de 40,000 habitans et au-dessus 15   »

Dans les autres villes et communes. . . . . . . . 12   »

Droit de capture en exécution 1º d'un arrêt portant condamnation à la réclusion ; 2º d'une ordonnance de prise de corps ; 3º d'un jugement, arrêt ou ordonnance portant contrainte par corps ( *Décret du 7 avril* 1813 , art. 6 , nº 3 ; — *Réglement*, art. 71 , nº 5 ) :

A Paris. . . . . . . . . . . . . . . . . . . 21   »

Dans les villes de 40,000 habitans et au-dessus 18   »

Dans les autres villes et communes. . . . . . . . 15   »

Néanmoins, lorsque la contrainte par corps est exercée contre des délinquans insolvables condamnés à des amendes, restitutions, dommages-intérêts et frais pour délit forestier, — V. nº 129.

Droit de capture en exécution d'un arrêt portant condamnation aux travaux forcés à temps ou à une peine plus forte ( *Décret du 7 avril* 1813 , art. 6 , nº 4 ) :

A Paris. . . . . . . . . . . . . . . . . . . 30   »

Dans les villes de 40,000 habitans et au-dessus 25   »

Dans les autres villes et communes. . . . . . . . 20   »

Les huissiers obtiennent en outre , s'il y a lieu , une indemnité de voyage et de séjour en route comme pour les citations. Les gendarmes et les agens de police ne peuvent obtenir cette indemnité de voyage et de séjour.

**N° 91.** — *Frais de capture : par qui avancés et supportés.* — S'il y a en cause une partie civile qui ait consigné, les frais de l'exécution 1° des mandats d'arrêt, 2° des ordonnances de prise de corps, sont pris sur les fonds déposés au greffe ; s'il n'y a pas de fonds consignés, les frais de ces deux captures sont avancés par l'administration de l'enregistrement ; ils sont supportés en définitive comme tous les frais de poursuites. — V. n°ˢ 256 et suiv.

Les frais de l'exécution des arrêts et jugemens portant condamnation à l'emprisonnement, à la reclusion et à d'autres peines plus fortes sont avancés, par l'administration de l'enregistrement, sur les fonds généraux des frais de justice criminelle, sauf le recours contre les condamnés.

Les frais de la contrainte par corps pour frais et amendes sont avancés par l'administration de l'enregistrement, sauf à s'en faire rembourser par les condamnés.

**N° 92.** — *Mémoire pour le paiement des frais de capture.* — Les droits alloués aux huissiers sont compris dans le mémoire général qu'ils rédigent pour le paiement de tous les frais qui leur sont dus. — V. n° 334. — Si l'huissier n'avait à réclamer que des droits de capture, il rédigerait un mémoire conforme à celui des gendarmes, etc.

Les agens de police et les gendarmes doivent rédiger un mémoire conforme au modèle porté au 1ᵉʳ tableau. — V. *à la fin du volume.*

Ce mémoire est fait par triple expédition ; l'une des copies est sur papier timbré. (*Réglement*, art. 145.) Néanmoins, si ce mémoire ne s'élève pas à plus de 10 fr., les trois copies sont sur papier libre. (*Réglement*, art. 146.)

Pour la prescription, — V. n° 428.

**CASSATION.**

V. *Pourvoi,* n^es 515 et suiv.

**CAUTIONNEMENT.**

Pour obtenir la liberté provisoire, — V. n^es 379 et suiv.

Pour suspendre la contrainte par corps, — V. n^e 125.

**CÉDULES.**

N^e 93. — Les cédules délivrées tant par les juges d'instruction que par les procureurs du roi et les juges de paix sont toujours écrites sur papier libre ; elles sont toujours exemptes d'enregistrement ; leur rédaction n'entraîne aucuns frais.

**CERTIFICATS**

D'indigence. — V. n^e 94.

De maladie délivrés aux jurés. — V. n^e 372.

Aux parties. — V. n^e 96.

Aux témoins. — V. n^e 95.

N^e 94. — *Certificats d'indigence.* — Ces certificats, qui ont pour objet d'affranchir la partie civile de la consignation des frais de poursuites, et de libérer, au moins provisoirement, les parties condamnées du paiement des frais et de l'amende, sont délivrés sans aucuns frais par les maires. Ils sont écrits sur papier libre, exempts d'enregistrement, et visés par le sous-préfet ; ils doivent être expressément approuvés par le préfet du département. Un simple visa du préfet ne suffit pas.

N^e 95. — *Certificat de maladie délivré aux témoins.* — Les certificats produits au nom des jurés et des témoins pour constater une maladie ou tout autre empêchement sont écrits sur papier timbré ; ils sont exempts d'enregistrement, sauf le certificat délivré au témoin assigné à la requête d'une partie civile, qui est soumis à l'enregistrement au droit de 1 fr. 10 c. (*Décision du ministre des finances du 4 juillet* 1820.)

N° 96. — *Certificats de maladie délivrés aux parties.* — Ces certificats sont écrits sur papier timbré, et, lorsqu'ils doivent être mentionnés dans un jugement ou dans tout autre acte judiciaire, ils sont enregistrés au droit de 1 fr. 10 c.

## CITATIONS.

Agens par qui peuvent être faites les citations. — V. n° 97.

Copie de l'acte de citation. — V. n° 99.

Copie de pièces signifiées avec la citation. — V. n°ˢ 146 et suiv.

Détail de tous les frais d'une citation. — V. n° 102.

Emolument pour l'original et les copies. — V. n° 100.

Enregistrement. — V. n° 101.

Original de l'acte de citation. — V. n° 98.

Séjour forcé en route. — V. n° 327.

Tableau des frais d'une citation. — V. n° 103.

Timbre. — V. n° 101.

Voyage de l'huissier. — V. n° 326.

N° 97. — *Agens par qui peuvent être faites les citations.* — Les huissiers doivent être chargés de donner les citations, soit aux prévenus, soit aux témoins. Ce n'est qu'à leur défaut, et dans des cas urgens, que l'on doit en charger les gendarmes et les autres agens de la force publique.

Néanmoins, lorsqu'il s'agit de délits forestiers, les gardes de l'administration forestière peuvent faire toutes citations et significations d'exploit. (*Code forestier*, art. 173.)

Les gardes de l'administration chargés de la surveillance de la pêche ont le même droit en ce qui concerne les délits de pêche. ( *Loi sur la pêche fluviale*, art. 50. )

Les commis de l'administration des contributions indirectes peuvent aussi donner les assignations dans les causes où il s'agit de contravention aux lois sur ces contributions. Mais ces employés n'obtiennent aucune indemnité pour ces actes.

N° 98. — *Original de citation.* — Il ne faut qu'un seul original pour citer tous les individus qui doivent comparaître en la même qualité, dans la même cause, le même jour, lorsqu'ils résident dans le même canton, et qu'il est possible à un seul huissier de remettre toutes les copies le même jour. Un acte ne doit donc pas comprendre des témoins, des parties ou des jurés.

Quant aux mandats d'amener, d'arrêt, de comparution et de dépôt, il doit être fait un original pour chacun des individus auxquels ils sont notifiés. ( *Instruction générale*, page 71. )

Pour l'émolument qui revient à l'huissier ou aux gardes-pêche et gardes forestiers, — V. n° 100.

Pour l'enregistrement et le timbre, — V. n° 101.

N° 99. — *Copies de l'acte de citation.* — La transcription de ces copies, quelle qu'en soit l'étendue, ne procure aucun émolument spécial aux huissiers ni aux gardes forestiers et gardes-pêche. Le droit qui leur est alloué par le Réglement, art. 71, n° 1ᵉʳ, leur sert d'indemnité, tant pour la transcription que pour la remise des copies à personne ou à domicile.

Pour le timbre des copies, — V. n° 101.

N° 100. — *Emolument pour l'original et pour les copies des citations.* — L'émolument qu'obtiennent les huissiers, les gardes forestiers et les gardes-pêche est le même, soit que les citations aient été faites à la requête du ministère public, soit qu'elles aient été faites à la requête de simples particuliers, des administrations assimilées aux parties civiles, ou des prévenus. ( *Réglement,* art. 71, n° 1er.) — V. n° 312.

Les gendarmes, les agens de police et les gardes champêtres n'obtiennent aucun émolument pour les citations qu'ils peuvent être chargés de faire. (*Réglement,* art. 72.)

Emolument des huissiers pour l'original d'une citation ( *Réglement,* art. 71, n° 1er) :

A Paris. . . . . . . . . . . . . . . . . . . . . . . . 1    »
Dans les villes de 40,000 habitans et au-dessus. .  » 75
Dans les autres villes et communes. . . . . . . .  » 50

Emolument pour chaque copie :

A Paris. . . . . . . . . . . . . . . . . . . . . . . .  » 75
Dans les villes de 40,000 habitans et au-dessus. .  » 60
Dans les autres villes et communes. . . . . . . .  » 50

Les huissiers peuvent en outre obtenir, s'il y a lieu, une indemnité de voyage, — V. n° 326 — une indemnité de séjour forcé en route — V. n° 327 — et un droit pour copies de pièces. — V. n° 148.

L'émolument des gardes de l'administration forestière et de l'administration de la pêche fluviale est toujours de 50 c. pour l'original, et de 50 c. pour chaque copie.

N° 101. — *Enregistrement, timbre.* — Toutes les citations, tant celles des huissiers que celles des autres agens de la force publique, sont soumises à la double formalité du timbre et de l'enregistrement.

L'original est enregistré au comptant au droit de 1 fr.

10 c. ; l'original et les copies sont écrits sur papier timbré lorsque la citation est donnée à la requête

De l'administration des contributions indirectes ;

De l'administration des postes lorsqu'il s'agit du transport frauduleux des dépêches ; ,

D'une partie civile qui poursuit directement, à moins qu'elle n'ait légalement justifié de son indigence ;

D'un prévenu.

Il en est de même de la citation donnée à la requête du ministère public lorsque la partie civile a consigné.

Dans les autres cas l'original et les copies sont écrits sur papier visé pour timbre ; l'original est enregistré en débet au droit de 1 fr. 10 c.

N⁰ 102. — *Détail de tous les frais d'un acte de citation.* — Ces frais sont :

    Droit à l'huissier pour l'original, — V. n⁰ 100.
        Pour la copie, — V. n⁰ 100.
        Pour copie de pièces, — V. n⁰ 148.
        Pour voyage, — V. n⁰ 326.
        Pour séjour forcé en route, — V. n⁰ 327.
    Enregistrement. — V. n⁰ 101.
    Timbre. — V. n⁰ 101.

Le détail de ces frais s'applique aussi aux actes d'huissier portant signification de

Commandement tendant à la contrainte par corps ;
Mandat d'amener non suivi de l'arrestation de l'individu ;
    D'arrêt contre un individu déjà arrêté ;
    De comparution ;
    De dépôt contre un individu déjà incarcéré.
Ordonnance de prise de corps dans le même cas.
Recommandation.

**N° 103. TABLEAU DES FRAIS D'UNE CITATION.**

( On ne porte ici en compte ni droit de copie de pièces, ni indemnité de voyage et de séjour en route ; on ne compte que 35 centimes pour le papier timbré de l'original et pareille somme pour le papier de chaque copie ; on ne compte aussi qu'un seul droit d'enregistrement. )

*Citations données par les huissiers de Paris.*

|  | | TIMBRE. | ENREGIS^t. | AUT. DROITS. | TOTAL. |
|---|---|---|---|---|---|
| Avec | 1 copie. . . | » 70 | 1 10 | 1 75 | 3 55 |
| | 2 . . . . . . | 1 05 | 1 10 | 2 50 | 4 65 |
| | 3 . . . . . . | 1 40 | 1 10 | 3 25 | 5 75 |
| | 4 . . . . . . | 1 75 | 1 10 | 4 » | 6 85 |
| | 5 . . . . . . | 2 10 | 1 10 | 4 75 | 7 95 |
| | 6 . . . . . . | 2 45 | 1 10 | 5 50 | 9 05 |
| | 7 . . . . . . | 2 80 | 1 10 | 6 25 | 10 15 |
| | 8 . . . . . . | 3 15 | 1 10 | 7 » | 11 25 |
| | 9 . . . . . . | 3 50 | 1 10 | 7 75 | 12 35 |
| | 10 . . . . . . | 3 85 | 1 10 | 8 50 | 13 45 |

Augmentation pour chacune des autres copies.

         » 35     »   »     » 75     1 10

*Citations données par les huissiers des villes de 40,000 habitans et au-dessus.*

|  | | TIMBRE. | ENREGIS^t. | AUT. DROITS. | TOTAL. |
|---|---|---|---|---|---|
| Avec | 1 copie. . . | » 70 | 1 10 | 1 35 | 3 15 |
| | 2 . . . . . . | 1 05 | 1 10 | 1 95 | 4 10 |
| | 3 . . . . . . | 1 40 | 1 10 | 2 55 | 5 05 |
| | 4 . . . . . . | 1 75 | 1 10 | 3 15 | 6 » |
| | 5 . . . . . . | 2 10 | 1 10 | 3 75 | 6 95 |
| | 6 . . . . . . | 2 45 | 1 10 | 4 35 | 7 90 |
| | 7 . . . . . . | 2 80 | 1 10 | 4 95 | 8 85 |
| | 8 . . . . . . | 3 15 | 1 10 | 5 55 | 9 80 |
| | 9 . . . . . . | 3 50 | 1 10 | 6 15 | 10 75 |
| | 10 . . . . . . | 3 85 | 1 10 | 6 75 | 11 70 |

Augmentation pour chacune des autres copies.

         » 35     »   »     » 60     » 95

*Citations données par les huissiers des autres villes et commu-
nes, ou par les gardes de l'administration forestière et de
l'administration de la pêche fluviale.*

|            | TIMBRE. | ENREGIST^t. | AUT. DROITS. | TOTAL. |
|------------|---------|-------------|--------------|--------|
| Avec 1 copie... | » 70 | 1 10 | 1 » | 2 80 |
| 2 . . . . . . . | 1 05 | 1 10 | 1 50 | 3 65 |
| 3 . . . . . . . | 1 40 | 1 10 | 2 » | 4 50 |
| 4 . . . . . . . | 1 75 | 1 10 | 2 50 | 5 35 |
| 5 . . . . . . . | 2 10 | 1 10 | 3 » | 6 20 |
| 6 . . . . . . . | 2 45 | 1 10 | 3 50 | 7 05 |
| 7 . . . . . . . | 2 80 | 1 10 | 4 » | 7 90 |
| 8 . . . . . . . | 3 15 | 1 10 | 4 50 | 8 75 |
| 9 . . . . . . . | 3 50 | 1 10 | 5 » | 9 60 |
| 10 . . . . . . | 3 85 | 1 10 | 5 50 | 10 45 |

Augmentation pour chacune des autres copies.

|  | » 35 | » » | » 50 | » 85 |
|--|------|-----|------|------|

N° 104. — *Frais de citation : par qui avancés, par qui
supportés en définitive.* — Si la citation est donnée à la requête et sur les poursuites d'une partie civile proprement
dite, c'est cette partie qui doit payer à l'huissier les frais
de la citation. — V. au surplus n^es 68 et suiv.

Les frais de citation sont en définitive supportés comme tous les autres frais de l'instruction.

## COMMANDEMENT.

N° 105. — Pour les frais du commandement tendant à
l'exécution de la contrainte par corps, — V. n° 126.

Les frais du commandement qui doit précéder les saisies sont taxés comme en matière civile. — V. *Manuel du
juge taxateur,* n° 239.

## COMMISSAIRES DE POLICE.

Enregistrement. — V. n° 107.

Procès-verbaux. — V. n⁰ 106.
Timbre. — V. n⁰ 107.

N⁰ 106. — *Procès-verbaux.* — La rédaction des procès-verbaux ne procure aucun émolument aux commissaires de police.

N⁰ 107. — *Enregistrement, timbre.* — En matière de simple police les procès-verbaux des commissaires de police sont soumis à la double formalité du timbre et de l'enregistrement. Il en est de même des procès-verbaux qui constatent les infractions aux lois sur les contributions publiques lorsque ces infractions sont punies correctionellement. Le droit d'enregistrement est compté en débet. Le papier est visé pour timbre, excepté lorsqu'il s'agit de contravention aux lois sur les contributions indirectes ou sur le transport frauduleux des dépêches.

**COMMISSIONS** ROGATOIRES.

N⁰ 108. — La rédaction ou la transcription des commissions rogatoires ne procure jamais aucun émolument aux greffiers.

Les commissions rogatoires sont toujours écrites sur papier libre ; elles sont exemptes d'enregistrement, quand même il y aurait en cause une partie civile proprement dite qui aurait consigné.

**COMMUNES**

Assimilées aux parties civiles. — V. n⁰ 109.
Avances des frais de poursuites. — V. n⁰ 111.
Enregistrement. — V. n⁰ 110.
Recouvrement des frais contre les communes. — V. n⁰ 111.
Timbre. — V. n⁰ 110.

Nᵉ 109. — *Communes assimilées aux parties civiles.* — Pour qu'une commune soit considérée comme partie civile il suffit qu'elle ait, d'une manière quelconque, intérêt aux poursuites, soit qu'il s'agisse de ses propriétés ou de ses droits, soit qu'il s'agisse de rebellion, menaces, injures, outrages et voies de fait contre ses préposés. Il en est de même pour les délits commis par ces préposés. ( *Instruction générale,* page 133. ) Pour les conséquences de cette qualité de partie civile, — V. nᵉ 469.

Mais, lorsqu'il s'agit de faits qui sont de nature à être punis de peines afflictives ou infamantes, les communes ne sont plus considérées comme parties civiles.

Nᵉ 110. — *Enregistrement, timbre.* — Dans les causes où les communes sont considérées comme parties civiles les droits d'enregistrement sont comptés en débet. Les actes sont écrits sur papier visé pour timbre.

Nᵉ 111. — *Avances et recouvrement des frais.* — Ces avances sont faites par les préposés de la régie de l'enregistrement et des domaines.

Les communes doivent faire compte à cette administration de toutes les sommes qu'elle a payées pour elles. Les préposés de cette administration tiennent, à cet effet, un compte ouvert avec chaque commune. Les communes doivent faire ce remboursement même dans le cas où leurs adversaires seraient condamnés aux dépens envers elles; elles doivent payer non-seulement les déboursés qu'a faits réellement l'administration de l'enregistrement, mais encore les droits d'enregistrement qui d'abord avaient été comptés en débet, et les droits pour le papier qui avait été visé pour timbre.

**COMMUNICATIONS** DE PIÈCES.

Nᵉ 112. — Les greffiers n'obtiennent aucun émolument pour donner communication des procédures, soit au prévenu, soit à la partie civile, soit à leurs défenseurs.

Il n'est pas dressé procès-verbal de cette communication.

## COMPARUTION (MANDAT DE).

Enregistrement, timbre. — V. nᵉ 113.
Signification. — V. nᵉ 114.

Nᵉ 113. — *Enregistrement, timbre du mandat de comparution.* — Ce mandat est toujours écrit sur papier libre; il est exempt d'enregistrement. Sa rédaction ne procure aucun émolument au greffier.

Nᵉ 114. — *Signification du mandat de comparution.* — Cette signification n'est réellement qu'une citation pour comparaître devant le magistrat. L'émolument de l'huissier, tant pour l'original de l'acte qui constate cette signification que pour sa copie, est le même que pour une citation. (*Réglement*, art. 71, nᵒ 1ᵉʳ.) Ainsi, pour ces frais, — V. *Citation*, nᵉ 102.

Chaque mandat de comparution ne doit contenir que le nom d'un seul individu; il doit y avoir autant d'originaux de signification qu'il y a de mandats.

La transcription de la copie du mandat que l'huissier doit délivrer ne peut pas compter pour plus d'un rôle de copie de pièces; ainsi elle ne procure aucun nouvel émolument à l'huissier.

Il n'est alloué aucun émolument aux gendarmes et aux agens de la force publique pour la signification de ce mandat. Le procès-verbal qui constate cette signification est soumis aux mêmes droits d'enregistrement et de timbre que s'il était fait par un huissier.

## COMPARUTION VOLONTAIRE.

Nᵉ 115. — En matière de simple police les parties peuvent, sans citation, comparaître devant le juge ; elles peuvent aussi être appelées par un simple avertissement, écrit ou verbal. ( *Code d'instruction criminelle*, art. 147. ) Les témoins peuvent également comparaître en police judiciaire sans avoir été cités. ( *Même Code*, art. 70. )

**CONSEILLERS**, CONSEILLERS AUDITEURS,

>    Commis pour une instruction criminelle, et pour un interrogatoire en cas d'interdiction d'office. — V. nᵉ 116.
>    Délégués pour assister le président des assises. — V. nᵉ 117.
>    Mémoire de ces frais. — V. nᵉ 118.
>    Pour présider de secondes assises dans le même trimestre. — V. nᵉ 119.
>    Mémoire de ces frais. — V. nᵉ 120.
>    Par qui sont supportés ces frais. — V. nᵉˢ 117 et 119.

Nᵉ 116. — *Conseillers et conseillers auditeurs commis pour procéder à une instruction criminelle ou à un interrogatoire en interdiction d'office.* — Le seul cas où ces magistrats puissent obtenir une indemnité, c'est lorsqu'ils se transportent à plus de cinq kilomètres du lieu de leur résidence. Alors il leur est alloué la même indemnité qu'au juge d'instruction. — V. nᵉ 363.

Pour la forme du mémoire, — V. nᵉ 364.

Nᵉ 117. — *Conseillers ou conseillers auditeurs délégués pour assister le président des assises.* — Il est alloué 15 francs par jour, pour frais de voyage et de séjour, aux conseillers et aux conseillers auditeurs qui sont délégués pour assister le président des assises lorsque ces assises se tiennent hors de la ville où siége la cour royale. (*Décret du* 30 *janvier* 1811, art. 19. )

Ces frais sont toujours à la charge de l'état, sans aucun recours contre les parties. (*Réglement*, art. 162.)

N⁹ 118. — *Mémoire pour le paiement de cette indemnité.* — Ce mémoire est rédigé en triple expédition; l'une des copies est écrite sur papier timbré. (*Réglement*, art. 145. )

### MODÈLE DE CE MÉMOIRE.

Frais de justice criminelle.

————————

Trimestre d
de l'an    183

——

*(Nom et qualité.)*

Mémoire des frais de voyage et de séjour dus à N., conseiller (ou conseiller auditeur) à la cour royale d          departement d
délégué par
pour                  la cour d'assises séante à département d
pendant le      semestre de 183

### SAVOIR :

Du           au           inclus ( nombre ) jours lesquels, à raison de quinze francs par chaque jour, d'après les articles 19 du Décret du 30 janvier 1811, et 87 du Réglement du 18 juin suivant, produisent la somme de

Je, soussigné ( la qualité ), certifie véritable le présent mémoire.

A                le             183

### RÉQUISITOIRE.

Nous, procureur général près la cour royale séante à
Vu l'ordonnance de délégation en date du         et les articles 19 du Réglement du 30 janvier 1811, et 87 de celui du 18 juin suivant;

Requérons qu'il soit délivré exécutoire, par M. le premier président, sur la caisse de l'administration de l'enregistrement, pour le paiement de la somme de

A                le             183

### EXÉCUTOIRE.

Nous, premier président de la cour royale séante à
Vu le réquisitoire ci-dessus, avons arrêté et rendu exécutoire le
présent mémoire pour la somme de
montant de la taxe que nous en avons faite, et ordonnons que ladite
somme sera payée par le receveur de l'enregistrement au bureau d....
  A      le      183

### VISA.

Nous, préfet du département d
Vu l'article 152 du Réglement du 18 juin 1811, avons vérifié le
présent mémoire, et l'avons réglé à la somme de
  A      le      183

**Nᵉ 119.** — *Indemnité au conseiller qui préside de secondes assises dans le même trimestre.* — Le conseiller qui, après avoir terminé les affaires d'un département, est délégué, durant le même trimestre, dans un autre département pour en présider les assises, reçoit, à raison de cette délégation, 10 francs par poste pour frais de voyage. (*Décret du 30 janvier 1811.*) Ces frais sont toujours à la charge de l'état.

**Nᵉ 120.** — *Mémoire pour le paiement de cette indemnité.* — Ce mémoire est rédigé par triple expédition ; l'une des copies est écrite sur papier timbré. Ce mémoire doit être conforme au modèle suivant :

| Frais de justice criminelle. | Mémoire des frais de voyage dus à N. conseiller à la cour royale d |
|---|---|
| ———————— | département d    délégué, après avoir |
| Trimestre d | terminé les affaires du département d |
| de l'an  183 | par ordonnance de |
| — | en date du    pour présider la cour |
| (*Nom et qualité.*) | d'assises séante à    département |
| | d    pendant le trimestre d |
| | de l'an 183 |

### SAVOIR :

De                à                (nombre) postes, lesquelles, à raison de dix francs par chaque poste, d'après les articles 21 du Décret du 30 janvier 1811, et 87 du Réglement du 18 juin suivant, produisent la somme de

Je, soussigné, conseiller, certifie véritable le présent mémoire.

A                le                183.

### RÉQUISITOIRE.

Nous, procureur général près la cour royale séante à

Vu l'ordonnance de délégation en date du

et les articles 21 du Décret du 30 janvier 1811, et 87 du Réglement du 18 juin 1811, requérons qu'il soit délivré exécutoire, par M. le premier président, sur la caisse de l'administration de l'enregistrement, pour le paiement de la somme de

A                le                183

### EXÉCUTOIRE.

Nous, premier président de la cour royale séante à

Vu le réquisitoire ci-dessus, avons arrêté et rendu exécutoire le présent mémoire pour la somme de

montant de la taxe que nous en avons faite, et nous ordonnons que ladite somme soit payée par le receveur de l'enregistrement au bureau d

A                le                183

### VISA.

Nous, préfet du département d

Vu l'article 152 du réglement du 18 juin 1811, avons vérifié le présent mémoire, et l'avons réglé à la somme de

A                le                183

## CONSIGNATION

D'amende. — V. nᵉ 516.

De deniers pour cautionnement. — V. nᵉ 386.

De fonds pour avance de frais de poursuites. — V. nᵉ 462.

# CONTRAINTE par corps en matières criminelle, correctionnelle et de simple police.

Agens qui peuvent l'exécuter. — V. nᵉ 128.

Cas où elle doit être ordonnée. — V. nᵉ 121.

Cautionnement pour en affranchir. — V. nᵉ 125.

Commandement. — V. nᵉ 126.

Consignation d'alimens. — V. nᵉ 129.

Durée de la détention. — V. nᵉ 122.

Formalités de l'exécution. — V. nᵉ 127.

Frais. — V. n° 129.

Insolvabilité du débiteur. — V. nᵉ 123.

Personnes contre lesquelles la contrainte ne peut être exécutée. — V. nᵉ 131.

Recommandation. — V. nᵉ 130.

Seconde arrestation. — V. nᵉ 124.

Nᵉ 121. — *Cas où la contrainte par corps doit être ordonnée.* — Elle doit être prononcée pour l'exécution des condamnations à l'amende, aux frais, aux dommages-intérêts, indemnités et restitutions en matières criminelle, correctionnelle et de simple police. (*Code pénal*, art. 52, 467 et 469.) Elle est prononcée tant dans l'intérêt des particuliers que dans l'intérêt de l'état.

Nᵉ 122. — *Durée de la détention.* — La durée de la contrainte par corps doit être fixée par le jugement ou l'arrêt de condamnation. Si toutes les sommes à recouvrer ne s'élèvent pas à plus de 300 fr., la durée de la détention doit être de six mois au moins, et de cinq ans au plus. (*Loi du* 17 *avril* 1832, art. 39.)

Si les sommes à recouvrer excèdent 300 fr., la durée de la détention doit être fixée à un an au moins, et à dix ans au plus. Néanmoins, si le débiteur **a commencé sa** soixante et dixième année, le minimum de cette détention est de six mois, et le maximum de cinq ans. Si le débiteur atteint sa soixante et dixième année pendant la durée de la contrainte, sa détention est réduite de plein droit à la moitié du temps qu'il avait encore à subir aux termes du jugement. (*Loi du* 17 *avril* 1832, art. 40.)

Ces dispositions s'appliquent au cas où la contrainte par corps est prononcée dans l'intérêt d'un particulier aussi bien qu'au cas où elle est prononcée dans l'intérêt de l'état.

Dans tous les cas la contrainte par corps est indépendante de la peine d'emprisonnement prononcée contre le condamné. (*Loi du* 17 *avril* 1832, art. 37.)

Nᵉ 123. — *Insolvabilité du débiteur; durée de la détention.* — La durée de la détention est abrégée pour le débiteur contre lequel la contrainte par corps a été prononcée s'il justifie de son indigence, pourvu que l'amende réunie à toutes les condamnations pécuniaires n'excède pas 300 fr.

Il est mis en liberté après quinze jours de détention si ces condamnations n'excèdent pas 15 fr. La durée de la détention est d'un mois si ces condamnations, supérieures à 15 fr., n'excèdent pas 50 fr. ; elle est de deux mois si les condamnations ne s'élèvent pas à plus de 100 fr. ; elle est de quatre mois si ces condamnations excèdent 100 fr., et ne s'élèvent pas à plus de 300 fr. (*Loi du* 17 *avril* 1832, art. 35.)

Si ces condamnations excèdent 300 fr., la durée de la détention ne subit aucune réduction par le fait de l'insolvabilité du débiteur. (*Même loi*, art. 40.)

Les mêmes dispositions sont exécutées à l'égard des condamnations prononcées dans l'intérêt des particuliers, comme pour les condamnations prononcées dans l'intérêt de l'état.

Nᶜ 124. — *Seconde détention.* — Lorsque la détention a cessé parce que le débiteur a justifié de son indigence, elle peut être reprise s'il est jugé contradictoirement avec lui qu'il lui est survenu des moyens de sovabilité. Mais jamais cette seconde détention ne peut avoir lieu pour l'amende, mais seulement pour les dommages-intérêts, les frais, les restitutions ou indemnités.

La contrainte par corps ne peut jamais être reprise une troisième fois. (*Loi du* 17 *avril* 1832, art. 36.)

Nᵉ 125. — *Cautionnement pour affranchir de la contrainte par corps.* — L'individu contre lequel la contrainte par corps a été mise à exécution peut obtenir sa liberté en fournissant caution. Cette caution doit être admise par le receveur de l'enregistrement ou par la partie qui a requis l'arrestation.

Si la caution offerte n'est pas acceptée, elle peut être déclarée bonne et valable par le tribunal civil de l'arrondissement. La partie qui succombe doit être condamnée aux frais de l'incident, qui sont taxés comme en matière sommaire.

La caution doit payer dans le mois de sa soumission, sous peine d'y être contrainte par toutes les voies de droit.

Nᶜ 126. — *Commandement.* — Cinq jours avant l'exécution de la contrainte par corps un commandement doit être adressé au débiteur. Si l'arrêt ou le jugement n'a pas été déjà signifié au débiteur, ce commandement doit porter en tête un extrait de ce jugement contenant les noms des parties et le dispositif. (*Loi du* 17 *avril* 1832, art. 33 et 38.)

Les frais de ce commandement sont les mêmes que ceux d'une simple citation. — V. nᵉ 102.

N° 127. — *Formalités de l'exécution de la contrainte par corps.* — D'après l'article 38 de la loi du 17 avril 1832, les mêmes formalités doivent être accomplies, que la contrainte soit exercée dans l'intérêt de l'état, ou qu'elle le soit dans l'intérêt d'un particulier. La contrainte est toujours précédée d'un commandement. — V. n° 126. — Ce commandement est fait à la requête et à la diligence soit du receveur de l'enregistrement, soit de la partie intéressée.

Le procureur du roi adresse sans frais une réquisition aux huissiers, aux gendarmes ou aux agens de police qui sont chargés de la capture.

Lors de l'arrestation du débiteur, il lui est fait exhibition de l'expédition ou de l'extrait en forme de l'arrêt ou du jugement ; il lui en est donné copie. Il est dressé procès-verbal de la capture.

N° 128. — *Agens par qui l'arrestation peut être exécutée.* — Les huissiers doivent être chargés de l'arrestation de l'individu contre lequel la contrainte par corps a été prononcée ; à leur défaut cette opération peut être confiée aux gendarmes et aux agens de police.

N° 129. — *Frais de l'arrestation ; consignation d'alimens.* — L'article 71, n° 5, du Réglement du 18 juin fixe les droits de capture dus aux huissiers dans le cas de l'article 52 du Code pénal : on doit donc admettre que les frais de l'exécution de la contrainte par corps, en matières criminelle, correctionnelle et de simple police, doivent être taxés ; savoir :

A Paris. . . . . . . . . . . . . . . . . . . . . 21   »

Dans les villes de 40,000 habitans et au-dessus 18   »

Dans les autres villes et communes. . . . . . . . 15   »

Cependant la capture des délinquans insolvables condamnés à des amendes, restitutions, dommages-intérêts et frais, pour délits forestiers, ne donne droit aux gendarmes qui l'ont opérée qu'à la taxe fixée par le n° 1er de l'article 6 du Décret du 7 avril 1813. (*Ordonnance du* 25 *février* 1832.) C'est :

A Paris. . . . . . . . . . . . . . . . . . . . . . 5    »
Dans les villes de 40,000 habitans et au-dessus   4    »
Dans les autres villes et communes. . . . . . . . 3    »

Lorsque la contrainte par corps est exercée dans l'intérêt et à la requête d'un particulier, celui-ci doit pourvoir à la consignation des alimens. Cette consignation, pour trente jours, est de 30 fr. à Paris, et de 25 fr. dans les autres lieux. (*Loi du* 17 *avril* 1832, art. 29 et 38.)

N° 130. — *Recommandation.* — Elle doit être précédée d'un commandement. Il n'est pas nécessaire qu'il y ait cinq jours entre son exécution et le commandement. (*Loi du* 17 *avril* 1832, art. 38.)

Les frais de la recommandation sont les mêmes que ceux d'une simple citation. — V. n° 102. — L'huissier doit en outre obtenir le droit spécial fixé pour l'inscription de l'écrou.

N° 131. — *Personnes contre lesquelles la contrainte par corps ne doit être prononcée ni exercée.* — La contrainte par corps ne doit jamais être exercée contre le débiteur au profit de son conjoint, de ses ascendans, descendans, frères et sœurs, ou alliés au même degré.

Si, nonobstant cette disposition formelle de la loi, cette condamnation avait été prononcée, il ne pourrait y être donné suite. (*Loi du* 17 *avril* 1832, art. 41 et 19.)

Dans aucun cas la contrainte par corps ne peut être exécutée simultanément pour la même dette contre le mari et contre la femme. (*Même loi,* art. 21 et 41.)

**CONTRIBUTIONS** indirectes ( administration des )

> Assimilée aux simples particuliers. — V. nᵉ 132.
> Avance des frais de poursuites. — V. nᵉ 133.
> Enregistrement. — V. nᵉ 134.
> Frais de poursuites. — V. 135.
> Par qui supportés. — V. nᵉ 136.
> Préposés de l'administration ; quels actes ils peuvent faire. — V. nᵉ 137.
> Timbre. — V. nᵉ 134.

Nᵉ 132. — *Administration des contributions indirectes assimilée aux simples particuliers parties civiles.* — Dans les affaires correctionnelles et de simple police où l'administration des contributions indirectes est intéressée elle est entièrement assimilée, en ce qui concerne les frais, aux simples particuliers qui se sont portés parties civiles, avec cette seule différence qu'elle n'est pas tenue de consigner au greffe les fonds nécessaires pour le paiement des frais.

Il en est ainsi non-seulement dans les actions que ses préposés poursuivent directement, mais même dans celles que le ministère public poursuit d'office dans l'intérêt de cette administration ou contre ses préposés.

Nᵉ 133. — *Avance des frais de poursuites.* — L'administration de l'enregistrement, en matières correctionnelle et de simple police, ne fait aucune avance de frais pour l'administration des contributions indirectes.

C'est sur la caisse de cette dernière administration que tous les exécutoires doivent être décernés. Ces frais ne doivent jamais être compris par les huissiers dans les mémoires dont le paiement est fait par l'administration de l'enregistrement.

Nᵉ 134. — *Enregistrement, timbre.* — Ces droits sont

toujours payés au comptant par les préposés de cette administration. Elle ne jouit pas du même avantage que les autres administrations publiques, pour lesquels les actes sont enregistrés en débet, et le papier est visé pour timbre.

N⁰ 135. — *Frais de poursuites.* — Ces frais, dans les actions correctionnelles exercées soit par les préposés de cette administration, soit d'office par le ministère public, sont toujours taxés comme ceux des actions en matière correctionnelle poursuivies par le ministère public. On ne doit pas faire application à ces causes du tarif en matière civile. Ainsi les actes d'huissiers, les droits des greffiers, des experts, sont fixés d'après le Réglement du 18 juin 1811.

Mais, lorsque l'administration des contributions indirectes emploie le ministère d'un avoué, son adversaire peut aussi se faire représenter par un avoué.

L'émolument des avoués est alors taxé comme pour les causes civiles en matière sommaire.

Celle des parties qui est condamnée aux frais doit payer à son adversaire les honoraires de l'avoué qu'il a employé.

N⁰ 136. — *Frais de poursuites : par qui supportés.* — Dans les causes qui sont de nature à être punies de peines afflictives et infamantes les frais ne sont jamais à la charge de l'administration des contributions indirectes.

Mais, dans les causes correctionnelles ou de simple police, cette administration doit supporter les frais comme le ferait un simple particulier.

N⁰ 137. — *Préposés de cette administration : quels actes de poursuites ils peuvent faire.* — L'assignation introductive d'instance, dans les causes poursuivies par cette administration, peut être donnée par ses préposés. ( *Décret du 1ᵉʳ germinal an* XIII, art. 28.) Ces actes sont soumis aux mêmes droits d'enregistrement et de timbre que s'ils étaient faits par un huissier.

Les préposés de l'administration n'obtiennent, pour ces actes, aucun émolument.

### CONTUMACE.
Arrêt de la chambre d'accusation. — V. n° 138.
     De la cour d'assises. — V. n° 142.
Frais de contumace : par qui supportés. — V. n° 143.
Ordonnance du président des assises. — V. n° 140.
Publication de cette ordonnance. — V. n° 141.
Signification de l'arrêt de mise en accusation. — V. n° 139.

N° 138. — *Arrêt de la chambre d'accusation qui envoie un contumace devant la cour d'assises.* — Cet arrêt est écrit sur papier libre ; il est exempt d'enregistrement, même lorsqu'il y a en cause une partie civile qui a consigné. La rédaction de cet arrêt ne procure aucun émolument au greffier.

N° 139. — *Signification de cet arrêt.* — Cet arrêt doit être signifié au domicile du prévenu en même temps que l'ordonnance de prise de corps. Pour les frais de l'acte qui constate cette signification, — V. *Ordonnance de prise de corps*, n°ˢ 449 et suiv.

N° 140. — *Ordonnance du président contre le contumace.* — Cette ordonnance est écrite sur papier libre ; elle n'est pas soumise à l'enregistrement. Sa rédaction ne procure aucun émolument au greffier. Elle ne doit pas être expédiée.

N° 141. — *Publication de cette ordonnance.* — Pour cette publication à son de caisse ou de trompe, pour l'apposition des placards et pour le procès-verbal qui constate cette publication, il est alloué à l'huissier (*Réglement*, art. 71, n° 8) :

A Paris. . . . . . . . . . . . . . . . . . . . . . . . 18  »

Dans les villes de 40,000 habitans et au-dessus. . 15  »

Dans les autres villes et communes. . . . . . . . . 12  »

Si ces publications et affiches sont faites dans deux communes différentes, il n'est alloué à chaque huissier que la moitié des sommes ci-dessus. (*Réglement*, art. 80.)

L'huissier obtient en outre, s'il y a lieu, une indemnité de voyage — V. n° 326 — et une indemnité de séjour forcé en route. — V. n° 327.

Les frais nécessaires pour la publication à son de caisse ou de trompe sont toujours à la charge de l'huissier (*Réglement*, art. 79), mais non pas les frais d'impression du placard.

S'il y a en cause une partie civile qui ait consigné, le procès-verbal de l'huissier est écrit sur papier timbré ; il est enregistré au comptant. Les frais et l'émolument de l'huissier sont pris sur les fonds déposés au greffe.

S'il n'y a pas de partie civile en cause, ou si elle n'a pas consigné, le procès-verbal est écrit sur papier visé pour timbre ; il est enregistré en débet. L'avance des frais est faite, par le receveur de l'enregistrement, sur les fonds généraux des frais de justice criminelle.

N° 142. — *Arrêt de la cour d'assises contre un contumace.* — Lorsqu'il y a en cause une partie civile qui a consigné, et que l'arrêt prononce des condamnations en sa faveur, cet arrêt est écrit sur papier timbré ; il est enregistré au comptant. Ces frais sont pris sur les sommes consignées.

Si la partie civile n'a pas consigné, l'arrêt qui prononce en sa faveur des condamnations doit aussi être enregistré au comptant, et il est écrit sur papier timbré, à moins que cette partie civile n'ait légalement justifié de son indigence. Dans ce dernier cas l'arrêt est écrit sur papier visé pour timbre ; il est enregistré en débet.

Dans les autres cas l'arrêt est écrit sur papier libre ; il est exempt d'enregistrement.

L'arrêt doit contenir la liquidation des frais.

N° 143. — *Frais qu'occasione la contumace : par qui supportés.* — Ces frais sont, dans tous les cas, à la charge de l'accusé, quand même il serait ultérieurement acquitté. Ces frais sont : la signification de l'arrêt de mise en accusation — V. n° 139 ; — l'impression des placards, et la publication de l'ordonnance du président. —V. n° 141.

**CONVOIS** MILITAIRES.

N° 144. — Lorsque les prévenus ou accusés ne peuvent faire la route à pied, leur translation doit être effectuée par les entrepreneurs généraux des transports et convois militaires, et au prix de leur marché. ( *Réglement*, art. 6. )

Lorsque, à raison du poids ou du volume, les procédures et les objets devant servir à conviction ou à décharge ne peuvent être transportés par les gendarmes, ils le sont soit par les messageries, — V. n° 428, — soit par les entrepreneurs des convois militaires. ( *Réglement*, art. 9. )

Ces frais sont acquittés, par les préposés de l'administration de l'enregistrement, sur les fonds généraux des frais de justice criminelle.

Lorsque les préposés aux convois militaires conduisent dans une même voiture des prisonniers ou des effets dont le transport est à la charge de divers ministères, ils doivent diviser les frais entre ces administrations, et ne porter au compte de celle de la justice que la quotité qui a rapport aux prévenus ou accusés, ou aux pièces de conviction.

Le mémoire pour obtenir le paiement de ces frais de transport doit être rédigé par triple expédition : l'une de ces expéditions est écrite sur papier timbré. ( *Réglement,* art. 145.) Néanmoins , si le mémoire ne s'élève pas à plus de 10 fr., les trois copies sout écrites sur papier libre. ( *Réglement,* art. 146.)

N⁰ 145. — *Modèle de mémoire.* — Les mémoires des entrepreneurs des convois militaires doivent être conformes au 3ᵉ tableau placé à la fin de ce volume.

La réquisition et le certificat de l'officier de santé doivent être joints au mémoire. Lorsque la translation du même individu s'effectue par plusieurs préposés, chacun d'eux, excepté le dernier, doit, sous peine de rejet, joindre à son mémoire une copie de la réquisition et du certificat de l'officier de santé. Cette copie est certifiée par le maire du lieu de l'arrivée , et le certificat fait mention de *vu arriver.* Le dernier préposé joint aussi, sous peine de rejet, à son mémoire l'original de la réquisition et du certificat du médecin. Le concierge du lieu de la destination met le *vu arriver* au bas de la réquisition.

COPIES DE PIÈCES PAR LES HUISSIERS OU SCRIBES.
    Actes dont les huissiers ne doivent pas donner copie. — V. n⁰ 146.
    Calcul du nombre des rôles. — V. n⁰ 147.
    Emolument pour chaque rôle. — V. n⁰ 148.
    Par qui doivent être faites les copies des actes signifiés. — V. n⁰ 578.
    Premier rôle. — V. n⁰ 147.
    Tableau du prix des copies de pièces. — V. n⁰ 149.

N⁰ 146. — *Actes dont les huissiers ne doivent pas donner*

*copie.* — **U**ne circulaire du 30 décembre 1812 déclare abusives et frustratoires les copies données avec les citations tant des cédules et réquisitoires que des ordonnances, procès-verbaux et autres pièces semblables; elle n'admet d'exception que pour les procès-verbaux qui font foi jusqu'à inscription de faux, et pour les pièces dont une loi ordonne expressément de donner copie. (*Instruction générale,* page 7.) Ainsi les huissiers ne doivent porter dans leurs mémoires aucun droit de copies de pièces pour la transcription des actes suivans :

*Arrêts* de la cour de cassation qui concernent des individus détenus.

*Arrêts* de cour d'assises, excepté lorsque l'accusé ou la partie civile en poursuit l'exécution en ce qui le concerne.

*Arrêts* des cours royales, excepté lorsque l'exécution en est poursuivie par le prévenu ou par la partie civile.

*Arrêtés* des directeurs généraux des administrations publiques portant autorisation de poursuivre un de leurs préposés.

*Cédules* pour citer des témoins.

*Jugemens* définitifs des tribunaux correctionnels portant acquittement ou condamnation contradictoire, sauf le cas où soit la partie civile, soit le défendeur, poursuit l'exécution des condamnations prononcées en sa faveur.

*Ordonnance* de la chambre du conseil portant qu'il n'y a lieu à poursuivre.

*Ordonnance* de prise de corps décernée par le tribunal de première instance.

*Ordonnance* du roi portant autorisation de mettre en jugement des agens du gouvernement.

*Procès-verbaux* qui ne font pas foi jusqu'à inscription de faux, sauf en matières forestière et de pêche fluviale.

N⁰ 147. — *Calcul du nombre des rôles qui doivent être admis en taxe. Premier rôle.* — Les huissiers n'obtiennent aucun émolument pour la transcription du premier rôle des pièces qu'ils signifient. (*Réglement*, art. 71, n⁰ 10.) Ainsi l'huissier qui signifie à dix personnes un acte qui ne contient qu'un rôle n'obtient aucun émolument.

Les huissiers doivent énoncer dans leurs mémoires que le premier rôle de tous leurs actes n'a pas été compris dans le nombre de ceux dont ils demandent le paiement. (*Instruction générale*, page 73.)

Chaque rôle doit contenir 30 lignes à chaque page, et 18 à 20 syllabes à la ligne (*Réglement*, art. 71, n⁰ 10): c'est, terme moyen, 1,140 syllabes par rôle; environ trois fois plus que pour les rôles de copie de pièces en matière civile.

Si l'écrit dont la transcription doit être payée à l'huissier n'est pas divisé par rôles, ou si les rôles ont plus ou moins de lignes et de syllabes que ne prescrit l'article 71 du Réglement, il faut les réduire en rôles de 1,140 syllabes.

N⁰ 148. — *Emolument alloué aux huissiers ou aux scribes pour copies de pièces.* — Il est alloué, pour chaque rôle, non compris le premier (*Réglement*, art. 71, n⁰ 10):

Aux huissiers ou scribes de Paris. . . . . . . . . » 50
Des villes de 40,000 habitans ou au-dessus. . . » 40
Des autres villes et communes. . . . . . . . . . » 30

N⁰ 149. — *TABLEAU du prix des copies de pièces alloué aux huissiers ou aux scribes.*

| Si l'écrit contient : | A PARIS. | VILLES DE 40,000 HAB⁵ ET AU-DESSUS. | AUTRES VILLES ET COMM⁽ᵉˢ⁾. |
|---|---|---|---|
| 1 rôle. . . . . . . . . | » » | » » | » » |
| 2. . . . . . . . . . . | » 50 | » 40 | » 30 |
| 3. . . . . . . . . . . | 1 » | » 80 | » 60 |

| Si l'écrit contient : | A PARIS. | VILLES DE 40,000 HAB[s] ET AU-DESSUS. | AUTRES VILLES ET COMM[es]. |
|---|---|---|---|
| 4 rôles. . . . . . . . | 1 50 | 1 20 | » 90 |
| 5. . . . . . . . . . . | 2 » | 1 60 | 1 20 |
| 6. . . . . . . . . . . | 2 10 | 2 » | 1 50 |
| 7. . . . . . . . . . . | 3 » | 2 40 | 1 80 |
| 8. . . . . . . . . . . | 3 50 | 2 80 | 2 10 |
| 9. . . . . . . . . . . | 4 » | 3 20 | 2 40 |
| 10. . . . . . . . . . . | 4 50 | 3 60 | 2 70 |
| 11. . . . . . . . . . . | 5 » | 4 » | 3 » |
| 21. . . . . . . . . . . | 10 » | 8 » | 6 » |
| 31. . . . . . . . . . . | 15 » | 12 » | 9 » |
| 41. . . . . . . . . . . | 20 » | 16 » | 12 » |
| 51. . . . . . . . . . . | 25 » | 20 » | 15 » |
| 61. . . . . . . . . . . | 30 » | 24 » | 18 » |
| 71. . . . . . . . . . . | 35 » | 28 » | 21 » |
| 81. . . . . . . . . . . | 40 » | 32 » | 24 » |
| 91. . . . . . . . . . . | 45 » | 36 » | 27 » |
| 101. . . . . . . . . . . | 50 » | 40 » | 30 » |

## CORRESPONDANCE.

V. Port de lettres, n⁰ 478.

## DÉBET ( ENREGISTREMENT EN ).

N⁰ 150. — On dit d'un acte qu'il est enregistré en débet lorsqu'il reçoit la formalité sans que le droit soit actuelle-ment payé : ce droit demeure réservé pour être ultérieure-ment recouvré s'il y a lieu. Le receveur de l'enregistre-ment doit toujours faire mention du montant des droits en suspens. (*Ordonnance du 22 mai* 1816 , art. 5.)

## DÉBOURSÉS

Dans les actes du greffe. — V. n⁰ 151.
Dans les actes d'huissier. — V. n⁰ 152.

**N<sup>e</sup> 151.** — *Déboursés dans les actes du greffe.* — Ces déboursés sont 1° le prix du papier timbré lorsqu'il en a été réellement employé ; 2° les droits d'enregistrement qui ont été payés au comptant.

Le greffier qui a fait l'avance de ces déboursés doit en obtenir le remboursement soit par compensation sur les fonds qui ont été consignés par la partie civile, soit par le paiement que lui en font directement les parties.

Le greffier ne peut jamais obtenir, pour cet objet, une somme plus forte que celle qu'il a déboursée ; il ne doit jamais percevoir le prix du papier qui a été visé pour timbre, ni les droits d'enregistrement qui ont été comptés en débet.

**N<sup>e</sup> 152.** — *Déboursés dans les actes d'huissiers.* — Ces déboursés consistent aussi dans le prix du papier timbré qu'ils ont employé, et dans les sommes qu'ils ont payées pour droits d'enregistrement. Ils ne doivent jamais porter dans leurs mémoires le prix du papier qui a été visé pour timbre, ni les droits d'enregistrement qui ont été comptés en débet.

Les déboursés des huissiers ainsi que leurs honoraires doivent être payés par les parties qui ont requis les actes.

**DÉCHARGE** D'UN DÉPÔT FAIT AU GREFFE.

**N<sup>e</sup> 153.** — Le greffier qui fait remise des pièces déposées entre ses mains, telles que pièces arguées de faux, pièces de comparaison et pièces de conviction, doit s'en faire donner une décharge. L'acte qui en est dressé est écrit en marge de l'acte de dépôt. Il n'en résulte ni émolument pour le greffier ni déboursés.

**DÉCIME** PAR FRANC.

**N<sup>e</sup> 154.** — En sus des sommes auxquelles sont fixées les amendes par les arrêts et jugemens, et en sus des droits d'enregistrement fixés par les lois de finances , il est perçu un décime par franc. (*Loi du* 6 *prairial an* **VII.**)

Ainsi, lorsqu'un jugement prononce une amende de 10 fr., il est dû 11 fr. ; lorsqu'un acte est soumis à un droit d'enregistrement de 1 fr., il est dû 1 fr. 10 c.

Dans ces *Notes* les sommes indiquées pour amendes ou pour droit d'enregistrement comprennent le principal de ces droits et le décime en sus.

## DÉCLARATION

Par un condamné. — V. n<sup>e</sup> 155.

Du jury. — V. n<sup>e</sup> 156.

D'une partie qui se porte partie civile. — V. n<sup>e</sup> 460.

N<sup>e</sup> 155. — *Déclaration faite par un condamné.* — Lorsqu'un individu condamné à mort veut faire une déclaration, c'est le juge du lieu de l'exécution assisté du greffier qui doit la recevoir. (*Code d'instruction criminelle*, art. 377.)

Si, dans le canton où a lieu l'exécution, il n'y a ni cour royale ni tribunal de première instance, la déclaration est reçue par le juge de paix. S'il y a une cour royale dans l'étendue du canton, cette déclaration est reçue par un conseiller ; dans les autres cas elle est reçue par un juge du tribunal de première instance.

Cette déclaration est écrite sur papier libre ; elle est exempte d'enregistrement. Sa rédaction ne procure aucun émolument au greffier.

Si le lieu de l'exécution est éloigné de plus de cinq kilomètres du lieu où réside le juge, il est alloué à celui-ci et au greffier une indemnité de voyage. — V., pour le juge, n<sup>e</sup> 363 ; pour le greffier, n<sup>e</sup> 300.

N<sup>e</sup> 156. — *Déclaration du jury.* — Elle est toujours exempte des formalités du timbre et de l'enregistrement.

**DÉFAUT** ( ARRÊTS , JUGEMENS PAR ).

N⁰ 157. — En matières criminelle , correctionnelle et de simple police les frais des jugemens et arrêts par défaut sont les mêmes que ceux des jugemens et arrêts contradictoires. Les frais des jugemens et arrêts par défaut doivent toujours être mis à la charge du défaillant , quand même il obtiendrait gain de cause en définitive.

## DÉFENSEURS

Honoraires. — V. n⁰ 158.
Privilége. — V. n⁰ 159.

N⁰ 158. — *Honoraires des défenseurs.* — Le client prévenu , accusé ou partie civile qui invoque l'appui du savoir et des talens d'un avocat ou d'un avoué doit lui en offrir le prix ; il en est de même lorsque le défenseur a été commis d'office.

La partie condamnée aux dépens doit sans doute indemniser son adversaire de tous les frais qu'il a pu faire ; et , parmi ces frais , sont les honoraires payés au défenseur. Pour fixer la somme que la partie qui succombe doit, à cet égard , à son adversaire on doit se conformer aux règles prescrites en matière civile pour les causes sommaires.

S'il était démontré qu'une partie , pour s'acquitter envers son défenseur , a dû lui payer une somme plus considérable que celle que fixe le Décret de 1807 , il serait juste de condamner son adversaire qui succombe à lui rembourser une pareille somme à titre de dommages-intérêts.

Jamais les honoraires des défenseurs ne peuvent être mis à la charge de l'état, ni des administrations publiques qui poursuivent, dans l'intérêt direct de l'état, des contraventions ou des délits.

Quant aux autres administrations qui sont assimilées

aux parties civiles, elles doivent, comme les parties civiles proprement dites, supporter, si elles succombent, les frais de plaidoierie de leur adversaire.

N° 159. — *Privilége des défenseurs sur les biens de leurs cliens.* — Les honoraires des défenseurs ont, sur les biens des cliens, un privilége qui prime toutes les sommes qui peuvent être réclamées par l'état pour amendes et pour frais. Ce privilége s'étend sur les meubles et sur les immeubles.

En cas de contestation avec l'administration des domaines les honoraires des défenseurs sont réglés, d'après la nature de l'affaire, par le tribunal qui a prononcé la condamnation. (*Loi du 5 septembre* 1807, art. 2 et 4.)

Ce tribunal n'est pas tenu, pour la fixation de ces honoraires, de se conformer aux dispositions du Décret du 16 février 1807.

**DÉLIBÉRATIONS** DU CONSEIL DE FAMILLE EN CAS D'INTERDICTION D'OFFICE.

Citation aux membres du conseil. — V. n° 161.

Procès-verbal du juge. — V. n° 161.

Vacations du juge de paix et du greffier. — V. n° 162.

N° 160. — *Citation aux membres du conseil de famille.* — Si les individus qui doivent composer le conseil de famille ont été appelés par un acte d'huissier, l'émolument de l'huissier, pour l'original, pour les copies et pour voyage, et les droits d'enregistrement sont calculés comme pour les autres citations en matière criminelle. — (*Réglement*, art. 118.) — V. *Citation*, n° 102.

L'original de la citation ainsi que ses copies sont écrits sur papier visé pour timbre. L'original est enregistré en débet au droit de 1 fr. 10 c. (*Réglement*, art. 118.)

L'émolument de l'huissier est avancé, par l'administration de l'enregistrement, sur les fonds généraux des frais de justice criminelle.

N° 161. — *Procès-verbal du juge de paix.* — Ce procès-verbal est écrit sur papier visé pour timbre. Il est enregistré en débet.

Ce procès-verbal doit être transmis en minute au procureur du roi qui l'a requis. Son expédition serait frustratoire ; les frais n'en seraient pas alloués au greffier.

N° 162. — *Vacations au juge de paix et au greffier.* — Les vacations qui pourraient revenir au juge de paix et au greffier, en matière d'interdiction d'office, ne sont jamais à la charge de l'état. Pour en obtenir le paiement ces fonctionnaires doivent s'adresser directement soit au tuteur de l'interdit, soit aux personnes que l'article 119 du Réglement déclare responsables.

Si l'interdiction n'est pas prononcée, le juge de paix et son greffier n'obtiennent aucun émolument.

Ces vacations sont taxées comme en matière civile. — V. *Manuel du juge taxateur*, n° 84.

DÉPENS ( COMPENSATION DE ).

N° 163. — Nulle disposition du Code d'instruction criminelle n'autorise expressément les tribunaux à compenser les dépens en matières criminelle, correctionnelle ou de simple police ; ainsi, et d'après les articles 162, 194 et 368 de ce Code, la partie qui succombe doit supporter tous les frais.

Néanmoins, lorsqu'une partie civile est en cause, il n'est pas interdit aux tribunaux de compenser des dépens, en totalité ou en partie, entre la partie civile et le prévenu s'ils ont eu des torts respectifs.

**DÉPENSES** EXTRAORDINAIRES ET IMPRÉVUES.
Observations générales. — V. n° 164.
Par qui et comment sont-elles ordonnées ? —V. n° 165.
Mode de leur paiement. — V. n°ˢ 166 et 167.

N° 164. — *Observations générales.* — L'instruction des procédures criminelles peut exiger des dépenses que le *Réglement* du 18 juin 1811 n'a pas spécialement prévues. L'art. 136 de ce Réglement a fixé les moyens d'y pourvoir.

Le juge d'instruction doit user avec une extrême réserve de la faculté que lui donne cette disposition de la loi. Il doit scrupuleusement observer les formalités qu'elle prescrit.

N° 165. — *Par qui et comment sont ordonnées les dépenses extraordinaires et imprévues.* — Ces dépenses ne peuvent être ordonnées par le juge d'instruction qu'avec l'autorisation expresse et motivée du procureur général.

La demande tendante à obtenir cette autorisation doit désigner d'une manière précise la nature de la dépense et , autant que possible , la somme qu'elle pourra coûter.

Le procureur général est personnellement responsable de l'utilité de la dépense. Il doit en informer sans délai le ministre de la justice. ( *Réglement,* art. 136. )

Le juge d'instruction doit adresser une réquisition , sur papier libre , aux personnes qui fourniront les objets demandés. Il doit aussi leur transmettre l'autorisation écrite que lui a donnée le procureur général.

N° 166. — *Mode de paiement de ces dépenses.* — La partie prenante rédige son mémoire par triple expédition. L'une de ces copies est écrite sur papier timbré. ( *Réglement,* art. 145. ) Néanmoins, si le mémoire ne s'élève pas à plus de

10 fr., les trois copies sont écrites sur papier libre. (*Régle-ment*, art. 146.)

La réquisition du juge d'instruction et l'autorisation du procureur général doivent être annexées à ce mémoire.

Lorsque la partie prenante a acheté quelqu'un des objets qu'elle fournit, elle doit, à l'appui de son mémoire, joindre la note détaillée et dûment quittancée de ces four-nitures.

Le mémoire doit être conforme au modèle du tableau n° 4. — V. à la fin du volume.

Nᵉ 167. — Néanmoins, si ces dépenses étaient dues à des personnes qui ne sont pas habituellement employées pour ces opérations ou ces fournitures, elles pourraient être payées, comme frais urgens, sur une simple taxe du mandat du juge mis au bas des réquisitions. (*Réglement*, art. 133 et 134.) — V. *Frais urgens*. — Ce mode ne doit être employé que lorsque les sommes ne sont pas considérables.

**DÉPOSITAIRES** DE PIÈCES ARGUÉES DE FAUX, OU DE PIÈCES DE COMPARAISON.

Avoués. — V. nᵉ 82 et suiv.

Copie des pièces à produire. — V. nᵉ 169.

Greffiers. — V. nᵉ 303.

Huissiers. — V. nᵉ 320.

Modèle de taxe. — V. nᵉ 173.

Notaires. — V. nᵉ 435 et suiv.

Remise des pièces. — V. nᵉ 168.

Séjour forcé en route. — V. nᵉ 171.

Séjour dans la ville où se fait l'instruction. —V. nᵉ 171.

Simples particuliers dépositaires. — V. nᵉ 172.

Vacations. — V. nᵉ 170.

Voyage. — V. nᵉ 171.

**N⁰ 168.** — *Remise des pièces.* — Les dépositaires publics, tels que les greffiers, les notaires, les avoués, les huissiers, ont toujours le droit de faire en personne le transport et la remise des pièces, sans qu'on puisse les obliger à les confier à des tiers. (*Réglement*, art. 13.)

**N⁰ 169.** — *Copie des pièces à produire.* — Si, en exécution de l'article 455 du Code d'instruction criminelle, il y a lieu de faire copie d'une pièce authentique, cette copie est écrite sur papier libre. L'émolument, pour cette copie, est le même que pour les expéditions ordinaires. (*Réglement*, art. 42.) — V. n⁰ 222.

Pour le voyage et pour le temps employé afin de collationner cette copie, et de dresser procès-verbal de cette opération, le dépositaire doit obtenir les mêmes indemnités que pour se rendre et comparaître devant le juge d'instruction. — V. ci-dessous *Voyage; séjour forcé en route; séjour dans la ville où se fait l'instruction*, n⁰ 171; — *Vacations*, n⁰ 170.

Le procès-verbal qui constate cette collation est écrit sur papier libre; il est exempt d'enregistrement.

**N⁰ 170.** — *Vacations.* — Les dépositaires de pièces arguées de faux et de pièces de comparaison obtiennent une indemnité pour le temps par eux employé soit à collationner, s'il y a lieu, la copie par eux faite de ces pièces, soit à déposer ces pièces au greffe, et à assister à la rédaction du procès-verbal qui en constate l'état et la remise.

Cette indemnité est calculée par vacations. Pour le calcul du nombre des vacations, — V. n⁰ 633.

Le temps employé pour voyage ou séjour n'entre pas dans la durée des vacations.

Pour l'émolument qui revient à chaque dépositaire ,

V. Avoués , nᵉ 82.

Greffiers, nᵉ 304.

Huissiers , nᵉ 321.

Notaires , nᵉ 436.

Simples particuliers , nᵉ 172.


Nᵉ 171. — *Voyage; séjour forcé en route; séjour dans la ville où se fait l'instruction.* — Indépendamment de l'indemnité allouée aux dépositaires pour leurs vacations , ils obtiennent en outre , s'il y a lieu, une indemnité de voyage, de séjour forcé en route , et de séjour dans la ville où se fait l'instruction. — Pour ces divers droits ,

V. Avoués , nᵉˢ 83 et suiv.

Greffiers , nᵉˢ 305 et suiv.

Huissiers , nᵉ 322.

Notaires , nᵉˢ 437 et suiv.

Simples particuliers , nᵉ 172.


Nᵉ 172. — *Simples particuliers dépositaires de pièces.* — Les simples particuliers et les fonctionnaires autres que les avoués, greffiers, huissiers et notaires, lorsqu'ils sont appelés comme dépositaires de pièces arguées de faux ou de pièces de comparaison, obtiennent une indemnité pour les vacations par eux employées à la remise de ces pièces. Ils obtiennent aussi, s'il y a lieu, des indemnités de voyage, de séjour forcé en route, et de séjour dans la ville où se fait l'instruction.

Il leur est alloué 4 fr. pour chaque vacation. ( *Réglement,* art. 15.) Pour le calcul du nombre des vacations, — V. nᵉˢ 632 et suiv.

Il leur est alloué 2 fr. 50 c. pour chaque myriamètre parcouru soit pour se rendre au lieu où doit être fait le dépôt de la pièce, soit pour revenir à leur demeure. (*Réglement*, art. 15 et 91.)

Pour le calcul du nombre des myriamètres parcourus, — V. nᵉ 185.

Il leur est aussi alloué, s'il y a lieu, les mêmes indemnités de séjour forcé en route et de séjour dans la ville où se fait l'instruction qu'aux médecins et chirurgiens. (*Réglement*, art. 15.) Pour séjour forcé en route, — V. nᵉ 411. — Pour séjour dans la ville où se fait l'instruction, — V. nᵉ 412.

Ces indemnités sont dues aux dépositaires de pièces, non-seulement pour déposer ces pièces, mais aussi pour les retirer.

Nᵉ 173. — *Modèle de taxe.* — L'émolument alloué aux dépositaires de pièces leur est payé comme *frais urgens.* La taxe en est mise au bas de la copie de l'ordonnance en exécution de laquelle est faite la remise des pièces.

Cette taxe doit être ainsi conçue :

Taxé, sur sa réquisition, à　　　　　　　　　　*(noms et qualités)* dépositaire d　pièce　arguée　de faux *(ou de pièces de comparaison)* désignée　dans l'ordonnance ci-dessus, en vertu des articles 13 *(ou 14)* du Réglement du 18 juin 1811, la somme de　　　　　fr.　　　c.;

Savoir : 1° pour *(nombre de)* vacations, conformément　fr.　c. à l'article 166 du Décret du 16 février 1807. . . . . . . . .　»　»

2° Pour *(nombre de)* myriamètres parcourus, conformément à l'article 91, nᵒ 1ᵉʳ, du Décret du 18 juin 1811. . . .　»　»

3° Pour *(nombre de)* journées de séjour forcé en route, conformément à l'article 95, nᵒ 1ᵉʳ, du même Réglement ; séjour constaté par le certificat ci-joint. . . . . . . . . . .　»　»

4° Pour *(nombre de)* journées de séjour à　　　　　　, où l'instruction a eu lieu, conformément à l'article 96, nᵒ 1ᵉʳ, dudit Réglement. . . . . . . . . . . . . . . . . . . . . . . .　»　»

Attendu qu'il n'y a pas de partie civile en cause *(ou que la partie civile a justifié de son indigence)*, nous ordonnons que cette somme soit payée, sur les fonds généraux des frais de justice criminelle, par le receveur de l'enregistrement au bureau d

**Si** la partie civile avait consigné, la taxe devrait être ainsi close :

Attendu que N        , partie civile, a consigné des fonds au greffe, nous ordonnons que cette somme soit payée, par le greffier, sur les fonds déposés par cette partie.

A       le       183 .

## DÉPOT ( ACTE DE ).

N⁰ 174. — Le greffier doit constater par un procès-verbal le dépôt qui lui est fait des pièces arguées de faux, des pièces de comparaison et de pièces servant à conviction. Ce procès-verbal est écrit sur papier libre ; il est exempt d'enregistrement. Sa rédaction ne procure aucun émolument au greffier.

Le dépositaire public a droit d'exiger une copie de l'acte de dépôt pour lui servir de décharge envers ceux qui pourraient avoir intérêt à la conservation de ces pièces. Cette copie est faite sur papier libre ; l'émolument du greffier pour cette copie est le même que pour les ex-péditions ordinaires. — V. n⁰ 222.

## DÉPOT ( MANDAT DE ).

Ecrou. — V. n⁰ 198.

Enregistrement, timbre. — V. n⁰ 175.

Frais : par qui avancés et supportés. — V. n⁰ 178.

Mandat de dépôt après un mandat d'amener. — V. n⁰ 25.

Signification du mandat de dépôt par un huissier. — V. n⁰ 176.

Par un gendarme ou un agent de police. — V. n⁰ 177.

N⁰ 175. — *Enregistrement, timbre.* — Ce mandat est

toujours exempt de timbre et d'enregistrement, quand même la partie civile aurait consigné.

La rédaction de ce mandat ne procure aucun émolument au greffier.

**N⁰ 176.** — *Signification du mandat de dépôt par un huissier.* — L'huissier doit délivrer copie du mandat à la personne arrêtée ; il doit rédiger un procès-verbal qui constate son opération, et en donner copie à cette personne. La rédaction de l'original de ce procès-verbal et la transcription des copies du mandat et du procès-verbal ne procurent aucun émolument spécial à l'huissier. (*Réglement*, art. 71, n⁰ 4.)

Le procès-verbal est soumis à la double formalité du timbre et de l'enregistrement. S'il y a en cause une partie civile qui ait consigné, le droit d'enregistrement est perçu au comptant ; l'acte est écrit sur papier timbré. Dans les autres cas le droit d'enregistrement est compté en débet, et le papier est visé pour timbre.

Emolument alloué à l'huissier pour l'exécution de ce mandat, sauf le cas prévu n⁰ 25 (*Réglement*, art. 71, n⁰ 4) :

A Paris. . . . . . . . . . . . . . . . . . . . . . 5 »
Dans les villes de 40,000 habitans et au-dessus. . 4 »
Dans les autres villes et communes. . . . . . . . 3 »

Si le mandat de dépôt est exécuté dans les mêmes vingt-quatre heures que le mandat d'amener, — V. n⁰ 25.

**N⁰ 177.** — *Signification du mandat de dépôt par les gendarmes et les agens de police.* — Les gendarmes et les agens de police peuvent, à défaut des huissiers, être chargés de l'exécution d'un mandat de dépôt. Cet acte ne peut être considéré comme une simple signification : ainsi son exécution devrait leur procurer le même émolument qu'aux huissiers ; le ministère de la justice a refusé de leur allouer aucun droit. L'acte qu'ils doivent rédiger pour constater cette opération est soumis aux mêmes droits d'enregistrement et de timbre que s'il était rédigé par un huissier. — V. la n<sup>e</sup> précédente.

N<sup>e</sup> 178. — *Par qui sont avancés et supportés les frais de cette exécution.* — Ces frais sont avancés et supportés en définitive comme les autres frais de poursuites.

## DÉSERTEURS.

N<sup>e</sup> 179. — Les frais de poursuites contre les déserteurs et les frais de leur translation ne sont jamais à la charge du ministère de la justice. ( *Réglement,* art. 3 , n° 10. )

## DÉSISTEMENT

D'appel. — V. n<sup>e</sup> 39.
De la plainte par la partie civile ; frais. — V. n<sup>e</sup> 180.
Frais antérieurs au désistement. — V. n<sup>e</sup> 181.

N<sup>e</sup> 180. — *Frais du désistement de·la plainte par la partie civile.* — Le plaignant qui a déclaré formellement se porter partie civile peut se départir dans les vingt–quatre heures. Ce désistement doit être signifié par un acte d'huissier. Cet acte est écrit sur papier timbré ; il est enregistré au comptant. L'émolument de l'huissier pour cet acte est le même que pour une citation. — V. n<sup>e</sup> 102.

La partie civile doit payer directement à l'huissier les frais de cet acte.

N<sup>e</sup> 181. — *Frais antérieurs au désistement.* — L'individu qui se porte partie civile devient débiteur envers l'état de tous les frais faits jusqu'à la signification de son désistement. Cette signification ne l'affranchit que des frais ul-térieurs. Cependant, comme, en matière criminelle, la partie civile qui ne succombe pas n'est tenue d'aucuns frais ( *Loi du* 1<sup>er</sup> *mai* 1832 , art. 8 ), la partie civile qui s'est désistée , et qui n'est pas condamnée , ne doit pas les frais faits avant son désistement.

## DILIGENCES.

V. *Messageries,* n<sup>e</sup> 428.

## DISPOSITION DU GOUVERNEMENT (MISE A LA ).

N<sup>e</sup> 182. — Cette peine n'existe plus , d'après les nou-velles modifications portées au Code pénal.

## DISTANCES.

N<sup>e</sup> 183. — Le Réglement du 18 juin 1811 admet deux manières de calculer les distances :

La première , pour fixer les indemnités de voyage al-louées aux magistrats et aux greffiers. — V. n<sup>e</sup> 184.

La seconde , pour fixer celles qui sont dues aux experts , huissiers , jurés , médecins , sages-femmes et témoins. — V. n<sup>e</sup> 185.

N<sup>e</sup> 184. — *Manière de calculer les distances pour le voyage des magistrats et des greffiers.* — Lorsque les juges d'instruc-tion, les juges de paix , les officiers du ministère public , leurs auxiliaires et les greffiers , soit pour une instruction criminelle , soit dans les cas qui y sont assimilés , se transportent hors de leur domicile , on doit calculer la distance réelle qui existe entre le lieu du départ et le lieu de l'arrivée , sans y comprendre le retour , et sans distin-guer si le lieu du départ et celui de l'arrivée sont ou non situés dans la même commune. ( *Instruction générale ,* page 91. )

Nᵉ 185. — *Manière de calculer les distances pour le voyage des chirurgiens, dépositaires de pièces, experts, huissiers, jurés, médecins, sages-femmes et témoins.* — **L'espace par** eux parcouru pour se rendre du lieu de leur résidence au lieu de l'opération est réuni à l'espace parcouru pour le retour. (*Réglement*, art. 91.) Ainsi, lorsqu'ils se rendent dans un lieu éloigné de 15 kilomètres du lieu de leur résidence, on calcule l'indemnité qui leur est due sur 3 myriamètres.

On calcule ces distances à partir du chef-lieu de la commune où ils résident jusqu'au chef-lieu de la commune où ils se rendent, sans avoir égard à la distance qui existe entre les chefs-lieux de ces communes et le lieu spécial du départ et de l'arrivée.

Ainsi il n'est rien alloué pour voyage lorsque ces personnes ne sortent pas de la commune où elles résident.

Les distances se règlent par myriamètre et par demi-myriamètre ; les fractions de 8, 9, 10, 11 et 12 kilomètres sont comptées pour un myriamètre ; les fractions de 3, 4, 5, 6 et 7 kilomètres sont comptées pour un demi-myria-mètre. (*Réglement*, art. 92.)

Pour faciliter le réglement de ces distances il a été dressé, dans chaque département, un tableau qui indique, en myriamètres et kilomètres, la distance de chaque commune aux chefs-lieux du canton, de l'arrondissement et du département. Ce tableau est obligatoire pour tous les magistrats. S'ils y reconnaissent des erreurs, ils n'ont d'autre droit que de les dénoncer au préfet afin qu'elles soient rectifiées.

Lorsqu'il s'agit d'apprécier les distances qui ne sont pas exprimées sur ces tableaux, les magistrats doivent se procurer des renseignemens qui puissent les mettre à portée de ménager les intérêts du trésor aussi bien que les droits des parties prenantes.

N° 186. — *Tableau de réduction en demi-myriamètres des distances indiquées par les tableaux rédigés en exécution de l'art. 32 du Réglement du 18 juin 1811.*

| NOMBRE DES KILOMÈTRES MARQUÉS SUR CES TABLEAUX. | | | DEMI-MYRIAMÈTRES COMPTÉS POUR LA TAXE. |
|---|---|---|---|
| 1 | 2 | | 0 |
| 3 | | | 1 |
| 4 | 5 | 6 | 2 |
| 7 | 8 | | 3 |
| 9 | 10 | 11 | 4 |
| 12 | 13 | | 5 |
| 14 | 15 | 16 | 6 |
| 17 | 18 | | 7 |
| 19 | 20 | 21 | 8 |
| 22 | 23 | | 9 |
| 24 | 25 | 26 | 10 |
| 27 | 28 | | 11 |
| 29 | 30 | 31 | 12 |
| 32 | 33 | | 13 |
| 34 | 35 | 36 | 14 |
| 37 | 38 | | 15 |
| 39 | 40 | 41 | 16 |
| 42 | 43 | | 17 |
| 44 | 45 | 46 | 18 |
| 47 | 48 | | 19 |
| 49 | 50 | 51 | 20 |
| 52 | 53 | | 21 |
| 54 | 55 | 56 | 22 |
| 57 | 58 | | 23 |
| 59 | 60 | 61 | 24 |

## DOMICILE ( ÉLECTION DE ).

Nᵉ 187. — La partie civile qui ne demeure pas dans l'arrondissement du tribunal devant lequel l'instruction a lieu doit y élire domicile. (*Code d'instruction criminelle*, art. 68. )

Cette élection est faite ordinairement par la citation ou la plainte, sinon par un acte au greffe. Les frais de cet acte sont : le papier timbré sur lequel il est écrit ( c'est ordinairement 35 c. ), et 1 fr. 10 c. pour l'enregistrement. Il n'en résulte aucun émolument pour le greffier.

Ces droits sont payés au comptant. Néanmoins, si la partie civile a légalement justifié de son indigence, le papier est visé pour timbre, et l'enregistrement est compté en débet.

## DOMMAGES-INTÉRÊTS.

Enregistrement. — V. nᵉ 188.

Privilége. — V. nᵉ 189.

Solidarité. — V. nᵉ 190.

Voies par lesquelles le paiement peut en être poursuivi. — V. nᵉ 191.

Timbre. — V. nᵉ 188.

Nᵉ 188. — *Enregistrement, timbre.* — Toute condamnation à des dommages-intérêts, quel que soit le tribunal qui l'ait prononcée, est soumise à un droit d'enregistrement de 2 fr. 20 c. pour 100 francs. Ce droit est payé au comptant. L'arrêt ou le jugement est écrit sur papier timbré. Néanmoins, si la partie civile a justifié de son indigence, ou s'il y a en cause une administration assimilée aux parties civiles autre que celle des contributions indirectes et celle des postes ( lorsqu'il s'agit du transport frauduleux des dépêches ), le droit d'enregistrement est compté en débet, et le papier sur lequel est écrit l'arrêt ou le jugement est visé pour timbre.

**N° 189.** — *Privilége pour les dommages-intérêts.* — Si les biens du condamné ne suffisent pas pour le paiement de toutes les condamnations pécuniaires, les dommages-intérêts dus à la partie civile sont payés avant l'amende (*Code pénal*, art. 54 et 468); mais les frais sont payés avant les dommages-intérêts.

**N° 190.** — *Solidarité.* — Tous les individus condamnés pour un même crime ou pour un même délit sont tenus solidairement des dommages-intérêts. (*Code pénal*, art. 55.) Mais, si plusieurs individus, quoique condamnés par le même jugement ou par le même arrêt, n'étaient pas reconnus coupables du même fait, il n'y aurait pas entre eux solidarité pour les dommages-intérêts.

Nulle disposition de la loi ne prononce la solidarité pour les dommages-intérêts prononcés pour des contraventions de simple police.

**N° 191.** — *Voies par lesquelles peut être poursuivi le paiement des dommages-intérêts.* — Ce paiement peut être poursuivi par toutes voies de droit, telles que saisie arrêt, saisie brandon, saisie exécution, saisie immobilière, et même par la contrainte par corps. (*Code pénal*, art. 52 et 469.)

Les frais de ces poursuites sont taxés au prix indiqué dans la n° 129.

**DOUANES** (ADMINISTRATION DES).

**N° 192.** — Cette administration est assimilée aux parties civiles dans toutes les actions correctionnelles ou de simple police qui sont intentées soit directement par ses préposés, soit même d'office, et sans sa participation, par le ministère public, pourvu qu'elle y soit intéressée d'une manière quelconque. (*Instruction générale*, page 133. ) — V. *Parties civiles*, n⁵ 469.

## DOUBLE TAXE.

A quels témoins est-elle accordée? — V. n⁵ 193.

Justifications à faire. — V. n⁵ 197.

Séjour forcé en route. — V. n⁵ 194.

Séjour prolongé dans la ville où se fait l'instruction. — V. n⁵ 195.

Voyage. — V. n⁵ 196.

N⁵ 193. — *A quels témoins la double taxe est-elle accordée?* — Les garçons âgés de moins de quinze ans révolus et les filles âgées de moins de vingt et un ans qui sont appelés en témoignage, lorsqu'ils sont accompagnés dans leur voyage par leur père ou par leur mère, ou par leur tuteur ou curateur, obtiennent une indemnité double de celle des autres témoins pour voyage. — V. n⁵ 196. — Pour séjour forcé en route, — V. n⁵ 194. — Pour séjour prolongé dans la ville où se fait l'instruction, — V. n⁵ 195. — Mais la double taxe n'est jamais allouée pour simple déposition.

Les femmes mariées ou veuves, quoique âgées de moins de vingt et un ans, n'ont pas droit à la double taxe.

L'article 97 du Réglement n'accorde une double taxe que pour le voyage et le séjour du témoin. Il en résulte que les enfans et les filles, quoique accompagnés par leurs parens, n'obtiennent jamais le double de l'indemnité fixée par l'article 28 du Réglement pour simple déposition.

N⁵ 194. — *Séjour forcé en route.* — Dans les cas prévus dans la n⁵ 193, lorsque le témoin a été arrêté en route par force majeure, il lui est alloué une indemnité de 3 fr. par journée de séjour. (*Réglement*, art. 97.)

Pour le calcul des journées, — V. nᵉ 571.

Pour les justifications à produire, — V. nᵉ 572.

Nᵉ 195. — *Séjour dans la ville où se fait l'instruction.* — Dans les cas prévus dans la nᵉ 193 il est alloué au témoin, pour chaque journée de séjour (*Réglement*, art. 97) :

A Paris. . . . . . . . . . . . . . . . . . . . . . 6 »

Dans les villes de 40,000 habitans et au-dessus 4 »

Dans les autres villes et communes. . . . . . . . 3 »

Pour le calcul du nombre des journées de séjour, —V. nᵉ 575.

Nᵉ 196. — *Voyage.* — Au cas de la nᵉ 193 il est alloué au témoin 2 fr. par chaque myriamètre parcouru s'il habite dans le ressort où il est appelé en témoignage ; il obtient 3 fr. par chaque myriamètre parcouru s'il habite hors du ressort. L'article 94 du Réglement est abrogé par l'article 4 du Décret du 7 avril 1813.

Pour le calcul des distances, — V. nᵉ 185. — V. aussi le tableau de la nᵉ 591.

Nᵉ 197. — *Justifications à produire pour obtenir la double taxe.* — Il faut que l'âge du témoin soit constaté ; il faut aussi constater la qualité de père, mère, tuteur ou curateur de la personne qui accompagne le témoin. On ne doit pas exiger la représentation des actes de naissance, il en résulterait des frais ; la loi s'en remet à la prudence du juge.

**DROITS**

D'enregistrement. — V. nᵉ 208.

De greffe. — V. nᵉ 289.

De timbre. — V. nᵉ 620.

ÉCRITURES

Des gendarmes. — V. nᵉ 279.

Des greffiers. — V. Expédition , nᵉ 218 et suiv.

Extraits ,  nᵉ 237.

Minutes , nᵉ 295.

Renseignemens , nᵉ 295.

Des huissiers. — V. *Copies de pièces*, nᵉ 146 et suiv.

Des scribes. — V. nᵉ 569.

ÉCROU.

Expédition. — V. nᵉ 199.

Inscription. — V. nᵉ 198.

Radiation. — V. nᵉ 200.

Nᵉ 198. — *Inscription de l'acte d'écrou.* — L'inscription de l'écrou sur les registres des maisons d'arrêt ou de justice est faite par le concierge ; elle ne lui procure aucun émolument. Il en est de même pour la copie de cet acte que le concierge doit délivrer à l'huissier.

L'huissier qui assiste à la rédaction d'un acte d'écrou, et qui le signe , obtient un émolument, mais seulement dans le cas où l'individu se trouve déjà incarcéré. Ce droit n'est pas dû pour le mandat d'amener.

Cette indemnité n'est jamais allouée lorsque l'huissier obtient un droit spécial pour l'incarcération de l'individu.

Les gendarmes et les agens de police , qui peuvent être quelquefois chargés de l'exécution des mandemens de justice, n'obtiennent jamais aucune indemnité spéciale pour assister à l'inscription de l'écrou.

L'émolument de l'huissier pour assistance à l'inscription de l'écrou est ( *Réglement ,* art. 71 , nº 11 ) :

A Paris. . . . . . . . . . . . . . . . . . . . . . 1    »

Dans les villes de 40,000 habitans et au-dessus. .  » 75

Dans les autres villes et communes. . . . . . . . .  » 50

Nᶜ 199. — *Expédition de l'acte d'écrou.* — Il est alloué 60 centimes au concierge pour l'expédition de chaque acte d'écrou. En matière forestière ce droit est de 25 cent. (*Réglement,* art. 46 et 50.)

Le concierge, pour obtenir le paiement de ces droits, rédige un mémoire par triple expédition : l'une des copies est sur papier timbré, les deux autres sur papier libre. (*Réglement,* art. 145.) Néanmoins, si le mémoire ne s'élève pas à plus de 10 fr., les trois copies sont écrites sur papier libre. (*Réglement,* art. 146.)

Pour le modèle de ce mémoire, — V., à la fin du volume, 5ᵉ tableau.

Nᵉ 200. — *Radiation de l'écrou.* — L'ordre adressé par le ministère public au concierge de mettre un individu en liberté ne suffit pas : la radiation de l'écrou doit être faite par un huissier.

L'émolument de l'huissier, pour la radiation de l'écrou, est le même que le droit alloué pour son inscription. — V. nᵉ 198.

Lorsqu'un individu est transféré d'une maison d'arrêt dans une maison de justice, ou d'une maison d'arrêt ou de justice d'une ville dans la même prison d'une autre ville, les huissiers obtiennent deux droits, l'un pour la radiation du premier écrou, et un autre pour l'inscription du nouvel écrou.

Les gendarmes n'ont aucun droit pour cette radiation.

**ENFANS** AGÉS DE MOINS DE QUINZE ANS ACCOMPLIS APPELÉS EN TÉMOIGNAGE.

Journée de déposition. — V. nᵉ 201.

Voyage et séjour. — V. nᵉ 202.

Nᵉ 201. — *Journée de déposition.* — Lorsque des enfans

âgés de moins de quinze ans accomplis sont appelés en témoignage dans le lieu de leur résidence ou dans un rayon d'un myriamètre, il leur est alloué, pour chaque journée de déposition (*Réglement*, art. 28) :

A Paris. . . . . . . . . . . . . . . . . . . . . . **1 25**

Dans les villes de 40,000 habitans et au-dessus. . **1 »**

Dans les autres villes et communes. . . . . . . . **» 75**

Pour le calcul du nombre des journées, — V. n⁰ 589.

Dans aucun cas il n'y a lieu à une *double taxe* pour les journées de déposition.

La taxe de ces témoins est rédigée dans la même forme que celle des témoins ordinaires, avec cette seule différence que, au lieu de l'article 27 du Réglement, on doit citer l'article 28.

N⁰ 202. — *Voyage et séjour.* — Lorsque les enfans âgés de moins de quinze ans accomplis sont appelés en témoignage dans une commune dont le chef-lieu est éloigné de plus d'un myriamètre du chef-lieu de la commune de leur résidence, ils ont droit aux mêmes indemnités de séjour forcé en route, de séjour dans la ville où se fait l'instruction et de voyage que les témoins ordinaires.

Dans certains cas ils peuvent obtenir une double taxe. — V. n⁰ 193.

**ENQUÊTES**, INFORMATIONS,

A l'audience : aux assises. — V. n⁰ 203.

En police judiciaire et en police correctionnelle. — V. n⁰ 204.

Au cabinet d'instruction. — V. n⁰ 205.

Par commission rogatoire. — V. n⁰ 205.

En interdiction d'office. — V. n⁰ 354.

Expéditions en matière criminelle. — V. n⁰ 206.

Expéditions en police correctionnelle. — V. nᵉ 207.
En police judiciaire. — V. nᵉ 207.

Nᵉ 203. — *Enquête à l'audience des cours d'assises.* — Les frais de ces enquêtes sont : la citation aux témoins — V. nᵉ 102 — et la taxe aux témoins. — V. nᵉ 586. — Les notes qu'en doit tenir le greffier dans certains cas sont écrites sur papier libre.

Nᵉ 204. — *Enquêtes à l'audience, en police judiciaire et en police correctionnelle.* — Les frais de ces enquêtes sont aussi : la citation aux témoins — V. nᵉ 102 — et la taxe de ces témoins. — V. nᵉ 586. — En police judiciaire les notes des dépositions sont écrites sur papier timbré s'il y a en cause une partie civile proprement dite ; en matière correctionnelle elles sont aussi écrites sur papier timbré s'il y a en cause une partie civile qui ait consigné, ou l'administration des contributions indirectes ou celle des postes. Dans les autres cas elles sont écrites sur papier visé pour timbre.

Nᵉ 205. — *Enquêtes au cabinet d'instruction ; enquête par commission rogatoire.* — Les frais de ces enquêtes sont aussi : le coût de la citation aux témoins — V. nᵉ 102 — et la taxe aux témoins. — V. nᵉ 586. — Elles sont écrites sur papier libre.

Nᵉ 206. — *Expédition des enquêtes en matière criminelle.* — Il doit être délivré gratis aux accusés copie de toutes les dépositions. Quel que soit le nombre des accusés, il ne leur est délivré gratis qu'une seule copie. Elle est faite sur papier libre. L'émolument du greffier, pour cette expédition, est fixé dans la note 222, 2ᵉ colonne.

Les accusés peuvent demander d'autres copies de ces

enquêtes ; mais ils sont tenus d'en payer les frais. Ces secondes expéditions sont payées au même taux que la première copie. Ces expéditions sont faites sur papier libre.

La partie civile peut aussi obtenir, à ses frais, copie des enquêtes ; l'émolument du greffier est le même que dans les cas ci-dessus. Ces copies sont écrites sur papier timbré. Pour les frais de toutes ces expéditions , — V. le tableau de la note 222, 1re colonne. Si la partie civile a justifié de son indigence, elles sont écrites sur papier visé pour timbre.

N<sup>e</sup> 207. — *Expédition des enquêtes en matières de police correctionnelle et de simple police.* — Toutes ces expéditions sont payées au greffier au taux fixé par l'article 48 du Réglement.

Elles sont faites sur papier timbré. Néanmoins , lorsqu'elles sont requises par une partie civile qui a justifié de son indigence, le papier est visé pour timbre. Pour l'émolument du greffier, — V. le tableau de la note 222, 2e colonne.

## ENREGISTREMENT.

Observations générales. — V. n<sup>e</sup> 208.
Enregistrement au comptant. — V. n<sup>e</sup> 209.
Enregistrement en débet et gratis. — V. n<sup>e</sup> 209.

N<sup>e</sup> 208. — *Observations générales.* — L'application des lois sur l'enregistrement des actes et jugemens en matières criminelle et correctionnelle présente de nombreuses difficultés. Ces lois ont été interprétées dans la circulaire du 24 septembre 1823, et cependant toutes les difficultés ne sont pas peut-être encore applanies. L'application que j'ai faite de ces lois dans ces *Notes* peut contenir des erreurs..

Pour mettre le lecteur à portée de les connaître je transcris cette circulaire :

« De graves difficultés se sont élevées sur le véritable
» sens des lois des 13 et 22 frimaire an VII et de l'art. 74
» de la loi du 25 mars 1817 en ce qui concerne les procès-
» verbaux et actes qui doivent être soumis au timbre et à
» l'enregistrement.... Je me suis concerté avec M. le mi-
» nistre des finances pour les faire cesser ; et, après avoir
» pris l'avis des comités réunis de législation et des finan-
» ces du conseil d'état, nous avons reconnu qu'il résultait
» des lois précitées :

» 1º Que les procès-verbaux et actes destinés à constater,
» poursuivre et réprimer les *crimes* sont exempts des for-
» malités du timbre et de l'enregistrement lorsqu'il n'y a
» pas partie civile, et que, s'il y a partie civile, les actes
» spéciaux faits à la requête de cette partie, ainsi que les
» jugemens qui prononcent des condamnations civiles,
» sont seuls assujettis à la double formalité ;

» 2º Qu'il en est de même à l'égard des procès-verbaux
» et actes destinés à constater, punir et réprimer les
» *délits,* sauf l'enregistrement sur minute des jugemens
» correctionnels, conformément à l'article 4 de l'ordon-
» nance du 22 mai 1816 ;

» Sauf aussi l'enregistrement, et par conséquent le tim-
» bre, des actes à l'égard desquels cette formalité est exigée
» par des dispositions spéciales, et notamment des pro-
» cès-verbaux et actes constatant les infractions aux lois
» sur les contributions publiques lorsque ces infractions
» sont punies correctionnellement, des procès-verbaux des
» gardes ruraux et forestiers, et des actes et jugemens qui
» interviennent sur ces procès-verbaux ;

» 3º Que ces dispositions ne s'appliquent ni aux exploits

» et notifications du fait des huissiers , ni aux actes de
» même nature que sont autorisés à faire les gendarmes et
» gardes forestiers, lesquels actes et notifications doivent
» être timbrés , soit qu'il s'agisse de crimes ou de délits ;

» 4° Que , en ce qui concerne les contraventions de
» simple police , les actes par lesquels elles sont con-
» statées, ainsi que les actes de poursuites et les jugemens ,
» sont essentiellement soumis à la double formalité ;

» Enfin que , dans le cas où ces formalités sont néces-
» saires , elles ont lieu en débet toutes les fois qu'il n'y a
» pas partie poursuivante à la requête de laquelle l'acte
» est fait. »

N° 209. — *Enregistrement au comptant, en débet et gratis.*
— Lorsque le droit d'enregistrement est réellement payé
au moment où l'acte reçoit la formalité , cet acte est dit
*enregistré au comptant.* Lorsque la perception du droit
d'enregistrement est suspendue , l'acte est enregistré *en
débet.* — V. n° 150.

Plusieurs actes sont soumis à la formalité de l'enregistrement, sans qu'il doive être perçu aucun droit. Ces
actes sont dits *enregistrés gratis.*

## ÉPREUVES DES IMPRESSIONS.

N° 210. — Les épreuves sont adressées par les imprimeurs aux procureurs du roi près les cours et tribunaux
qui ont ordonné les impressions.

La correction de ces épreuves est faite au parquet.

Ces épreuves doivent être communiquées au magistrat
qui a fait le rapport et au président qui a prononcé l'arrêt
lorsque cette communication est demandée par eux.
( *Réglement,* art 109. )

## ÉTATS DE FRAIS.

V. *Arrêts*, n° 46 ; — Jugemens, n°s 369 et 370 ; — Liquidation, n° 392.

### ÉVASION DE DÉTENUS.

N° 211. — S'il y a lieu à poursuite contre des individus évadés de prison pour le fait même de l'évasion, ou s'il est nécessaire de faire reconnaître l'identité de ces individus, les frais de translation ainsi que ceux des procédures sont à la charge du ministère de la justice.

Hors ce cas les frais de la translation de ces individus sont à la charge des ministères de la guerre, ou de la marine, ou de l'intérieur, chacun en ce qui le concerne. (*Réglement*, art. 3, n° 8.)

### EXÉCUTION DES ARRÊTS ET JUGEMENS ( FRAIS D' )

En matière criminelle. — V. n° 212.

En matières correctionnelle et de simple police. — V. n° 213.

N° 212. — *Frais d'exécution des arrêts en matière criminelle.* — Il faut distinguer entre les dépenses nécessaires pour l'exécution de la peine corporelle et les frais faits pour obtenir le paiement des condamnations pécuniaires. Dans le premier cas toutes les dépenses sont à la charge de l'état, sans aucun recours contre le condamné. ( *Réglement*, art. 162.) Quant aux frais des poursuites qui tendent à obtenir le paiement des amendes et des frais, ils sont à la charge des condamnés ; les frais de la capture qui aurait lieu après la condamnation sont aussi à la charge du condamné.

N° 213. — *Frais de l'exécution des arrêts et jugemens en matières correctionnelle et de simple police.* — Ces frais sont toujours à la charge du condamné, qu'il s'agisse de l'emprisonnement ou des condamnations pécuniaires. S'il est insolvable, ils sont supportés par la partie qui a avancé ces frais ; mais ils ne sont jamais à la charge de la partie civile, qui n'est responsable d'aucuns frais faits après la signification.

## EXÉCUTOIRE.

Observations générales. — V. nᵉ 214.

Exécutoire pour le paiement des mémoires des experts, médecins, etc. — V. nᵉ 419.

Pour le recouvrement des frais d'une procédure. — V. nᵉ 215.

Nᵉ 214. — *Observations générales.* — L'exécutoire est une ordonnance du juge qui règle le montant et ordonne le paiement d'un état de frais ou d'un mémoire de médecin, d'expert, etc.

Il importe au juge de n'accorder son exécutoire qu'après un sévère examen, parce qu'il est responsable de tout abus ou exagération dans la taxe. (*Règlement*, art. 141.)

Nᵉ 215. — *Exécutoire pour le recouvrement des frais des procédures criminelles, correctionnelles et de simple police.* — Lorsque la liquidation des frais n'a pu être insérée soit dans l'ordonnance de mise en liberté, soit dans l'arrêt ou le jugement de condamnation, d'absolution ou d'acquittement, le juge compétent décerne un exécutoire contre qui de droit. Cet exécutoire est mis au bas de l'état de liquidation. — V. la formule de cet exécutoire à la suite du 12ᵉ tableau, à la fin du volume.

Cet exécutoire est soumis à l'enregistrement et au timbre comme le jugement ou l'arrêt dont il est le complément.

## EXHUMATIONS.

Salaire des ouvriers pour ouvrir la fosse. — V. n⁰ 216.

Modèle de taxe pour les ouvriers. — V. n⁰ 217.

N⁰ 216. — *Salaire des ouvriers employés pour ouvrir la fosse, en extraire le cadavre, l'y replacer.* — Ce salaire est réglé d'après les tarifs locaux. (*Réglement*, art. 20.) Lorsqu'il n'y a pas de tarif arrêté, le juge, pour fixer ce salaire, doit avoir égard à la durée du travail et à ce qu'il a de pénible. On peut le payer au double des travaux ordinaires qui auraient duré le même temps.

N⁰ 217. — *Modèle de la taxe de ces ouvriers.* — Ces frais sont payés, comme *frais urgens*, sur un simple mandat du juge. Il peut n'être rédigé qu'un seul mandat pour tous les ouvriers employés à l'opération, sauf à l'individu au nom duquel est le mandat à tenir compte aux autres ouvriers de la somme qui leur revient.

Ce mandat est écrit sur papier libre, à la suite de la réquisition adressée aux ouvriers. Il doit être ainsi conçu :

### FRAIS DE JUSTICE CRIMINELLE.

#### EXHUMATION DE CADAVRE.

Taxé à *N*         *(sa profession)*, en vertu de l'article 20 du Réglement du 18 juin 1811, la somme de            , conformément au tarif du         ( ou *conformément à l'usage des lieux)*, pour l'exhumation du corps de    .

Nous ordonnons que cette somme soit payée, sur les fonds généraux des frais de justice criminelle, par le receveur de l'enregistrement au bureau d

Ledit *N*      a déclaré     savoir signer.

A          le             183

## EXOINE.

V. *Certificats*, n⁰ 95.

**EXPÉDITIONS** DES GREFFIERS.

Actes dont l'expédition ne peut être demandée par le ministère public. — V. n<sup>e</sup> 219.

Actes dont l'expédition peut être demandée par les parties. — V. n<sup>e</sup> 220.

Demande expresse des expéditions. — V. n<sup>e</sup> 218.

Demi-rôles. — V. n<sup>e</sup> 221.

Droits de greffe. — V. n<sup>e</sup> 289.

Prix des expéditions. — V. n<sup>e</sup> 222.

    Par qui avancé. — V. n<sup>e</sup> 224.

    Par qui supporté. — V. n<sup>e</sup> 225.

Rôles, leur étendue. — V. n<sup>e</sup> 221

Timbre. — V. n<sup>e</sup> 220.

Visa du ministère public. — V. n<sup>e</sup> 223.

N<sup>e</sup> 218. — *Demande expresse des expéditions.* — Les greffiers ne doivent expédier les actes des procédures criminelles, correctionnelles ou de simple police que sur la demande qui leur est expressément adressée soit par le ministère public, soit par les parties. Sans cette demande le greffier ne pourrait obtenir le paiement de ses expéditions. ( *Réglement,* art. 43. )

N<sup>e</sup> 219. — *Actes dont le ministère public ne peut demander l'expédition.* — Le ministère public doit s'abstenir de demander toute expédition qui ne lui est pas indispensablement nécessaire. Ainsi il ne doit pas demander celle des actes suivans :

*Actes* d'accusation.

*Actes* contenant des charges nouvelles, à moins que ces actes ne dépendent d'une procédure dont ils ne puissent être séparés, et que la nouvelle procédure doive être transmise à un autre tribunal.

*Arrêts* de la chambre d'accusation, à moins qu'ils ne renvoient devant divers tribunaux.

*Arrêts* contradictoires en matière correctionnelle, excepté lorsqu'il y a pourvoi en cassation.

*Arrêts* par contumace.

*Informations* au cabinet d'instruction.

*Jugemens* contradictoires en police correctionnelle, excepté quand il y a appel ou pourvoi en cassation.

*Jugemens* contradictoires et par défaut en délits forestiers ou de pêche.

*Notes* tenues à l'audience.

*Ordonnances* de la chambre du conseil, à moins qu'elles ne renvoient devant divers tribunaux.

N° 220. — *Actes dont les parties peuvent obtenir l'expédition; timbre.* — En matière criminelle les parties civiles et les prévenus peuvent obtenir une ou plusieurs expéditions de tous les actes de la procédure. Ces expéditions ne peuvent être délivrées avant l'ordonnance de la chambre du conseil qui prononce la mise en prévention, si ce n'est sur l'autorisation spéciale du procureur du roi. Pour le prix de ces expéditions, — V. n° 206.

En matière de police correctionnelle ou de simple police aucune expédition ou copie des pièces de la procédure ne doit être délivrée aux parties sans une autorisation expresse du procureur général. Néanmoins il doit leur être délivré, sur leur simple demande, expédition de la plainte, de la dénonciation, des ordonnances et des jugemens définitifs. ( *Réglement,* art. 56. ) Ces expéditions sont faites sur papier timbré ; cependant, si la partie civile a justifié de son indigence, s'il y a en cause une administration assimilée aux parties civiles autre que celle des contributions indirectes, ou celle des postes lorsqu'il s'agit du transport frauduleux des dépêches, ces expéditions sont faites sur papier visé pour timbre.

N⁰ 221. — *Rôles, demi-rôles.* — L'émolument du greffier, pour les expéditions, est calculé par rôles et demi-rôles. (*Réglement*, art. 48. — *Instruction générale*, page 55.)

Chaque rôle contient 2 pages.

Chaque page doit contenir 28 lignes.

Chaque ligne doit contenir de 14 à 16 syllabes. Terme moyen pour chaque rôle, 840 syllabes.

Pour évaluer les fractions de rôle on doit adopter une règle analogue à celle qui est établie par l'article 92 du Réglement pour l'appréciation des distances. Ainsi, pour moins de 15 lignes, il n'est rien alloué ; 15 lignes et moins de 44 sont comptées pour un demi-rôle ; 44 lignes sont comptées pour un rôle entier. (*Instruction générale*, page 55.)

Si l'expédition d'un acte ne contient pas 14 lignes, elle est néanmoins comptée pour un demi-rôle. (*Instruction générale*, même page.)

S'il s'agit d'une interdiction d'office, les expéditions doivent être faites comme en matière civile ; elles sont soumises aux mêmes droits de greffe ; ces droits sont comptés en débet.

L'émolument du greffier est calculé par rôles de 840 syllabes.

N⁰ 222. — *Prix des expéditions.* — L'émolument des greffiers est de 40 c. pour chaque rôle. (*Réglement*, art. 48 et 54.)

Nulle distinction entre les greffiers des cours royales et ceux des tribunaux de police judiciaire et de police correctionnelle, ni entre les expéditions demandées par le ministère public et celles qui sont faites à le requête des parties.

### TABLEAU DU PRIX DES EXPÉDITIONS

| | | SUR PAPIER | |
|---|---|---|---|
| | | TIMBRÉ. | LIBRE. |
| 1/2 | rôle. . . . . . . . . . . . | 1 45 | » 20 |
| 1 | rôle. . . . . . . . . . . . | 1 65 | » 40 |
| 1 1/2 | . . . . . . . . . . . . . | 1 85 | » 60 |
| 2 | . . . . . . . . . . . . . . | 2 05 | » 80 |
| 2 1/2 | . . . . . . . . . . . . . | 3 50 | 1 » |
| 3 | . . . . . . . . . . . . . . | 3 70 | 1 20 |
| 3 1/2 | . . . . . . . . . . . . . | 3 90 | 1 40 |
| 4 | . . . . . . . . . . . . . . | 4 10 | 1 60 |
| 4 1/2 | . . . . . . . . . . . . . | 5 55 | 1 80 |
| 5 | . . . . . . . . . . . . . . | 5 75 | 2 » |
| 5 1/2 | . . . . . . . . . . . . . | 5 95 | 2 20 |
| 6 | . . . . . . . . . . . . . . | 6 15 | 2 40 |
| 6 1/2 | . . . . . . . . . . . . . | 7 60 | 2 60 |
| 7 | . . . . . . . . . . . . . . | 7 80 | 2 80 |
| 7 1/2 | . . . . . . . . . . . . . | 8 » | 3 » |
| 8 | . . . . . . . . . . . . . . | 8 20 | 3 20 |
| 8 1/2 | . . . . . . . . . . . . . | 9 65 | 3 40 |
| 9 | . . . . . . . . . . . . . . | 9 85 | 3 60 |
| 9 1/2 | . . . . . . . . . . . . . | 10 05 | 3 80 |
| 10 | . . . . . . . . . . . . . . | 10 25 | 4 » |

Nᵉ 223. — *Visa.* — En matières criminelle, correctionnelle et de simple police, et dans les poursuites d'office qui sont assimilées à ces matières, les expéditions des greffes sont soumises à l'examen et au visa des procureurs généraux ou des procureurs du roi. (*Réglement*, art. 57.)

Ces magistrats doivent vérifier si chaque rôle contient le nombre de syllabes prescrit par la loi. Leur visa énonce les réductions qu'ils ont opérées. Ils doivent tenir note de ces expéditions sur un registre du parquet.

Cette mesure semble ne devoir être exécutée que dans les causes poursuivies à la requête du ministère public, et dans celles qui intéressent une partie civile pour laquelle l'état fait l'avance des frais.

N° 224. — *Par qui est avancé le paiement de ces expéditions.* — S'il y a en cause une partie civile qui ait consigné, le prix des expéditions demandées soit par cette partie, soit par le ministère public, est payé sur les fonds déposés au greffe, sauf pour les expéditions qui doivent être délivrées gratis aux prévenus.

Si la partie civile n'a pas consigné, elle doit payer comptant les expéditions qu'elle demande.

Si l'administration des contributions indirectes, ou celle des postes lorsqu'il s'agit du transport frauduleux des dépêches, est en cause, les expéditions que ses préposés demandent sont payées par eux au comptant.

Dans les autres cas ces frais sont avancés, par l'administration de l'enregistrement, sur les fonds généraux des frais de justice criminelle.

N° 225. — *Par qui sont supportés en définitive les frais de ces expéditions.* — L'expédition des procès-verbaux et des enquêtes que l'art. 305 du Code d'instruction prescrit de délivrer gratis aux accusés reste toujours à la charge de l'état.

L'expédition des arrêts et jugemens nécessaires pour en poursuivre l'exécution est en définitive à la charge de la partie qui succombe.

Les autres expéditions restent à la charge de la partie qui les a requises.

## EXPERTS.

Avertissement aux experts. — V. n<sup>e</sup> 226.
Emolument des experts. — V. n<sup>e</sup> 227.
Enregistrement. — V. n<sup>e</sup> 232.
Fournitures. — V. n<sup>e</sup> 233.
Mémoire de frais. — V. n<sup>e</sup> 234.
Procès-verbaux. — V. n<sup>e</sup> 232.
Séjour forcé en route. — V. n<sup>e</sup> 230.
Séjour dans la ville où se fait l'instruction. — V. n<sup>e</sup> 231.
Témoignage. — V. n<sup>e</sup> 235.
Timbre. — V. n<sup>e</sup> 232.
Vacations. — V. n<sup>e</sup> 228.
Voyage. — V. n<sup>e</sup> 229.

N<sup>e</sup> 226. — *Avertissement aux experts.* — Les experts doivent être appelés par un simple avertissement, écrit sur papier libre, et remis sans frais à leur demeure. (*Instruction générale*, page 37.)

N<sup>e</sup> 227. — *Emolument des experts.* — Cet émolument consiste en une somme calculée sur le temps employé par les experts à l'opération qui leur est confiée. — V. *Vacations*, n<sup>e</sup> 228.

Les experts obtiennent aussi, s'il y a lieu, 1° une indemnité de voyage, — V. n<sup>e</sup> 229; — 2° une indemnité de séjour forcé en route, — V. n<sup>e</sup> 230, — et 3° une indemnité pour leur séjour prolongé dans la ville où se fait l'instruction. — V. n<sup>e</sup> 231.

N<sup>e</sup> 228. — *Vacations.* — Il est alloué aux experts un émolument calculé sur le temps qu'ils ont réellement employé soit à l'opération même qui leur est confiée, soit à la rédaction de leur procès-verbal. Ce temps est divisé par vacations : chaque vacation est de trois heures. Il ne peut être alloué par journée que deux vacations de jour et une de nuit. (*Réglement*, art. 22.)

L'émolument de chaque expert est, pour une vacation de jour :

A Paris. . . . . . . . . . . . . . . . . . . . 5 »
Dans les villes de 40,000 habitans et au-dessus 4 »
Dans les autres villes et communes. . . . . . . . 3 »

Et pour chaque vacation de nuit :

A Paris. . . . . . . . . . . . . . . . . . . . 7 50
Dans les villes de 40,000 habitans et au-dessus 6 »
Dans les autres villes et communes. . . . . . . . 4 50

Le nombre et la durée des vacations doivent être exactement constatés dans le procès-verbal des magistrats qui président à l'opération. Ces procès-verbaux servent de base à la taxe. (*Instruction générale*, page 39.)

Nᵉ 229. — *Voyage.* — L'expert qui se transporte dans une commune dont le chef-lieu se trouve éloigné, d'après le tableau prescrit par l'article 93 du Réglement, de plus de deux kilomètres du chef-lieu de la commune où il réside, a droit à une indemnité de 2 fr. 50 c. pour chaque myriamètre parcouru. (*Réglement*, art. 90 et 91.) Les dispositions de l'article 94 du Réglement sont abrogées par l'article 4 du décret du 7 avril 1813.

Pour le calcul du nombre des myriamètres parcourus, — V. la nᵉ 185, et le tableau de la nᵉ 186.

Pour le montant de cette indemnité, — V. le tableau de la nᵉ 410.

Nᵉ 230. — *Séjour forcé en route.* — Lorsqu'un expert est arrêté par force majeure dans le cours de son voyage, soit en se rendant au lieu de l'opération, soit en rentrant à sa demeure, il lui est alloué 2 fr. pour chaque journée de séjour. ( *Réglement*, art. 95. )

Pour le calcul du nombre de ces journées, — V. nᵉ 571.

Pour les justifications à produire, — V. nᵉ 572.

Nᵉ 231. — *Séjour dans la ville où se fait l'instruction.* — Lorsqu'un expert est obligé de prolonger son séjour dans la ville où doivent être faites les opérations qui lui sont confiées, et qui n'est pas celle de sa résidence, il lui est alloué une indemnité pour chaque journée de séjour (*Réglement*, art. 96); savoir :

A Paris. . . . . . . . . . . . . . . . . . . . . . . . 4   »

Dans les villes de 40,000 habitans et au-dessus 2 50

Dans les autres villes et communes. . . . . . . . 2   »

On ne doit jamais compter les journées pour lesquelles l'expert obtient un droit de vacation.

Pour le calcul du nombre des journées de séjour, — V. nᵉ 575.

Nᵉ 232. — *Procès-verbaux, enregistrement, timbre.* — En matière de crime ou de délit les procès-verbaux sont exempts de timbre et d'enregistrement ; en police judiciaire ces procès-verbaux sont soumis à la double formalité.

Nᵉ 233. — *Fournitures.* — Les experts doivent obtenir le paiement des objets qu'ils ont employés pour leurs opérations. S'ils ont acheté ces objets, ils doivent joindre à leur mémoire un état détaillé, au bas duquel est mise la quittance des fournisseurs. S'ils ont fourni eux-mêmes ces objets, ils doivent aussi en joindre à leur mémoire un état détaillé. — V. nᵉ 249.

N⁰ 234. — *Mémoire de frais.* — Pour obtenir le paiement de leur émolument et de leurs fournitures les experts rédigent trois mémoires conformes au 6ᵉ tableau. — V. à la fin de ce volume.

L'un de ces mémoires est écrit sur papier timbré. (*Réglement,* art. 145.)

Néanmoins, si cet état ne s'élève pas à plus de 10 fr., les trois copies sont écrites sur papier libre. (*Réglement,* art. 146.)

S'il y a en cause une partie civile qui ait consigné, l'exécutoire est décerné sur le greffier; si l'administration des contributions indirectes, ou celle des postes lorsqu'il s'agit du transport frauduleux des dépêches, est en cause, l'exécutoire est décerné sur les employés de ces administrations. Dans les autres cas cet exécutoire est délivré sur la caisse de la régie de l'enregistrement.

Pour la prescription, — V. n⁰ 428.

N⁰ 235. — *Témoignage.* — Dans tous les cas où les experts sont appelés soit devant le juge d'instruction, soit aux débats, à raison de leurs déclarations, visites ou rapports, les indemnités dues pour cette comparution leur sont payées, s'ils en forment la réquisition, au même prix qu'obtiendraient de simples particuliers appelés en témoignage. (*Réglement,* art. 25.)

Ainsi, pour les journées de déposition, — V. n⁰ 589 et suiv.

Pour séjour forcé en route, — V. n⁰ 592.

Pour séjour dans la ville où se fait l'instruction, — V. n⁰ 593.

Pour voyage, — V. n⁰ 591.

La taxe faite dans ce cas aux experts diffère de celle qui est faite aux témoins. Elle doit être ainsi conçue :

Taxé, sur sa réquisition, à *(désigner le témoin, — V. nᵉ 596)*, expert appelé à comparaître à l'effet de *(indiquer le motif de la comparution)* la somme de *(V. nᵉ 601)*, pour *(désigner la cause de l'indemnité : si c'est voyage, séjour, ou simple déposition)*, en vertu de l'art. 25 du Réglement, et de l'art. *(citer la loi qui fixe l'indemnité. — V. nᵉ 602)*.

Et, attendu que *(le reste comme pour la taxe d'un témoin ordinaire. — V. nᵉ 603)*.

## EXTRACTION D'UN DÉTENU POUR LE CONDUIRE A L'AUDIENCE OU DEVANT UN JUGE.

Nᵉ 236. — Les détenus doivent être conduits par un huissier soit devant le juge d'instruction ou devant le président des assises pour être interrogés, soit à l'audience pour être jugés.

Si le même détenu est appelé plusieurs fois devant le juge d'instruction ou le président, il est alloué, pour chaque fois, à l'huissier le droit fixé pour une extraction. Il en est de même si l'individu est conduit plusieurs fois de la prison à l'audience.

Il n'est alloué aucun droit à l'huissier pour réintégrer l'individu dans la prison.

Emolument à l'huissier pour chaque extraction. (*Réglement*, art. 71, nᵉ 6).

A Paris. . . . . . . . . . . . . . . . . . . . . . » 75
Dans les villes de 40,000 habitans et au-dessus » 60
Dans les autres villes et communes. . . . . . . . » 50

Il n'est dû aucun droit aux huissiers lorsqu'un condamné est extrait de sa prison pour subir sa peine.

Il n'est aussi alloué aucun droit aux gendarmes ni aux agens de police soit qu'ils exécutent seuls une extraction, soit qu'ils assistent l'huissier qui l'opère.

## EXTRAITS D'ARRÈTS ET DE JUGEMENS.

Observations générales. — V. n^e 237.
Extraits à 25 centimes. — V. n^e 238.
A 60 centimes. — V. n^e 239.
Frais : par qui supportés. — V. n^e 241.
Timbre. — V. n^e 240.

N^e 237. — *Observations générales.* — Les extraits des arrêts et jugemens en sont des expéditions abrégées, qui ne contiennent que le nom des parties et le dispositif de la condamnation ; leur emploi évite à l'état des avances et aux parties des frais d'expédition qui pourraient être considérables.

N^e 238. — *Extraits à 25 centimes.* — Il n'est alloué que 25 centimes d'émolument au greffier pour la délivrance des extraits suivans :

1° Extraits de tous les jugemens et arrêts qui prononcent des peines de simple police ;

2° Extraits des arrêts et jugemens rendus en matières forestière et de pêche fluviale ;

3° Extraits d'arrêts et jugemens délivrés aux préposés des régies pour le recouvrement des condamnations pécuniaires. ( *Décret du 7 avril* 1813 , art. 7. )

N^e 239. — *Extraits à 60 centimes.* — L'émolument du greffier est de 60 centimes pour tous les extraits d'arrêts et de jugemens qui ne sont pas désignés dans la note précédente.

N^e 240. — *Timbre des extraits.* — Les extraits qui sont délivrés sur la réquisition du ministère public sont exempts de timbre. Dans quelques autres cas les extraits doivent être écrits sur papier timbré ; le prix du timbre est alors de 1 fr. 25 c. ( *Loi du 28 avril* 1816 , art. 63. )

**N⁰ 241.** — *Par qui est supporté le prix de ces extraits.* — Le prix de ces extraits doit être à la charge des parties condamnées.

**FEMMES** MARIÉES OU VEUVES

Appelées en témoignage dans le lieu de leur résidence. — V. n⁰ 242.

              Hors de cette résidence. — V. n⁰ 243.

Formule de leur taxe. — V. n⁰ 244.

**N⁰ 242.** — *Femmes entendues dans le lieu de leur résidence.* — L'indemnité allouée aux femmes mariées ou veuves qui sont appelées en témoignage dans le lieu même de leur résidence, ou dans une commune dont le chef-lieu n'est pas éloigné de plus d'un myriamètre du chef-lieu de la commune de leur résidence, est moindre que celle qu'obtiendrait un homme dans le même cas. Cette indemnité, pour chaque journée de déposition (*Réglement,* art. 28), est :

A Paris. . . . . . . . . . . . . . . . . . . . . . 1 25
Dans les villes de 40,000 habitans et au-dessus. . 1 »
Dans les autres villes et communes. . . . . . . . » 75
Pour le calcul du nombre des journées, — V. n⁰ 589.

**N⁰ 243.** — *Femmes entendues hors du lieu de leur résidence.* — Si des femmes mariées ou veuves, quand même elles seraient âgées de moins de 21 ans, sont entendues hors des lieux désignés dans la note précédente, elles obtiennent les mêmes indemnités que les hommes. Ainsi, pour voyage, — V. n⁰ 591 ; — pour séjour forcé en route, — V. n⁰ 592 ; — pour séjour dans la ville où se fait l'instruction, — V. n⁰ 593.

Nᵉ 244. — *Formule de leur taxe.* — Dans le cas de la note 243 la taxe des femmes appelées en témoignage est faite dans les mêmes formes que celle des hommes.

Dans le cas de la note 242 la seule différence entre la taxe des femmes et celles des hommes c'est que , pour les femmes, on doit citer l'article 28 du Réglement du 18 juin 1811 , tandis que , pour les hommes , on cite l'article 27 du même Réglement.

**FEUILLE** D'AUDIENCE.

En matière criminelle. — V. nᵉ 245.

En matières correctionnelle et de simple police. — V. nᵉ 246.

Nᵉ 245. — *Feuille d'audience en matière criminelle.* — Les arrêts en matière criminelle qui condamnent à des restitutions ou à des dommages-intérêts sont soumis à la formalité du timbre. Ils sont écrits sur papier timbré s'il y a en cause une partie civile qui n'ait pas justifié de son indigence. Dans les autres cas ces arrêts sont écrits sur papier visé pour timbre.

Les arrêts qui ne prononcent ni restitutions ni dommages-intérêts sont écrits sur papier libre.

Nᵉ 246. — *Feuille d'audience en matières correctionnelle et de simple police.* — Dans ces matières tous les arrêts et jugemens sont soumis au timbre ; ils sont écrits sur papier timbré lorsqu'il y a en cause soit une partie civile proprement dite qui n'a pas justifié de son indigence , soit l'administration des contributions indirectes , soit celle des postes pour transport frauduleux des dépêches ; dans les autres cas ces arrêts et jugemens sont écrits sur papier visé pour timbre.

Les greffiers peuvent tenir deux registres distincts pour

y transcrire ces divers jugemens et arrêts. L'un de ces registres est en papier timbré ; l'autre registre est visé pour timbre. ( *Décision du ministre des finances du* 15 *septembre* 1820. )

### FILLES APPELÉES EN TÉMOIGNAGE.

Nᵉ 247. — Les filles appelées en témoignage ont droit aux mêmes indemnités que les femmes mariées. — V. nᵒ 242 et suiv., sauf le cas où il y a lieu à double taxe. Pour ce cas, — V. nᵉ 193.

### FORESTIÈRE ( ADMINISTRATION ).

Nᶜ 248. — Elle est assimilée aux parties civiles pour les poursuites relatives aux contraventions et délits commis dans les bois dont la conservation lui est confiée. — V. nᵉ 469. — Ses agens peuvent donner des citations et faire les significations dans les causes qui l'intéressent. — V. nᵉ 271.

### FOURNITURES

Nᵉ 249. — *Pour les opérations des experts, médecins, etc.* — Le paiement des fournitures nécessaires pour ces opérations peut être demandé soit par les experts ou les médecins eux-mêmes, soit directement par les individus qui ont fait ces fournitures.

Si le paiement est demandé par les fournisseurs , il est effectué, comme pour les frais urgens, sur une simple taxe ou mandat du juge mis au bas des réquisitions, ou à la suite d'un état ou mémoire de la partie prenante. ( *Règlement,* art. 133 et 134. )

Cette taxe peut être ainsi conçue :

Nous

Vu le mémoire ci-dessus et les articles 133 et 134 du Réglement du

18 juin 1811 , taxons ledit mémoire à la somme de

Et , attendu qu'il n'y a pas de partie civile en cause *( ou que la partie civile a justifié de son indigence )*, nous ordonnons que cette somme soit payée à N      , sur les fonds généraux des frais de justice criminelle , par le receveur de l'enregistrement au bureau d   .

Ledit a déclaré *(ne )* savoir signer.

A       le       183

S'il y avait en cause une partie civile qui eût consigné , la taxe serait délivrée sur le greffier.

Si l'expert ou le médecin qui a procédé à l'opération demande le paiement de ces fournitures, il doit en comprendre le prix dans le mémoire qu'il rédige pour ses honoraires. A son mémoire doit être joint un état détaillé des objets employés ; et , si ces objets ont été pris et payés à des tiers par l'expert ou le médecin , la quittance du fournisseur est jointe au mémoire.

Dans tous les cas le juge doit prendre les précautions nécessaires pour n'allouer que le juste prix de ces fournitures , et pour défendre les intérêts de l'état ou des parties contre des prétentions exagérées.

## FOURRIÈRE.

Sa durée. — V. n<sup>e</sup> 250.

Main-levée. — V. n<sup>e</sup> 253.

Modèle de mémoire pour paiement de ses frais. — V. n<sup>e</sup> 252.

Prix. — V. n<sup>e</sup> 251.

Vente. — V. n<sup>e</sup> 254.

N<sup>e</sup> 250. — *Durée de la fourrière.* — Les animaux saisis ne peuvent rester plus de huit jours en fourrière. ( *Réglement,* art. 39.) La durée de la fourrière est même restreinte à cinq jours s'il s'agit d'un délit forestier. ( *Code forestier*, art. 169. ) Après ce délai les animaux saisis , s'ils n'ont pas été restitués , doivent être vendus. Néanmoins il est quelquefois indispensable de les retenir plus long-temps. Dans ce cas le juge d'instruction , pour se mettre à l'abri de toute difficulté , peut considérer la dépense qu'entraîne la prolongation de la fourrière comme *dépense extraordinaire*, et la faire autoriser par le procureur général.

N° 251. — *Prix de la fourrière.* — Le prix de chaque journée de fourrière est réglé d'après l'usage des lieux ; à défaut d'*usage*, le magistrat doit allouer le prix réel du logement , de la nourriture et du pansement des animaux saisis. Si les animaux mis en fourrière sont rendus à leur maître , celui-ci doit, en les retirant, payer les frais de fourrière. ( *Réglement*, art. 40. )

Si ces animaux sont vendus , le prix est versé à la caisse de l'enregistrement. Dans ce cas c'est par le receveur de cette administration que les frais de fourrière sont payés. Si la personne à qui a été confiée la garde des animaux saisis n'est pas habituellement chargée d'une pareille commission , le paiement doit en être fait comme pour frais urgens. ( *Réglement*, art. 133 et 134. )

Dans les autres cas ces frais sont payés comme frais ordinaires. Le mémoire doit être rédigé par triple expédition : l'une de ces expéditions est écrite sur papier timbré , les deux autres sur papier libre. ( *Réglement*, art. 145.) Mais, si le mémoire n'excède pas 10 fr., les trois copies sont écrites sur papier libre. ( *Réglement*, art. 146. )

N° 252. — *Mémoire pour le paiement de ces frais.* — Le mémoire doit être ainsi conçu :

**FRAIS DE JUSTICE CRIMINELLE.**

*N*                *, gardien d'objets mis en fourrière.*

**Mémoire de l'indemnité due à *N*         , gardien établi par**

*(désigner l'autorité)* pour *(indiquer les objets)* mis en fourrière ;

Savoir :

Du 183 au inclus, *(nombre)* jours, lesquels, à raison d pour chaque jour, d'après l'article 37 du Réglement du 18 juin 1811, produisent la somme de .

Je, soussigné, gardien, certifie véritable le présent mémoire pour la somme de *(en toutes lettres)*.

A le 183 .

## RÉQUISITOIRE.

Nous *(indiquer l'officier du ministère public)*, vu l'article 37 du Réglement du 18 juin 1811 et l'ordonnance de nomination du gardien, requérons, en exécution de l'article 140 du même Réglement, qu'il soit délivré exécutoire par *(indiquer la qualité du magistrat qui doit délivrer l'exécutoire)*, sur la caisse de l'administration de l'enregistrement et des domaines, pour la somme de ,
montant de ce mémoire.

A le 183 .

## EXÉCUTOIRE.

Nous, président de la cour *(ou du tribunal)* séant à ,
département de , vu le réquisitoire ci-dessus et l'ordonnance ci-jointe, avons arrêté et rendu exécutoire le présent mandat pour la somme de , montant de la taxe que nous en avons faite ; et, attendu qu'il n'y a pas de partie civile en cause *(ou que la partie civile a justifié de son indigence )*, ordonnons que ladite somme sera payée par le receveur de l'enregistrement au bureau d

A le 183 .

## VISA.

Nous, préfet du département d , vu l'article 152 du Réglement du 18 juin 1811, avons vérifié le présent mémoire, et l'avons réglé à la somme de .

A le 183 .

N<sup>e</sup> 253. — *Main-levée de fourrière.* — La main-levée provisoire est ordonnée par le juge d'instruction ou par le juge de paix. La demande doit être écrite sur papier timbré ; l'ordonnance du juge est écrite à la suite de la demande ; elle est enregistrée au droit de 1 fr. 10 c. La même ordonnance doit contenir l'acceptation de la caution.

Cette caution doit faire sa soumission au greffe.

L'acte de cautionnement est écrit sur papier timbré ; il est enregistré au droit de 55 c. par 100 fr. Sa rédaction ne procure aucun émolument au greffier.

Avant que la main-levée soit exécutée celui qui l'a obtenue doit payer au gardien tous les frais de fourrière. ( *Réglement,* art. 40. )

N<sup>e</sup> 254. — *Vente des animaux mis en fourrière.* — Après les délais fixés à la note 250, si main-levée des animaux saisis n'a pas été accordée, le juge en ordonne la vente.

Cette vente est faite à la diligence de l'administration de l'enregistrement ; le jour de cette vente est indiqué par des affiches vingt-quatre heures à l'avance, à moins que, vu le peu de valeur des animaux saisis, le juge qui a ordonné la vente n'ait dispensé de cette formalité. ( *Réglement,* art. 40. ) En matière forestière la vente doit toujours être précédée d'affiches. ( *Code forestier,* art. 169. )

**FRAIS** DE JUSTICE CRIMINELLE , ETC.

    Avance de ces frais par l'administration

        Des contributions indirectes. — V. n<sup>e</sup> 133.

        De l'enregistrement. — V. n<sup>e</sup> 69 et suiv.

        Des postes. — V. n<sup>e</sup> 504.

                Par la partie civile. — V. n<sup>e</sup> 461.

  Frais à la charge des condamnés. — V. n<sup>e</sup> 258.

             De l'état. — V. n<sup>e</sup> 256.

             Des parties civiles. — V. n<sup>e</sup> 257.

Frais extraordinaires. — V. *Dépenses extraordinaires*, nᵉ 164.

Ordinaires. — V. nᵉˢ 255 et 259.

Urgens. — V. nᵉˢ 255 et 260.

Liquidation des frais de justice. — V. nᵉˢ 392 et suiv.

Mode de paiement des frais ordinaires. — V. nᵉ 259.

Des frais urgens. — V. nᵉ 260.

Poursuites pour le recouvrement de ces frais. — V. nᵉ 544.

Privilége pour frais. — V. nᵉ 533.

Nᵉ 255. — *Frais ordinaires, frais urgens.* — Cette distinction est nécessaire pour fixer la manière dont les frais de justice sont acquittés aux ayant-droit.

D'après l'article 134 du Réglement, les frais urgens sont :

1º Les indemnités allouées aux témoins et aux jurés ;

2º Les dépenses relatives à des fournitures ou opérations pour lesquelles les parties prenantes ne sont pas habituellement employées. Les autres frais, tels que l'émolument des agens de police, des experts, des gendarmes, des greffiers, des huissiers, des médecins, des sages-femmes, sont considérés comme frais ordinaires. Pour le mode de leur paiement, — V. nᵉ 259.

Nᵉ 256. — *Frais à la charge de l'état.* — En matière criminelle, lorsque ni la partie civile ni l'accusé ne sont condamnés, tous les frais restent à la charge de l'état. En matière de police simple ou correctionnelle, s'il n'y a pas de partie civile, et si l'inculpé n'est pas condamné, les frais sont aussi à la charge de l'état.

Dans tous les cas sont à la charge de l'état, et sans recours envers les condamnés ni envers les parties civiles ou les personnes responsables (*Réglement*, art. 162) :

1º Les frais de voyage des conseillers des cours royales et des conseillers auditeurs qui sont délégués aux cours d'assises ;

2º L'indemnité des jurés pour leur déplacement ;

3º Toutes les dépenses pour l'exécution des arrêts criminels ( *Réglement,* art. 162 ) en ce qui concerne l'application des peines corporelles prononcées par ces arrêts, telles que la peine de mort, celle du carcan, de la déportation ;

4º Les frais de translation des condamnés dans les bagnes, dans les maisons centrales de correction, etc. ( *Réglement,* art. 3 , nº 5 ) ;

5º Les copies de pièces qui doivent être délivrées gratis aux accusés ;

6º La dépense faite par les prévenus, accusés ou condamnés dans les maisons d'arrêt ou de justice ( *Réglement,* art. 3, nº 9 ) ;

7º Les frais d'apposition des affiches d'arrêts, jugemens ou ordonnances de justice lorsque cette apposition est requise par le ministère public. ( *Réglement,* art. 3, nº 3. )

Nº 257. — *Frais à la charge de la partie civile.* — En matière de police simple ou de police correctionnelle la partie civile, qu'elle succombe ou non, est tenue envers l'état du paiement de tous les frais d'instruction, d'expédition et de signification des jugemens et arrêts. ( *Réglement,* art. 157. )

Dans les matières soumises au jury la partie civile n'est tenue des frais que dans le cas où elle succombe. ( *Loi du 28 avril* 1832, art. 8. ) Dans le cas où elle aurait consigné des fonds, et pourvu, de quelque manière que ce soit, à la totalité ou à une partie des frais de l'instruction, si elle ne succombe pas, elle obtient de l'état la restitution de toutes ses avances.

L'individu qui s'est porté partie civile peut se désister ; il cesse d'être responsable de tous les frais postérieurs à ce désistement. Mais, pour les frais antérieurs, il doit les supporter, sauf le cas où, dans une cause soumise au jury, il ne succombe pas.

Dans les causes soumises aux tribunaux correctionnels ou de simple police, si le prévenu succombe, la partie civile a son recours contre lui pour tous les frais dont elle a fait l'avance. Les administrations assimilées aux parties civiles sont soumises aux mêmes obligations que les parties civiles proprement dites, avec cette différence que leur désistement ne changerait rien à leur position.

Les frais faits contre le condamné après la signification du jugement ou de l'arrêt, même ceux qui ont pour objet d'obtenir le recouvrement des frais dus à l'état et des amendes, ne sont jamais à la charge de la partie civile ; il en est de même des frais de capture en exécution d'un arrêt ou jugement qui prononce l'emprisonnement.

N<sup>e</sup> 258. — *Frais à la charge des condamnés.* — Tous les frais d'instruction, d'expédition et de signification désignés dans la n<sup>e</sup> précédente doivent être supportés par les prévenus ou accusés qui sont condamnés. L'accusé absous n'est pas tenu des dépens.

Les condamnés doivent rembourser les frais faits après la signification de l'arrêt ou du jugement pour ramener à exécution les condamnations pécuniaires ou corporelles prononcées contre eux, à l'exception des frais désignés dans la n<sup>e</sup> 256, qui sont toujours à la charge de l'état.

N<sup>e</sup> 259. — *Mode de paiement des frais ordinaires.* — Les frais ordinaires sont payés sur les états ou mémoires rédigés par les parties prenantes, revêtus de la taxe et de l'exécutoire du juge et du visa du préfet du département. (*Réglement,* art. 138.) L'exécutoire du juge doit être précédé du réquisitoire du ministère public. — V. au surplus au mot *Mémoire,* n° 416.

N° 260. — *Mode de paiement des frais urgens.* — Ces frais sont payés, par le receveur de l'enregistrement, sur une simple taxe ou mandat du juge mis au bas des réquisitions, copies de citation ou de convocation, états ou mémoires des parties. (*Réglement,* art. 133.) Cette taxe n'entraîne aucuns frais. Elle peut être ainsi conçue :

Nous, juge d'instruction près le tribunal de          , faisons taxe à        de la somme de        pour l'opération ci-dessus     . Attendu qu'il n'y a pas de partie civile en cause *( ou qu'elle a justifié de son indigence ),* nous ordonnons que cette somme soit payée, sur les fonds généraux des frais de justice criminelle, par le receveur de l'enregistrement au bureau de
Le sieur *N*        a déclaré *( ne )* savoir signer.
      A         le         183

**GARÇONS** APPELÉS EN TÉMOIGNAGE
    Agés de plus de 15 ans. — V. n° 261.
       De moins de 15 ans accomplis, accompagnés.
      — V. n° 193.
    Agés de moins de 15 ans accomplis, non accompagnés. — V. n° 262.

N° 261. — *Garçons âgés de plus de 15 ans accomplis.* — Lorsqu'ils sont appelés en témoignage, ils obtiennent les mêmes indemnités que les hommes.

N° 262. — *Garçons âgés de moins de 15 ans accomplis qui*

*ne sont pas accompagnés.* — Lorsqu'ils ont droit à indemnité de voyage ou de séjour, ces enfans obtiennent la même somme que les hommes. Ainsi, pour voyage, — V. nᵉ 591; — pour séjour forcé en route, — V. nᵉ 592; — pour séjour prolongé dans la ville où se fait l'instruction, — V. nᵉ 593.

Lorsqu'ils n'ont droit qu'à l'indemnité de simple déposition, il leur est alloué pour chaque journée (*Réglement*, art. 28):

A Paris. . . . . . . . . . . . . . . . . . . . . 1 25
Dans les villes de 40,000 habitans et au-dessus. . 1 »
Dans les autres villes et communes. . . . . . . . » 75

La formule de la taxe est la même que pour les hommes, sauf à citer l'article 28 du Réglement au lieu de l'article 27.


**GARDES** CHAMPÊTRES DES COMMUNES, DES ÉTABLISSEMENS PUBLICS ET DES PARTICULIERS.

Assistance à capture. — V. nᵉ 263.
Capture. — V. nᵉ 264.
Citation. — V. nᵉ 266.
Conduite des individus arrêtés. — V. nᵉ 265.
Enregistrement. — V. nᵉ 267.
Procès-verbaux. — V. nᵉ 267.
Remise de ces procès-verbaux. — V. nᵉ 267.
Séjour forcé en route. — V. nᵉ 268.
Séjour dans la ville où se fait l'instruction.—V. nᵉ 268.
Signification. — V. nᵉ 266.
Témoignage. — V. nᵉ 270.
Timbre. — V. nᵉ 267.
Voyage. — V. nᵉ 268.

Nᵉ 263. — *Assistance à une capture effectuée par un huis-*

*sier.* — Les gardes champêtres des communes , et même ceux des particuliers, peuvent être requis par les huissiers de leur prêter main-forte pour l'arrestation des individus prévenus, accusés ou condamnés. Dans ce cas le droit fixé pour la capture est attribué tout entier à l'huissier ; le garde champêtre ne peut exiger aucune rétribution. (*Réglement*, art. 77, 3e alinéa.)

N° 264. — *Capture.* — Les gardes champêtres ne peuvent jamais être chargés de ramener à exécution les mandemens de justice. L'art. 77 du Réglement n'attribue ce droit, à défaut d'huissiers, qu'aux gendarmes et aux agens de police.

N° 265. — *Conduite des individus arrêtés.* — Les gardes champêtres n'obtiennent aucune indemnité de voyage pour conduire devant le magistrat compétent l'individu qu'ils ont arrêté. (*Décret du 7 avril* 1813 , art. 3.)

N° 266. — *Citations, significations.* — A défaut d'huissiers et de gendarmes , les gardes champêtres , en qualité d'agens de la force publique , peuvent être chargés de donner des citations et de faire des significations , etc. ; mais ces actes ne leur procurent jamais aucun émolument ni aucune indemnité de voyage. (*Réglement,* art. 72.)

N° 267. — *Procès-verbaux, enregistrement, timbre ; remise des procès-verbaux.* — Les procès-verbaux que les gardes champêtres rédigent pour constater des contraventions sont soumis à la double formalité du timbre et de l'enregistrement. Ils sont écrits sur papier timbré ; ils sont enregistrés au comptant lorsqu'ils sont faits dans l'intérêt d'un particulier. Ils sont écrits sur papier visé pour timbre ; ils sont enregistrés en débet lorsqu'ils intéressent des communes ou des établissemens publics.

La rédaction de ces procès-verbaux ne procure aucun émolument aux gardes champêtres.

N⁰ 268. — *Témoignage.* — D'après l'art. 3 du Décret du 7 avril 1813, les gardes champêtres des communes et ceux des établissemens publics, quoiqu'ils reçoivent un traitement à raison d'un service public, ont droit, lorsqu'ils sont cités en témoignage, aux mêmes indemnités que les autres témoins.

Ainsi, pour les journées de simple déposition, — V. n⁰ 590.

Pour voyage, — V. n⁰ 591.

Pour séjour forcé en route, — V. n⁰ 592.

Pour séjour dans la ville où se fait l'instruction, — V. n⁰ 593.

Dans leur taxe on doit citer l'article 3 du Décret du 7 avril 1813.

## GARDES FORESTIERS AUTRES QUE CEUX DE L'ADMINISTRATION FORESTIÈRE.

N⁰ 269. — Ces gardes sont soumis aux mêmes devoirs, quant aux frais de justice, et ils obtiennent les mêmes droits que les gardes champêtres. — V. n⁰ˢ 263 et suiv.

## GARDES FORESTIERS DE L'ADMINISTRATION FORESTIÈRE.

N⁰ 270. — Hors le cas de la note suivante ces gardes sont, quant aux frais de justice, assimilés aux gardes forestiers ordinaires et aux gardes champêtres.

N⁰ 271. — Les gardes de l'administration forestière, dans les actions poursuivies au nom de cette administration, peuvent faire les citations et significations, mais ils ne peuvent pas procéder aux saisies exécutions.

Leur rétribution, pour ces citations et significations, est taxée comme pour les actes faits par les huissiers des justices de paix. (*Code forestier*, art. 173.) Ainsi il leur est alloué, pour l'original d'une citation ou d'une signification, 50 c. ; pour chaque copie de ces actes, 50 c. (*Réglement*, art. 71, n° 1er); pour chaque rôle de copies de pièces, non compris le 1er rôle, 30 c. (*même article*, n° 10); pour le droit de voyage, — V. n° 326 ; — pour séjour forcé en route, — V. n° 327.

Pour l'enregistrement et le timbre, — V. *Citation*, n° 101.

### GARDES PÊCHE.

N° 272. — Les gardes pêche de l'administration sont assimilés aux gardes de l'administration forestière. (*Loi du 15 avril 1829*, art. 50.) — V. la n° 271.

### GARDES SCELLÉS.
Cas où il doit en être établi. — V. n° 273.
Indemnité. — V. n° 274.
Modèle de mémoire. — V. n° 275.

N° 273. — *Cas où il doit être établi un garde scellés.* — Les objets saisis en exécution des articles 16, 35, 37, 38, 89 et 90 du Code d'instruction criminelle doivent être déposés au greffe; ce n'est que dans le cas où ce dépôt est impossible qu'on doit les confier à un gardien. En matières criminelle et correctionnelle les femmes ne peuvent être chargées de cette garde. (*Réglement*, art. 38.)

N° 274. — *Indemnité pour cette garde.* — Lorsque les scellés sont confiés par le juge ou l'officier de police judiciaire à une personne qui habite dans la maison où les scellés ont été apposés, ce gardien n'a droit à aucune indemnité. (*Réglement*, art. 37.)

Dans les autres cas il est alloué, pour chaque jour qu'a duré cette garde (*Réglement*, art. 37.) :

A Paris. . . . . . . . . . . . . . . . . . . . . . 2 50
Dans les villes de 40,000 habitans et au-dessus. . 2 »
Dans les autres villes et communes. . . . . . . . 1 »

Nᵉ 275. — *Modèle de mémoire.* — Pour obtenir le paiement de l'indemnité qui lui est due le gardien rédige un mémoire par triple expédition. L'une des copies est écrite sur papier timbré, les deux autres sur papier libre. (*Réglement*, art. 145.) Néanmoins, si ce mémoire ne s'élève pas à plus de 10 francs, les trois copies sont écrites sur papier libre. (*Réglement*, art. 146.)

Ce mémoire doit être conforme au 17ᵉ tableau placé à la fin du volume.

## GENDARMES.

Assistance à une capture. — V. nᵉ 276.
Avances pour frais de route. — V. nᵉ 283.
Capture. — V. nᵉ 277.
Citations. — V. nᵉ 278.
Conduite des individus arrêtés : par correspondance,
    — V. nᵉ 280.

Par voie extraordi-
naire, — V. nᵉ 281.

Copie de pièces. — V. nᵉ 279.
Enregistrement. — V. nᵉ 278.
Mandats d'amener, etc. — V. nᵉ 277.
      De comparution. — V. nᵉ 278.
Mémoire pour capture. — V. nᵉ 285.

Perquisitions. — V. nᵉ 470.

Procès-verbaux. — V. nᶜ 286.

Retour après conduite extraordinaire. — V. nᵉ 282.

Séjour forcé en route. — V. nᵉ 287.

Séjour dans la ville où se fait l'instruction. — V. nᵉ 287.

Témoignage. — V. nᵉ 288.

Timbre. — V. nᵉ 278.

Transport de pièces. — V. nᵉ 284.

Voyage. — V. nᵉ 287.

Nᶜ 276. — *Assistance à une capture faite par un huissier.* — Il est enjoint aux gendarmes, lorsqu'ils en sont légalement requis par les huissiers, de leur prêter main-forte pour l'arrestation des individus prévenus, accusés ou condamnés, sans pouvoir exiger aucune rétribution, à peine d'être poursuivis, et d'être punis suivant l'exigence du cas. ( *Réglement*, art. 77, 3ᵉ alinéa. )

Nᶜ 277. — *Capture, mandats d'amener, etc.* — Lorsque les gendarmes porteurs de mandemens de justice viennent à découvrir, hors la présence des huissiers, les prévenus, accusés ou condamnés, ils doivent les arrêter, et les conduire devant le magistrat compétent. Dans ce cas le droit de capture leur est dévolu. ( *Réglement*, art. 77, 4ᵉ alinéa.)

Pour l'exécution des mandats d'amener, — V. nᵉ 28 ; — pour celle des mandats de dépôt, — V. nᵉ 177. — Pour l'exécution des mandats d'arrêt, des ordonnances de prise de corps, et pour l'exécution des jugemens et arrêts prononçant l'emprisonnement ou une peine plus forte, ils ont droit à la même indemnité que celle qu'obtiendrait un huissier pour cette capture ; mais l'indemnité de voyage qui pourrait être allouée à l'huissier n'est jamais due aux gendarmes. Pour le droit de capture, — V. nᵉ 90.

Nᵉ 278. — *Citations, significations, mandats de comparu-tion, enregistrement, timbre.* — Les gendarmes ne peuvent être employés à donner des citations et à faire des significa-tions que dans des cas urgens et à défaut d'huissiers. (*Ordonnance du* 29 *octobre* 1820, art. 68.)

Ces actes ne procurent aucun émolument aux gendar-mes. (*Réglement*, art. 72.)

L'original de ces actes est toujours soumis à l'enregistre-ment; cet original et ses copies sont soumis au timbre comme les actes d'huissier. Pour connaître si les droits sont perçus au comptant ou comptés en débet, — V. nᵉ 101. — Les gendarmes ne sont pas tenus de faire l'avance de ces frais.

Nᵉ 279. — *Copies de pièces.* — Les copies qui doivent être signifiées par des gendarmes sont ordinairement tran-scrites par des scribes. Pour le coût de ces copies, — V. nᵉ 148 et suivantes. — Lorsque ces copies sont faites par les gendarmes, il n'en résulte pour eux aucun émolument.

Nᵉ 280. — *Conduite des personnes arrêtées par la corres-pondance ordinaire.* — Il n'est alloué, sur les fonds géné-raux des frais de justice criminelle, aucune indemnité aux gendarmes qui conduisent devant qui de droit une per-sonne arrêtée, soit que l'arrestation ait été faite par les gendarmes chargés de la conduite, soit que l'individu leur ait été confié par d'autres brigades.

Il en est de même dans le cas où cette conduite serait faite par un service extraordinaire de brigade.

Nᵉ 281. — *Conduite par voie extraordinaire.* — Si, en exécution d'ordres supérieurs, il est nécessaire d'employer, pour la translation des prévenus ou accusés, des moyens extraordinaires, tels que la poste, les messageries, alors les frais de transport et les autres dépenses faites pour arriver au lieu où doivent être déposés les prévenus ou accusés sont remboursés aux gendarmes comme frais ordinaires de justice. Ces frais sont à la charge des détenus lorsque cette conduite a été faite sur leur réquisition. La partie civile ne doit jamais en être responsable.

Ces frais sont ordinairement avancés par les gendarmes. — V. n° 283. — Pour en obtenir le remboursement ils rédigent un mémoire par triple expédition, conforme au tableau n° 7, à la fin du volume. Ce mémoire doit être détaillé ; on doit y joindre l'ordre de conduite et les quittances des dépenses qui peuvent être ainsi constatées. (*Réglement*, art. 12.)

Arrivés à leur destination, les gendarmes font régler leur mémoire par le magistrat devant lequel le détenu doit comparaître. (*Réglement,* art. 12.)

Si le lieu de destination n'est pas un chef-lieu de préfecture, le *visa* du préfet n'est pas nécessaire.

Les trois expéditions du mémoire devraient être écrites sur papier libre.

N° 282. — *Retour des gendarmes après cette conduite.* — Il n'est alloué aux gendarmes, pour leur retour, aucune indemnité sur les fonds généraux des frais de justice criminelle. Mais, d'après l'article 13 du Réglement, ils reçoivent l'indemnité fixée par les articles 68 et 69 de la loi du 17 avril 1798 (28 germinal an VI). Cette indemnité est à la charge du ministère de la guerre. (*Instruction générale,* page 33). Ainsi, lorsque les gendarmes se transportent hors de leur département, ils reçoivent le logement militaire et l'étape, sans aucune réduction sur leur solde.

S'ils sont envoyés hors de leur résidence, mais toutefois dans le même département, et s'ils sont obligés de

découcher, ils obtiennent le logement militaire et un supplément de solde, ainsi fixé pour chaque nuit :

Maréchaux de logis. . . . . . . . . . . . . . . . . . . » 70
Brigadiers. . . . . . . . . . . . . . . . . . . . . . . . » 60
Simples gendarmes. . . . . . . . . . . . . . . . . . » 50

N<sup>e</sup> 283. — *Avances pour frais de conduite extraordinaire.*
— Si cette conduite a été demandée par le détenu, il doit
en payer les frais ; si elle est ordonnée par l'autorité compétente, et si les gendarmes n'ont pas de fonds pour
faire les avances, le magistrat qui ordonne le transport
délivre un mandat de la somme présumée nécessaire pour
le voyage. (*Réglement*, art. 12.)

Modèle de ce mandat.

## FRAIS DE JUSTICE CRIMINELLE.

Mandat pour faire payer au gendarme *N*                     la somme
présumée nécessaire pour les frais relatifs à la translation de *N*          ,
prévenu.

Nous,                                , vu l'article 12 du Réglement du
18 juin 1811, mandons au receveur de l'enregistrement établi à
                  de payer à                          , gendarme, la
somme de                          , pour faire l'avance des frais que
nécessitera la translation de                    , prévenu d
          , et conduit devant                        , en vertu
de
          **A**                    , le                  183  .

Le receveur de l'enregistrement fait mention du paiement de ce mandat sur l'ordre de transport délivré au
gendarme. (*Réglement*, art. 12.)

N<sup>e</sup> 284. — *Transport de pièces.* — Les procédures et les
pièces pouvant servir à conviction ou à décharge doivent être
transportées par les gendarmes chargés de la conduite des

prévenus ou accusés. Néanmoins, lorsque, à raison de leur poids ou de leur volume, ces objets ne peuvent être transportés par les gendarmes, ils le sont par toute autre voie désignée par le magistrat qui ordonne le transport. (*Réglement*, art. 9.) — V. n⁰ 475.

N⁰ 285. — *Mémoire pour frais de capture.* — Ce mémoire est rédigé dans la même forme, il est soumis aux mêmes règles que celui des agens de police. — V. n⁰ 17.

N⁰ 286. — *Procès-verbaux.* — Les procès-verbaux que rédigent les gendarmes sont soumis aux droits d'enregistrement et de timbre lorsqu'ils constatent des contraventions de simple police, ou des infractions aux lois sur les contributions qui seraient punies de peines correctionnelles, ou lorsqu'ils constatent une capture. Les gendarmes ne sont jamais obligés de faire l'avance de ces frais. Ainsi, pour les procès-verbaux qu'ils présentent à l'enregistrement, les droits sont comptés en débet, et le papier est visé pour timbre.

La rédaction de ces procès-verbaux ne procure aucun émolument aux gendarmes.

N⁰ 287. — *Voyage, séjour.* — Hors le cas prévu dans la note 282 et le cas où ils sont appelés en témoignage, les gendarmes n'obtiennent aucune indemnité de voyage ou de séjour.

N⁰ 288. — *Témoignage.* — Quoique les gendarmes reçoivent un traitement, néanmoins, et en exécution de l'art. 3 du Décret du 7 avril 1813, ils sont entièrement assimilés aux simples particuliers appelés comme témoins. (*Instruction générale*, pages 43 et 166.) Ainsi ils obtiennent l'indemnité fixée à la note 590 pour simple déposition. Ils obtiennent aussi les indemnités de voyage et de séjour. — V. n<sup>es</sup> 591 , 592 et 593.

Dans la taxe qui leur est faite il est nécessaire de citer l'art. 3 du Décret du 7 avril 1813.

## GREFFE (DROITS DE).

N<sup>e</sup> 289. — Les droits établis par la loi du 21 ventôse an VII sur les expéditions et sur divers actes du greffe, dans les tribunaux civils et de commerce, ne sont pas imposés en matières criminelle, correctionnelle et de simple police. Néanmoins les procédures instruites d'office, en exécution des articles 117 à 123 du tarif, sont soumises à ces droits. (*Décision du ministre des finances du 19 juin 1826.*)

## GREFFES.
Inventaire. — V. n<sup>e</sup> 290.
Transport. — V. n<sup>e</sup> 291.

N<sup>e</sup> 290. — *Inventaire des greffes.* — Lorsqu'il y a lieu au transport des registres et autres papiers d'un greffe supprimé, il en est fait inventaire. Les honoraires des personnes employées au triage et à l'inventaire de ces papiers doivent être comptés par vacations, au prix déterminé par l'art. 22 du Réglement pour les experts. — V. n<sup>e</sup> 228. (*Instruction générale*, page 121.)

S'il ne s'agit que du simple déplacement d'un greffe, sans qu'il y ait suppression de juridiction, il n'est point rédigé d'inventaire, mais seulement un bref état, qui ne produit aucun émolument ni au greffier ni au juge de paix qui peut en avoir été chargé. (*Réglement,* art. 130.)

N<sup>e</sup> 291. — *Transport des greffes.* — Les frais d'emballage et de transport des greffes qui doivent être déplacés sont acquittés sur les fonds généraux des frais de justice. ( *Réglement*, art. 129. )

Le mode et le prix du transport sont réglés par le préfet ou le sous-préfet du lieu du départ. Une copie du marché doit être envoyée au ministre de la justice. Ce marché doit être écrit sur papier timbré. Il est enregistré au droit fixe de 1 fr. 10 c. ( *Réglement*, art. 131. )

Mandat à mettre au bas du marché relatif au transport des greffes.

Nous, préfet du département d              ,

Vu le marché ci-dessus, passé en exécution de l'art. 131 du Réglement du 18 juin 1811, et approuvé par M. le ministre de la justice le

;

Vu le certificat délivré par N      , greffier à         , constatant que les registres et autres pièces lui sont parvenus en bon état ;

Mandons au receveur de l'enregistrement établi à

de payer à N       la somme de      , portée dans le susdit marché.

Ledit N      a déclaré savoir *( ou ne savoir ou ne pouvoir )* signer.

A       , le          183 .

## GREFFIERS.

Observations générales. — V. n<sup>e</sup> 292.

Assistance aux exécutions. — V. n<sup>e</sup> 63.

Avances de frais. — V. n<sup>e</sup> 296.

Commis greffiers. — V. n<sup>e</sup> 294.

Consignation. — V. n<sup>e</sup> 297.

Déboursés. — V. n<sup>e</sup> 296.

Dépositaires de pièces. — V. n<sup>e</sup> 303.

Séjour forcé en route. — V. n<sup>e</sup> 305.

Séjour dans la ville où se fait l'instruc-tion. — V. n<sup>e</sup> 306.

Vacations. — V. n<sup>e</sup> 304.

Voyage. — V. n<sup>e</sup> 307.

Écritures. — V. n<sup>e</sup> 295.

État des pièces envoyées au procureur général. — V. n<sup>e</sup> 295.

Expéditions. — V. n<sup>es</sup> 218 et suiv.

Experts. — V. n<sup>e</sup> 301.

Extraits. — V. n<sup>es</sup> 237 et suiv.

Feuille d'audience. — V. n<sup>es</sup> 245 et suiv.

Greffiers des cours, tribunaux et justices de paix. — V. n<sup>e</sup> 293.

Inventaire des pièces servant à conviction. — V. n<sup>e</sup> 361.

Inventaire des registres en cas de translation des greffes. — V. n<sup>e</sup> 290.

Liquidation des frais. — V. n<sup>e</sup> 393.

Mémoire des droits dus aux greffiers. — V. n<sup>e</sup> 299.

Minutes. — V. n<sup>e</sup> 295.

Paiement de leurs frais. — V. n<sup>e</sup> 298.

Procès-verbaux. — V. n<sup>e</sup> 295.

Renseignemens. — V. n<sup>e</sup> 295.

Témoignage. — V. n<sup>e</sup> 302.

Vacations. — V. n<sup>e</sup> 304.

Visa pour leurs expéditions. — V. n<sup>e</sup> 223.

Voyage. — V. n<sup>e</sup> 300.

N<sup>e</sup> 292. — *Observations générales.* — Il est très-expressément défendu aux greffiers et à leurs commis d'exiger d'autres et de plus forts droits que ceux que leur attribuent le Réglement du 18 juin 1811 et les lois subséquentes. Ils ne peuvent obtenir aucun supplément de prix, ni à titre de prompte expédition, ni comme gratification, ni sous tel autre prétexte que ce soit.

Les peines pour toute contravention à cette disposition sont la destitution, et une amende qui ne peut être moindre de 500 fr., ni excéder 6,000 fr., sans préjudice, suivant la gravité des cas, de l'application des dispositions de l'art. 174 du Code pénal. (*Réglement*, art. 64.)

N° 293. — *Greffiers des cours et tribunaux.* — Les greffiers des tribunaux de première instance, ceux des justices de paix et ceux des tribunaux de police judiciaire, ainsi que les secrétaires des maires qui remplissent les fonctions de greffier en exécution de l'art. 68 du Code d'instruction criminelle, ont droit aux mêmes indemnités que les greffiers des cours royales. Ainsi le prix des extraits et des expéditions, les indemnités de voyage, sont les mêmes pour tous les greffiers, sauf la différence qui résulte de la population de la ville où ils exercent leurs fonctions.

Toutefois il y a une différence entre eux pour le prix des vacations en vérification d'écritures. — V. n° 304.

N° 294. — *Greffiers commis.* — Nulle différence entre les émolumens attribués aux greffiers en chef et ceux qu'obtiennent les greffiers commis pour vacations ou voyage. Il doit en être de même pour les simples particuliers qui, à défaut des greffiers, et dans des cas urgens, sont appelés temporairement pour remplir les fonctions de greffier.

N° 295. — *Ecritures, minutes, renseignemens, procès-verbaux, état des pièces adressées au procureur général.* — Il n'est rien alloué aux greffiers et commis greffiers pour les écritures qu'ils sont tenus de faire sous la dictée ou l'inspection des magistrats, ni pour la minute d'aucun acte quelconque, ni pour les simples renseignemens qui leur sont demandés par le ministère public pour être transmis aux ministres. (*Règlement*, art. 63.) Ainsi les greffiers n'obtiennent aucune rétribution pour

Etat de frais ;

Exécutoires ;

Inventaires des pièces servant à conviction ;

Minutes des arrêts , jugemens et ordonnances ;

Procès-verbaux ;

Registres.


N⁰ 296. — *Avances, déboursés.* — Les déboursés que peuvent faire les greffiers sont les droits d'enregistrement et le prix du papier timbré.

En matière criminelle, s'il y a en cause une partie civile qui ait consigné, les déboursés du greffier sont par lui prélevés sur les sommes dont il est dépositaire ; si la partie civile n'a pas consigné, il n'y a pas de déboursés ; les actes sont enregistrés en débet, et sont visés pour timbre.

En matières correctionnelle et de simple police , s'il y a en cause une partie civile qui n'a pas justifié de son indigence , ou si l'administration des contributions indirectes , ou celle des postes lorsqu'il s'agit du transport frauduleux des dépêches , est intéressée dans la cause , le greffier emploie du papier timbré, et paie au comptant les droits d'enregistrement. Les parties doivent avancer au greffier les fonds nécessaires pour acquitter ces frais ou les lui rembourser.


N⁰ 297. — *Consignation.* — C'est entre les mains du greffier que doivent être consignés les fonds nécessaires pour fournir aux frais de la procédure. La reconnaissance que le greffier donne au déposant est écrite sur papier timbré ; elle n'est pas soumise à la formalité de l'enregistrement.

Lorsque les premières avances sont épuisées, le greffier doit avertir le ministère public, qui en exige de nouvelles.

N° 298. — *Paiement des droits dus aux greffiers.* — Les greffiers ne peuvent réclamer directement des parties le paiement des droits qui leur sont attribués. (*Réglement*, art. 155.) Cette disposition ne doit s'appliquer qu'aux cas où ces actes sont faits sur les poursuites du ministère public. Quant aux avances faites par le greffier dans les actions poursuivies directement par une partie civile, le greffier peut en recevoir le paiement de la partie.

N° 299. — *Mémoire des frais dus aux greffiers.* — Les frais avancés pour une partie civile qui a consigné, ou pour l'administration des contributions indirectes, ou pour celle des postes lorsqu'il s'agit du transport frauduleux des dépêches, ne doivent pas être compris dans le mémoire que rédige le greffier pour obtenir de l'administration de l'enregistrement le paiement des droits dont elle fait l'avance sur les fonds généraux des frais de justice criminelle.

Ce mémoire est rédigé par triple expédition, et conforme au tableau n° 8 à la fin du volume. L'une des copies de ce mémoire est écrite sur papier timbré, les deux autres sur papier libre. (*Réglement*, art. 145.) Néanmoins, si le mémoire ne s'élève pas à plus de 10 fr., les trois copies sont faites sur papier libre. (*Réglement*, art. 146.)

N° 300. — *Voyage.* — Le greffier ou le commis greffier qui accompagne un juge ou un officier du ministère public, ou qui assiste à une exécution, n'a droit à aucune indemnité s'il ne s'éloigne pas à plus de 5 kilomètres de sa résidence.

Pour le calcul de ces distances, — V. n° 185.

Lorsque la distance est de plus de 5 kilomètres, il est alloué 6 francs par jour au greffier ou au commis greffier pour tous frais de voyage, de nourriture et de séjour.

Lorsque cette distance est de plus de 2 myriamètres, l'indemnité pour chaque jour est de 8 francs. (*Réglement*, art. 88 et 89.)

N<sup>e</sup> 301. — *Experts.* — Les greffiers qui peuvent être chargés d'une expertise obtiennent les mêmes indemnités que les experts ordinaires. Ainsi, pour vacations, — V. n<sup>e</sup> 228 ; — pour voyage, — V. n<sup>e</sup> 229 ; — pour séjour forcé en route, — V. n<sup>e</sup> 230 ; — pour séjour dans la ville où se fait l'instruction, — V. n<sup>e</sup> 231.

Pour le mémoire à fournir, — V. n<sup>e</sup> 234.

N<sup>e</sup> 302. — *Témoignage.* — Les greffiers appelés en témoignage ne peuvent obtenir l'indemnité allouée aux témoins par l'article 27 du Réglement pour simple déposition, puisqu'ils reçoivent un traitement à raison d'un service public. (*Réglement*, art. 32.)

Mais ils ont droit aux mêmes indemnités que les autres témoins soit pour séjour forcé en route, — V. n<sup>e</sup> 592 ; — soit pour séjour dans la ville où se fait l'instruction, — V. n<sup>e</sup> 593 ; — soit pour voyage, — V. n<sup>e</sup> 591. — Leur taxe, dans ces cas, est rédigée comme celle des simples témoins.

N<sup>e</sup> 303. — *Greffiers dépositaires de pièces de comparaison ou arguées de faux.* — Le greffier attaché au tribunal devant lequel est faite la vérification n'a droit à aucune indemnité pour représenter les pièces qui dépendent de son greffe, ou qui s'y trouvent déposées. (*Instruction générale*, page 33.) Mais il a droit à une indemnité lorsqu'il est appelé devant un autre tribunal. — V. les notes suivantes.

N<sup>e</sup> 304. — *Greffiers dépositaires, etc. : vacations.* — Le greffier qui est appelé devant un autre tribunal pour représenter des pièces arguées de faux ou des pièces de comparaison obtient, pour chaque vacation de trois heures réellement employées à l'opération judiciaire ( *Réglement*, art. 13 ) :

S'il est attaché à une cour royale. . . . . . . . . 12  »

A un tribunal de 1<sup>re</sup> instance. . . 10  »

A une justice de paix. . . . . . 6  »

Pour le calcul du nombre des vacations, — V. n<sup>e</sup> 632 et suivantes.

N<sup>e</sup> 305. — *Greffiers dépositaires, etc. : séjour forcé en route.* — Si un greffier appelé en qualité de dépositaire de pièces est arrêté, dans le cours de son voyage, par force majeure, il a droit à une indemnité de 2 francs pour chaque journée de séjour. ( *Réglement*, art. 15 et 95. )

Pour le calcul du nombre de ces journées, — V. n<sup>e</sup> 571.

Pour les justifications à produire, — V. n<sup>e</sup> 572.

. N<sup>e</sup> 306. — *Greffiers dépositaires, etc. : séjour prolongé dans la ville où se fait l'instruction.* — Le greffier dépositaire de pièces qui est appelé dans une ville autre que celle de sa résidence a droit à une indemnité pour chaque journée qu'il est obligé de passer dans la ville où se fait l'instruction. Les jours pour lesquels il lui est alloué une ou plusieurs vacations ne lui procurent aucune indemnité de séjour.

Indemnité pour chaque journée ( *Réglement*, art. 15 et 96 ) :

Si le séjour a lieu à Paris. . . . . . . . . . . . . . . 4  »

Dans une ville de 40,000 habitans ou au-dessus. . . . . . 2 50

Dans les autres villes et communes.. . . . . . . . . . . . 2  »

Pour le calcul du nombre des journées, — V. n⁰ 575.

N⁰ 307. — *Greffiers dépositaires, etc. : voyage.* — Le greffier appelé comme dépositaire de pièces dans une commune dont le chef-lieu est éloigné de plus de deux kilomètres du chef-lieu de la commune de sa résidence a droit à une indemnité de 2 fr. 50 c. pour chaque myriamètre parcouru en se rendant au lieu où se fait l'instruction, et à autant pour le retour. (*Réglement,* art. 15 et 91.)

Pour le calcul du nombre des myriamètres admis en taxe, — V. n⁰ 185.

Voir aussi le tableau de la note 410.

## HAUTE POLICE.

N⁰ 308. — Les dépenses pour la translation des individus arrêtés par mesure de haute police ne sont pas comprises dans les frais de justice criminelle. Elles sont à la charge du ministère de l'intérieur. (*Réglement,* art. 3, n⁰ 7.)

Elles ne sont pas ordonnancées par les membres de l'ordre judiciaire. Le greffier doit transmettre au ministre un tableau de tous les individus mis sous la surveillance de la haute police. Pour chaque article de ce tableau il lui est alloué 10 centimes.

## HONORAIRES.

V. *Défenseurs,* n⁰ 158.

## HOSPICES

Assimilés aux parties civiles. — V. n⁰ 309.
Frais : par qui avancés. — V. n⁰ 310.
      Par qui supportés. — V. n⁰ 311.

N⁰ 309. — *Hospices assimilés aux parties civiles.* — En matières correctionnelle et de simple police les hospices sont assimilés aux parties civiles pour tous les procès instruits soit directement à leur requête, soit même d'office par le ministère public, lorsqu'il s'agit de délits commis contre leurs propriétés. (*Réglement*, art. 158.) — V. *Parties civiles*, nᵉ 469.

Nᵉ 310. — *Frais : par qui avancés.* — Les droits d'enregistrement sont comptés en débet pour tous les actes faits dans l'intérêt des hospices ; ces actes sont écrits sur papier visé pour timbre.

Les sommes qui doivent être payées aux huissiers, aux témoins, aux experts et aux autres parties prenantes sont avancées par l'administration de l'enregistrement, non sur les fonds généraux des frais de justice criminelle, mais sur le compte de l'hospice. Les taxes, les exécutoires, doivent l'exprimer formellement. (*Réglement*, art. 135.)

Nᵉ 311. — *Frais : par qui supportés.* — Si ces frais ne sont pas mis par les arrêts ou jugemens à la charge de l'adversaire de l'hospice, c'est l'hospice qui doit les rembourser à l'administration de l'enregistrement. L'hospice doit aussi payer les droits d'enregistrement et de timbre, qui d'abord avaient été calculés en débet.

Dans le cas même où les adversaires de l'hospice auraient été condamnés aux dépens, s'ils sont insolvables, l'hospice reste débiteur de ces frais envers l'administration de l'enregistrement, et il doit les lui rembourser.

## HUISSIERS.

Observations générales. — V. nᵉ 312.

Appel de cause. — V. nᵉ 31.

De jugemens. — V. nᵉ 318.

Avances des droits d'enregistrement et de timbre. — V. nᵉ 319.

Capture. — V. n<sup>es</sup> 87 et suiv.

Citations. — V. n<sup>e</sup> 318.

Copies de pièces. — V. n<sup>es</sup> 146 et suiv.

Par qui doivent-elles être faites ? — V. n<sup>e</sup> 578.

Déboursés. — V. n<sup>e</sup> 319.

Dépositaires de pièces. — V. n<sup>e</sup> 320.

       Séjour forcé en route. — V. n<sup>e</sup> 322.

       Séjour dans la ville où se fait l'instruc-

       tion. — V. n<sup>e</sup> 322.

       Vacations. — V. n<sup>e</sup> 321.

       Voyage. — V. n<sup>e</sup> 322.

Ecrou. — V. n<sup>e</sup> 198.

Enregistrement. — V. n<sup>e</sup> 325.

Experts. — V. n<sup>e</sup> 330.

Extraction de prison. — V. n<sup>e</sup> 236.

Lecture d'arrêt. — V. n<sup>e</sup> 323.

Mandats d'amener. — V. n<sup>es</sup> 22 et suiv.

       D'arrêt. — V. n<sup>es</sup> 57 et suiv.

       De comparution. — V. n<sup>e</sup> 114.

       De dépôt. — V. n<sup>e</sup> 176.

Mandement exprès. — V. n<sup>e</sup> 399.

Mémoire de frais. — V. n<sup>e</sup> 334.

Ordonnance de prise de corps. — V. n<sup>e</sup> 449.

Paiement de leurs droits. — V. n<sup>e</sup> 333.

Perquisitions. — V. n<sup>e</sup> 470.

Procès-verbaux. — V. n<sup>e</sup> 324.

Recors. — V. n<sup>e</sup> 542.

Refus d'instrumenter. — V. n<sup>e</sup> 313.

Registre du parquet. — V. n<sup>e</sup> 332.

Réintégration dans la prison. — V. n<sup>e</sup> 236.

Résidence des huissiers. — V. n<sup>e</sup> 314.

Ressort en simple police. — V. n<sup>e</sup> 315.

       En matière correct<sup>lle</sup> ou crimin<sup>lle</sup>. — V. n<sup>e</sup> 316.

Séjour forcé en route. — V. n⁰ 327.

Séjour dans la ville où se fait l'instruction. — V. n⁰ 328.

Significations. — V. n⁰ 318.

Témoignage. — V. n⁰ 329.

Traitement fixe. — V. n⁰ 317.

Timbre. — V. n⁰ 325.

Visa. — V. n⁰ 331.

Voyage. — V. n⁰ 326.

N⁰ 312. — *Observations générales.* — Aux huissiers sont spécialement confiées les citations, les significations et les exécutions des mandemens de justice. Ce n'est qu'à leur défaut que les gendarmes et les agens de police peuvent en être chargés. Néanmoins, en matière de délits forestiers ou de pêche, les gardes de l'administration ont la concurrence avec les huissiers pour certains actes. Il en est de même des préposés de l'administration des contributions indirectes pour les assignations données pour contravention aux lois sur cet impôt.

La première disposition de l'article 71 du Réglement est ainsi conçue : « Les salaires des huissiers, pour tous les » actes de leur ministère résultans du Code d'instruction » criminelle et du Code pénal, sont réglés et fixés ainsi » qu'il suit ».

Cette disposition ne permet pas de distinguer entre les actes faits à la requête du ministère public et ceux qui sont faits à la requête des parties civiles ou des prévenus.

D'ailleurs, sous le n⁰ 1er de cet article 71, on trouve désignés tous les actes que les huissiers peuvent être chargés de faire à la requête des parties civiles et des prévenus, et il ne peut pas être contesté que tous les actes portés dans ce tableau ne doivent bien être taxés d'après le Réglement de 1811.

Ainsi, dans les matières criminelles, correctionnelles et de simple police, les huissiers qui agissent à la requête des parties civiles ou des prévenus ne peuvent exiger ni obtenir, pour tous les actes de leur ministère, les droits fixés par le décret du 16 février 1807 en matière civile, mais seulement les droits alloués par le Réglement du 18 juin 1811, et consignés dans ces *Notes*.

L'huissier qui exigerait de plus forts droits que ceux qui lui sont spécialement attribués par la loi devrait être destitué, et condamné à une amende de 500 fr. au moins et de 6,000 fr. au plus, sans préjudice toutefois, et suivant la gravité du cas, de l'application de l'art. 174 du Code pénal. (*Réglement*, art. 64 et 86.)

Nᵉ 313. — *Refus d'instrumenter.* — Tout huissier qui refuse d'instrumenter dans une procédure suivie à la requête du ministère public, ou de faire le service auquel il est tenu près d'un tribunal ou d'une cour, et qui, après injonction à lui faite par l'officier compétent, persiste dans son refus, doit être destitué, sans préjudice de tous dommages-intérêts et des autres peines qu'il peut avoir encourues. (*Réglement*, art. 85.)

Les huissiers sont aussi tenus d'exercer leur ministère toutes les fois qu'ils en sont requis par les particuliers, sauf les prohibitions pour parenté ou pour alliance portées par les articles 4 et 66 du Code de procédure civile. Le refus de l'huissier serait puni des peines prononcées par l'art. 85 du Réglement du 18 juin 1811.

Nᵉ 314. — *Résidence des huissiers.* — Ils sont tenus de garder la résidence qui leur a été assignée par le tribunal de première instance. (*Décret du 14 juin 1813*, art. 16.)

Les huissiers audienciers doivent résider dans les villes

où siégent les cours ou tribunaux près desquels ils sont de service. ( *Même Décret*, art. 15. )

La résidence des huissiers ordinaires des juges de paix est fixée, autant que faire se peut, dans les chefs-lieux de canton. ( *Même Décret*, art. 17. )

N° 315. — *Ressort en matière de simple police.* — Les actes requis soit par le ministère public, soit par les particuliers, doivent être faits par les huissiers ordinaires employés au service des audiences du tribunal devant lequel les parties sont appelées. Ainsi ces actes ne peuvent être faits que par les huissiers qui résident dans le canton. ( *Décret du 14 juin* 1813, art. 28 et 34. )

Néanmoins, à défaut ou en cas d'insuffisance de ces huissiers, les citations et autres actes peuvent être donnés par les huissiers ordinaires de l'un des cantons les plus voisins. ( *Même Décret*, art. 28. ) Dans ce cas le juge de paix doit délivrer une cédule. ( *Même Décret*, art. 34. )

Cette cédule n'entraîne aucun frais.

N° 316. — *Ressort en matière correctionnelle ou criminelle.* — En matière correctionnelle ou criminelle défense est faite aux huissiers, par l'art. 29 du Décret du 14 juin 1813, d'instrumenter hors de leur canton. Cette disposition est générale, et paraît devoir être appliquée même au cas où les actes sont requis par un particulier.

A défaut ou en cas d'insuffisance des huissiers du canton, on doit recourir à l'un des huissiers qui résident dans le canton le plus voisin. Si l'acte est fait à la requête du ministère public, le juge d'instruction ou le procureur du roi délivre un mandement exprès. — V. n° 399.

L'unique but de cette disposition est d'éviter des frais.

Aussi, d'après une circulaire du 23 septembre 1812, les huissiers peuvent faire les actes de procédure, en matières correctionnelle et criminelle , dans toute l'étendue de l'arrondissement , pourvu qu'ils se contentent du salaire et des droits de transport qui seraient alloués à un huissier qui résiderait dans le canton où l'acte est donné. ( *Instruction générale*, page 87. )

Si une partie dont l'adversaire est condamné aux dépens a employé un huissier résidant hors du canton où les actes ont été donnés, elle ne peut réclamer que les frais qu'auraient coûté ces actes s'ils avaient été faits par un huissier de ce canton, sauf le cas où il n'y avait, dans ce canton , aucun huissier qui pût instrumenter.

N<sup>e</sup> 317. — *Traitement fixe.* — Les huissiers n'ont aucun traitement fixe ; il leur est seulement accordé des salaires à raison des actes confiés à leur ministère. ( *Réglement,* art. 67. )

Les réglemens que les cours et tribunaux peuvent prendre en exécution des articles 65 et 66 du Décret du 18 juin 1811 ne doivent avoir pour objet que de déterminer le mode de service des huissiers , mais non de leur allouer des émolumens que la loi ne leur aurait pas expressément attribués.

N<sup>e</sup> 318. — *Actes d'appel, citations, significations.* — Tous ces actes sont payés au prix fixé par le Réglement du 18 juin 1811 , qu'ils aient lieu soit à la requête du ministère public , soit à la requête d'un accusé ou d'un prévenu, ou d'une partie civile.

N<sup>e</sup> 319. — *Avances des droits d'enregistrement et de timbre ; déboursés.* — Lorsque les huissiers sont obligés d'employer du papier timbré , et de payer au comptant les droits d'enregistrement , ils peuvent exiger que les requérans leur fournissent la somme nécessaire pour payer ces droits.

Nᵉ 320.— *Dépositaires de pièces de comparaison ou de pièces arguées de faux.* — Les huissiers appelés en justice comme dépositaires de ces pièces ont droit à une indemnité pour le temps réellement employé à l'opération judiciaire, — V. nᵉ 321 ; — et, s'il y a lieu à une indemnité de voyage et de séjour, — V. nᵉ 322.

Nᵉ 321. — *Vacations.* — Les huissiers dépositaires de ces pièces obtiennent, pour chaque vacation de trois heures (*Réglement,* art. 13) :

A Paris. . . . . . . . . . . . . . . . . . . . . . . 5   »
Dans les départemens. . . . . . . . . . . . . . . 4   »
Pour le calcul du nombre des vacations, — V. nᵉ 632.

Nᵉ 322. — *Voyage, séjour.* — Si un huissier dépositaire de pièces est obligé de se transporter dans une commune dont le chef-lieu soit éloigné de plus de deux kilomètres du chef-lieu de la commune de sa résidence, et s'il est arrêté en route par force majeure, il a droit à une indemnité de séjour forcé et à une indemnité de voyage. L'application littérale des dispositions de l'article 15 du Réglement leur ferait refuser toute indemnité pour séjour dans la ville où se fait l'instruction. Mais il est juste de considérer les huissiers dépositaires comme de simples particuliers, et de leur allouer l'indemnité que ceux-ci auraient droit d'obtenir. — V. nᵉ 172.

Nᵉ 323. — *Lecture d'arrêt.* — Pour la lecture de l'arrêt qui prononce la peine de mort contre un parricide il est alloué à l'huissier (*Réglement,* art. 71, nᵒ 9) :

A Paris. . . . . . . . . . . . . . . . . . . . . . . . . . 30   »
Dans les villes de 40,000 habitans et au-dessus. . 24   »
Dans les autres villes et communes. . . . . . . . 18   »
Si l'huissier commis pour cette lecture n'habite pas

dans le lieu de l'exécution, il a droit aux mêmes indemnités de voyage et de séjour que pour les autres actes de son ministère.

L'huissier ne rédige pas de procès-verbal.

N⁰ 324. — *Procès-verbaux.* — Les actes qui constatent l'exécution des opérations qui sont confiées aux huissiers ne leur procurent aucun émolument distinct de celui qui leur est alloué pour ces opérations. Ces procès-verbaux sont soumis à l'enregistrement et au timbre comme tous les autres actes des huissiers.

N⁰ 325. — *Enregistrement, timbre.* — En matières criminelle, correctionnelle et de simple police, ainsi que dans les procédures poursuivies d'office, tous les actes d'huissier sont soumis à la double formalité du timbre et de l'enregistrement. A la note qui concerne chacun de ces actes on a désigné si ces droits devaient être perçus au comptant ou en débet.

N⁰ 326. — *Voyage.* — Lorsqu'un huissier, pour exécuter un acte de son ministère, se transporte dans une commune dont le chef-lieu se trouve, d'après le tableau des distances, éloigné de plus de deux kilomètres du chef-lieu de la commune où il réside, il a droit à une indemnité de voyage. ( *Réglement,* art. 81. ) Cette indemnité est de 1 fr. 50 c. par chaque myriamètre parcouru en allant, et d'autant pour le retour. ( *Réglement,* art. 91. ) L'art. 94 du Réglement est abrogé par l'article 4 du Décret du 7 avril 1813.

Pour le calcul du nombre des myriamètres admis en taxe, — V. n⁰ˢ 185 et 186.

## TABLEAU

### DES DROITS DE VOYAGE ALLOUÉS AUX HUISSIERS.

| KILOMÈTRES INDIQUÉS SUR LE TABLEAU DES DISTANCES. | | | DEMI-MYRIAMÈTRES ADMIS EN TAXE. | SOMMES ALLOUÉES A L'HUISSIER. | |
|---|---|---|---|---|---|
| 1 | 2 | | » | » | » |
| 3 | | | 1 | » | 75 |
| 4 | 5 | 6 | 2 | 1 | 50 |
| 7 | 8 | | 3 | 2 | 25 |
| 9 | 10 | 11 | 4 | 3 | » |
| 12 | 13 | | 5 | 3 | 75 |
| 14 | 15 | 16 | 6 | 4 | 50 |
| 17 | 18 | | 7 | 5 | 25 |
| 19 | 20 | 21 | 8 | 6 | » |
| 22 | 23 | | 9 | 6 | 75 |
| 24 | 25 | 26 | 10 | 7 | 50 |
| 27 | 28 | | 11 | 8 | 25 |
| 29 | 30 | 31 | 12 | 9 | » |
| 32 | 33 | | 13 | 9 | 75 |
| 34 | 35 | 36 | 14 | 10 | 50 |
| 37 | 38 | | 15 | 11 | 25 |
| 39 | 40 | 41 | 16 | 12 | » |
| 42 | 43 | | 17 | 12 | 75 |
| 44 | 45 | 46 | 18 | 13 | 50 |
| 47 | 48 | | 19 | 14 | 25 |
| 49 | 50 | 51 | 20 | 15 | » |
| 52 | 53 | | 21 | 15 | 75 |
| 54 | 55 | 56 | 22 | 16 | 50 |
| 57 | 58 | | 23 | 17 | 25 |
| 59 | 60 | 61 | 24 | 18 | » |

Nᵉ 327. — *Séjour forcé en route.* — Lorsque les huissiers qui exécutent des actes de leur ministère sont arrêtés par

force majeure dans le cours de leur voyage, ils reçoivent une indemnité de 1 fr. 50 c. pour chaque journée de séjour. ( *Réglement*, art. 81 et 95. )

Pour le calcul du nombre des journées, — V. n° 571.

Pour les justifications à produire, — V. n° 572.

N° 328. — *Séjour dans la ville où se fait l'instruction.* — Lorsque l'huissier qui agit en qualité d'officier ministériel est obligé de prolonger son séjour dans la ville où se fait l'instruction, il n'a droit, pour ce séjour, à aucune indemnité. ( *Règlement*, art. 96. )

N° 329. — *Témoignage.* — Les huissiers appelés en témoignage soit devant le juge d'instruction, soit à l'audience, obtiennent les mêmes indemnités que les particuliers soit pour simple déposition, — V. n° 590 ; — soit pour voyage, — V. n° 591 ; — soit pour séjour forcé en route, — V. n° 592 ; — soit pour séjour dans la ville où se fait l'instruction, — V. n° 593.

N° 330. — *Expert.* — Si un huissier est appelé comme expert, il obtient les mêmes indemnités que les autres experts soit pour vacations, soit pour voyage et séjour. — V. *Experts*, n°s 227 et suiv.

N° 331. — *Visa.* — Les *visa* que les huissiers peuvent être obligés de requérir sur leurs actes ne leur procurent aucun émolument.

N° 332. — *Registre du parquet.* — Au parquet des cours et tribunaux il est tenu un registre pour inscrire tous les actes que les huissiers rédigent en matières criminelle et correctionnelle.

On y désigne sommairement chaque affaire, et, en marge ou à la suite de cette désignation, on relate, par ordre de dates, l'objet et la nature des diligences à mesure qu'elles sont faites, ainsi que le montant du salaire qui y est affecté.

Les procureurs du roi examinent en même temps les écritures afin de s'assurer qu'elles comprennent le nombre de lignes et de syllabes prescrit par l'art. 71, n° 10, du Réglement. Ils réduisent à leur juste taux les prix des écritures qui ne seraient pas dans les proportions établies par cet article. (*Réglement,* art. 83.)

Ces dispositions ne peuvent s'appliquer qu'aux actes dont le prix doit être avancé sur les fonds généraux des frais de justice criminelle.

N° 333. — *Paiement des actes faits par les huissiers.* — En général les frais des actes des huissiers doivent leur être payés directement par la partie qui a commandé ces actes. Cette obligation est imposée à l'inculpé, prévenu ou accusé aussi bien qu'à la partie civile proprement dite. Les actes faits à la requête de l'administration des contributions indirectes, et de celle des postes lorsqu'il s'agit du transport frauduleux des dépêches, et même les actes faits en matière correctionnelle à la requête du ministère public, pourvu qu'il s'agisse de l'intérêt de ces deux administrations, sont payés aux huissiers par les préposés de ces administrations.

Les frais de tous les autres actes sont payés aux huissiers par les receveurs de l'administration de l'enregistrement.

N° 334. — *Mémoire des frais des huissiers.* — Les huissiers peuvent ne dresser qu'un seul mémoire pour tous les frais qui leur sont dus par l'état pendant une année entière ; ils peuvent aussi rédiger un mémoire des actes d'un trimestre ou même d'un mois. Le même état doit comprendre leurs frais soit en matières criminelle , correctionnelle ou de simple police , soit dans les poursuites d'office en matière civile.

Ces mémoires doivent , sous peine de rejet , être conformes au modèle donné par le ministre de la justice dans son Instruction générale du 30 septembre 1826. Il est toutefois inutile de tracer sur leur tableau les colonnes que l'huissier ne doit pas remplir. Ainsi, lorsque l'huissier n'a fait que des citations , il peut supprimer toutes les colonnes relatives à l'exécution des mandats , aux actes d'écrou , etc.

Ces mémoires sont faits par triple expédition. L'une de ces copies est sur papier timbré , les deux autres sur papier libre. ( *Réglement,* art. 145. ) Néanmoins , si l'état ne s'élève pas à plus de 10 fr. , les trois copies sont écrites sur papier libre. ( *Réglement,* art. 146. ) Pour la formule de ce mémoire , — V. le 9ᵉ tableau à la fin de ce volume.

## IDENTITÉ ( RECONNAISSANCE DE L' ).

Nᵉ 335. — Lorsqu'il s'agit de reconnaître l'identité d'un individu condamné évadé et repris, ou d'un individu condamné à la déportation ou au bannissement, les frais de citation aux témoins , ceux de translation de l'individu ainsi que les frais de l'arrêt sont réglés comme pour les autres poursuites criminelles.

Cette nouvelle instruction concerne uniquement la vindicte publique. La partie civile, qui n'y trouve aucun intérêt, ne peut être responsable des frais, qui sont toujours à la charge du condamné.

Les actes d'huissier sont écrits sur papier visé pour timbre; ils sont enregistrés en débet.

## IMPRESSIONS.

Actes qui doivent être imprimés. — V. nᵉ 336.

Caractères des impressions. — V. nᵉ 340.

Correction des épreuves. — V. nᵉ 210.

Format des impressions. — V. nᵉ 340.

Juré : impression de l'arrêt qui le condamne. — V. nᵉ 341.

Mémoire de l'imprimeur. — V. nᵉ 342.

Nombre des exemplaires à tirer. — V. nᵉ 337.

Note tenue au parquet. — V. nᵉ 338.

Paiement des impressions : à la charge de qui. — V. nᵉ 341.

Prix des impressions. — V. nᵉ 339.

Nᵉ 336. — *Actes qui doivent être imprimés.* — Les actes destinés à être affichés doivent être imprimés. ( *Règlement,* art. 105. ) Tels sont les extraits des arrêts de condamnation à des peines afflictives et infamantes, les arrêts contre les jurés défaillans, les ordonnances portant convocation des cours d'assises et nomination de leur président.

Le signalement des personnes à arrêter peut aussi être imprimé.

En général on doit imprimer tous les actes dont un arrêt, une loi ou une ordonnance prescrivent l'impression, ainsi que ceux dont le ministre de la justice, par une décision spéciale, ordonne l'impression et la publication.

Les frais des autres impressions ne sont jamais imputés sur les fonds généraux des frais de justice criminelle.

Les impressions faites pour faciliter le travail dans les cours et les tribunaux, telles que celles des cédules, des mandats, des têtes d'interrogatoires et d'informations, restent toujours à la charge des greffiers ou des tribunaux.

N<sup>e</sup> 337. — *Nombre des exemplaires.* — Le nombre des exemplaires des placards et des autres impressions est déterminé par les procureurs généraux suivant les localités. ( *Réglement*, art. 106. )

N<sup>e</sup> 338. — *Note des impressions tenue au parquet.* — Il est tenu au parquet note de toutes les impressions à mesure qu'elles sont faites.

Deux exemplaires restent déposés au parquet, deux autres sont adressés au ministre de la justice. ( *Réglement*, art. 110. )

N<sup>e</sup> 339. — *Prix des impressions.* — Le prix et les conditions de toutes les impressions sont réglés par des adjudications publiques.

N<sup>e</sup> 340. — *Caractères, format des impressions.* — Ils doivent être conformes au modèle fourni par le ministre de la justice dans l'Instruct. génér. du 30 septembre 1826.

On doit, autant que possible, mettre sur le même placard l'extrait de tous les arrêts rendus dans la même session d'une cour d'assises.

Quant aux caractères et au format des signalemens, la loi ne fixe aucune règle ; il suffit que les imprimés soient faciles à lire.

N<sup>e</sup> 341. — *A la charge de qui sont les frais d'impression.* — Les frais d'impression de l'ordonnance de contumace sont payés comme tous les autres frais de poursuites.

Les frais d'impression d'un arrêt qui prononce des peines afflictives et infamantes ne sont pas considérés comme frais d'exécution : l'article 162 du Réglement ne les met pas à la charge de l'état.

L'impression de l'arrêt rendu contre un juré défaillant est à la charge du juré. (*Réglement*, art. 112.) Les frais en sont les mêmes que pour les autres impressions ordonnées par la cour d'assises.

L'avance de tous ces frais est faite par la régie de l'enregistrement, sauf tel recours que de droit.

Néanmoins, s'il y a en cause une partie civile qui ait consigné, les frais de l'impression de l'ordonnance de contumace sont pris sur les sommes déposées.

En matière correctionnelle les frais de l'impression des jugemens, lorsqu'elle est ordonnée, sont à la charge des condamnés.

Nᶜ 342. — *Mémoire des imprimeurs.* — Tous les trois mois les imprimeurs doivent fournir leurs mémoires.

Ces mémoires sont rédigés conformément au modèle du 10ᵉ tableau. — V. à la fin du volume.

Ils sont rédigés par triple expédition. L'une des copies est écrite sur papier timbré. (*Réglement*, art. 145.) Néanmoins, si le mémoire ne s'élève pas à plus de 10 fr., les trois copies sont écrites sur papier libre. (*Réglement*, art. 146.)

**INDIGENCE.**
> V. *Certificats*, nᵉ 94.
> *Contrainte par corps*, nᵉ 123.

**INFORMATIONS.**
> V. *Enquêtes*, nᵉ 205.

**INHUMATIONS.**

Nᵉ 343. — Les frais d'inhumation des suppliciés et des cadavres trouvés sur la voie publique ou dans quelque autre lieu, lorsqu'ils n'ont pas été réclamés par leur famille, sont à la charge des communes ; ils ne doivent jamais être pris sur les fonds généraux des frais de justice criminelle. (*Réglement*, art. 3 , n° 4. )

## INSCRIPTIONS HYPOTHÉCAIRES

Requises d'office par le ministère public.
Frais des ces inscriptions. — V. n^e 344.

     Par qui avancés. — V. n^e 345.
     Par qui supportés. — V. n^e 346.

N^e 344. — *Frais des inscriptions prises d'office par le ministère public.* — Les frais de ces inscriptions sont les mêmes que si elles avaient été requises par de simples particuliers. — V. *Manuel du juge taxateur*, n° 584. Les droits d'enregistrement sont comptés en débet ; les bordereaux sont écrits sur papier visé pour timbre.

N^e 345. — *Par qui sont avancés les frais de ces inscriptions.* — Le salaire du conservateur et le prix du papier timbré du registre sont avancés par l'administration de l'enregistrement, sauf son recours sur les biens du condamné. (*Réglement*, art. 124. )

N^e 346. — *Par qui ces frais sont-ils supportés ?* — Le salaire du conservateur, le prix du timbre de son registre, les droits d'enregistrement, sont en définitive supportés par les débiteurs. Néanmoins, lorsque l'inscription est prise d'office sur les biens d'un tuteur , celui-ci peut les porter en frais de gestion.

## INTERDICTION D'OFFICE.

Observations générales. — V. n^e 347.
Avoués. — V. n^e 348.
Citations aux témoins et au conseil de famille. — V. n^e 351.

Copies de pièces. — V. n<sup>es</sup> 351 et 354.

Délibération du conseil de famille. — V. n<sup>e</sup> 160.

Droits de greffe. — V. n<sup>e</sup> 350.

Enquêtes. — V. n<sup>e</sup> 354.

Enregistrement. — V. n<sup>e</sup> 350.

Expéditions. — V. n<sup>e</sup> 357.

Frais : par qui avancés. — V. n<sup>e</sup> 358.

Par qui supportés. — V. n<sup>e</sup> 359.

Greffiers. — V. n<sup>e</sup> 356.

Interrogatoire à la chambre du conseil. — V. n<sup>e</sup> 352.

A domicile. — V. n<sup>e</sup> 353.

Réquisitoires du ministère public. — V. n<sup>e</sup> 349.

Signification des enquêtes et de l'interrogatoire. — V. n<sup>e</sup> 351.

Témoins. — V. n<sup>e</sup> 355.

Timbre. — V. n<sup>e</sup> 350.

Voyage des magistrats. — V. n<sup>e</sup> 353.


N<sup>e</sup> 347. — *Observations générales.* — Le ministère public qui poursuit d'office une interdiction doit se conformer aux règles tracées par le Code civil et le Code de procédure. Il doit faire les mêmes actes que ferait l'avoué du demandeur dans une action ordinaire en interdiction.

N<sup>e</sup> 348. — *Avoués.* — L'individu dont l'interdiction d'office est demandée peut se faire assister d'un avoué. Cet officier ministériel reçoit, mais seulement de son client, et jamais de l'état, les mêmes émolumens que si l'interdiction était poursuivie par la voie purement civile. — V. *Manuel du juge taxateur,* n<sup>os</sup> 612 et suiv. — Les actes faits par cet avoué sont soumis aux mêmes droits d'enregistrement et de timbre qu'en matière civile ; les droits d'enregistrement sont comptés en débet ; le papier est visé pour timbre. ( *Réglement,* art. 118. )

Nᵉ 349. — *Réquisitoires du procureur du roi.* — Quoique ces actes représentent les requêtes qu'aurait rédigées le demandeur soit pour introduire l'instance, soit pour faire fixer le jour de l'interrogatoire et des enquêtes, ils sont néanmoins dispensés de timbre et d'enregistrement.

Nᵉ 350. — *Enregistrement, timbre, droits de greffe.* — En interdiction d'office les droits d'enregistrement, de greffe et de timbre sont calculés comme en matière civile. Les droits d'enregistrement et de greffe sont comptés en débet ; le papier est visé pour timbre. Le jugement définitif est enregistré au droit de 27 fr. 50 c. Ce droit est compté en débet.

Nᵉ 351. — *Citations, significations, etc.* — Tous les actes du ministère des huissiers faits sur le requis du ministère public sont taxés, quant à l'émolument de l'huissier et à ses déboursés, comme s'il s'agissait d'une cause criminelle. ( *Réglement*, art. 118.) Ainsi — V. *Citations*, nᵉ 102 ; — *Copies de pièces*, nᵉ 147 ; — *Voyage*, nᵉ 326.

Le droit d'enregistrement est compté en débet.

Les actes faits à la requête du ministère public sont écrits sur papier visé pour timbre.

Nᵉ 352. — *Interrogatoire en la chambre du conseil.* — On doit suivre, pour cet interrogatoire, les mêmes formes qu'en matière civile. Il est écrit sur papier visé pour timbre ; les droits d'enregistrement et de greffe sont comptés en débet.

L'expédition de cet interrogatoire n'est pas nécessaire.

Pour sa signification, — V. nᵉ 351, — et, pour copie de pièces, nᵉ 147.

Nᵉ 353. — *Interrogatoire au domicile du défendeur.* — Si

le défendeur à l'interdiction ne peut se présenter à la chambre du conseil, un juge commis, le procureur du roi et le greffier se transportent à sa demeure.

Ils obtiennent les mêmes indemnités de voyage qu'en matière criminelle. (*Ordonnance du 4 août* 1824.) L'avance de ces frais est faite sur les fonds généraux des frais de justice criminelle.

Nᵉ 354. — *Enquêtes.* — Si l'interrogatoire du défendeur laisse encore incertaine la nécessité de l'interdiction, le tribunal ordonne une enquête. L'enregistrement de ce jugement est compté en débet au droit de 3 fr. 30 c. ; l'expédition en est inutile.

Les frais de la signification de ce jugement et de la citation aux témoins sont taxés, quant à l'émolument de l'huissier, comme en matière criminelle. Ces actes sont enregistrés en débet, et visés pour timbre. Il en est de même de la notification du nom des témoins.

Pour la taxe des témoins, — V. nᵉ 355.

L'expédition de ce procès-verbal est inutile. — V. nᵉ 357.

Nᵉ 355. — *Témoins.* — Pour la taxe qui peut être allouée aux témoins qui la requièrent il faut distinguer s'ils sont ou non parens ou alliés de l'individu dont l'interdiction est demandée. S'ils ne sont ni parens ni alliés, cette taxe est payée sur les fonds généraux des frais de justice criminelle : s'ils sont parens ou alliés, cette taxe n'est exécutoire que contre l'interdit et contre son père, ou sa mère, ou son époux, ou son épouse. (*Réglement,* art. 120.) Le montant de cette taxe est le même qu'en matière criminelle.

Nᵉ 356. — *Greffiers.* — L'émolument qui peut revenir aux greffiers n'est jamais à la charge de l'état. Il ne peut être exigé que de l'interdit, de ses père, mère, époux ou épouse, excepté dans le cas de voyage. — V. n⁰ 353.

N⁰ 357. — *Expéditions.* — En matière d'interdiction d'office on doit s'abstenir d'expédier la plupart des actes et jugemens; on fait, sur les originaux, la copie des actes qui doivent être signifiés. Si ces expéditions sont nécessaires, elles sont faites d'après les règles prescrites en matière civile pour le nombre de lignes et de syllabes; elles sont aussi soumises au droit de greffe, mais ce droit est compté en débet.

N⁰ 358. — *Frais : par qui avancés.* — Les droits qui reviennent aux huissiers, la taxe des témoins non parens ni alliés, et, s'il y a lieu, les indemnités de voyage du juge, du procureur du roi et du greffier sont avancés, par l'administration de l'enregistrement, sur les fonds généraux des frais de justice criminelle. Les autres droits des greffiers, ceux des juges de paix et des témoins parens ou alliés restent suspendus jusqu'après le jugement.

N⁰ 359. — *Frais de l'interdiction : par qui supportés.* — Si l'interdiction n'est pas prononcée, les frais avancés par l'état restent à sa charge; les frais dont le paiement était suspendu ne peuvent être réclamés.

Si l'interdiction est prononcée, tous les frais, tant ceux dont l'avance avait été faite par l'état que ceux qui étaient suspendus, sont à la charge de l'interdit. S'il est insolvable, ces frais sont supportés par son père, par sa mère, par son époux ou son épouse. (*Réglement*, art. 120.)

## INTERPRÈTES.

N⁰ 360. — Les interprètes appelés pour une traduction verbale sont assimilés aux experts; ils obtiennent les mêmes indemnités. Ainsi, pour vacations, — V. nᵉ 228 ; — pour voyage, — V. nᵉ 229 ; — pour séjour forcé en route, — V. nᵉ 230 ; — pour séjour dans la ville où se fait l'instruction, — V. nᵉ 231 ; — pour leur mémoire, — V. nᵉ 234. — Quant aux traductions par écrit, — V. nᵉ 622 et suivantes.

## INVENTAIRE

Des greffes. — V. nᵉ 290.

Des pièces servant à conviction et des actes et pièces d'une procédure criminelle. — V. nᵉ 361.

Nᵉ 361. — Ces états ou inventaires sont rédigés par le greffier ; il n'en résulte pour lui aucun émolument. Ils sont écrits sur papier libre ; ils ne sont pas soumis à l'enregistrement.

## JOURNAL.

Nᵉ 362. — Sont payées comme frais de justice criminelle : 1º les publications officielles qui sont ordonnées par le ministère de la justice ou par les tribunaux ; 2º l'insertion aux journaux du département d'un extrait de l'ordonnance qui nomme le président et les membres des cours d'assises, etc.

Cette ordonnance ne doit pas être insérée en entier, mais seulement par extrait. ( *Instruct. générale*, page 105.)

Le prix de ces insertions est calculé, sur le nombre des lignes qu'elles contiennent, d'après les prix courans.

Le paiement de ces insertions est fait sur un mémoire pareil à celui que doivent rédiger les imprimeurs. — V. nᵉ 342.

## JOURNÉES

De déposition. — V. nᵉ 589.

De séjour forcé en route. — V. nᵉ 571.

De séjour dans la ville où se fait l'instruction. — V.
nᵉ 575.

**JUGE** D'INSTRUCTION, JUGE COMMIS, ETC.
Indemnité de voyage. — V. nᵉ 363.
Modèle de mémoire. — V. nᵉ 364.

Nᵉ 363. — Lorsqu'un juge d'instruction, ou le juge
commis soit pour un interrogatoire en interdiction d'office,
soit pour recevoir les révélations d'un condamné, se
transporte à une distance qui n'excède pas 5 kilomètres,
il n'a droit à aucune indemnité.

S'il se transporte à plus de 5 kilomètres de son domicile,
il a droit à une indemnité de 9 fr. par jour.

S'il se transporte à plus de 2 myriamètres, cette indemnité est de 12 fr. par jour.

Au moyen de cette indemnité le juge ne peut rien obtenir pour frais de voyage, de nourriture ni de séjour.
(*Règlement*, art. 88. )

Pour le calcul de ces distances, — V. nᵉ 184.

Ces frais sont supportés comme les autres frais d'instruction.

Nᵉ 364. — *Modèle de mémoire.* — Le paiement de l'indemnité allouée aux juges est fait sur un mémoire conforme au tableau nº 11 placé à la fin de ce volume.

Ce mémoire est rédigé par triple expédition. L'une des
copies est écrite sur papier timbré. (*Règlement*, art. 145.)

Néanmoins, si le mémoire ne s'élève pas à plus de dix
francs, les trois copies sont écrites sur papier libre.
(*Règlement*, art. 146.)

**JUGE** DE PAIX.

Nᵉ 365. — Lorsque les juges de paix agissent en matière criminelle, correctionnelle ou de simple police, ils ont droit aux mêmes indemnités de voyage que les juges des tribunaux de première instance, suivant les distinctions portées à la nᵉ 363.

Leur mémoire doit être conforme au modèle de la nᵉ 364. Pour leurs vacations en interdiction d'office, — V. nᵉ 162. — S'ils sont délégués pour procéder à un interrogatoire en interdiction d'office, ils doivent obtenir la même indemnité de voyage que recevrait le juge dans le cas prévu dans la nᵉ 353.

## JUGEMENS

Contradictoires ou par défaut. — V. nᵉ 368.

Enregistrement. — V. nᵉ 367.

Expéditions. — V. nᵉ 218.

Frais ordinaires d'un jugement en police correctionnelle. — V. nᵉ 369.

En simple police.
— V. nᵉ 370.

Liquidation des frais. — V. nᵉ 392.

Rédaction. — V. nᵉ 366.

Timbre. — V. nᵉ 367.

Nᵉ 366. — *Rédaction des jugemens.* — Elle ne procure aucun émolument aux greffiers, à qui, dans quelques tribunaux, elle est confiée par les présidens.

Cette rédaction doit être concise, mais il faut toutefois qu'elle contienne les développemens nécessaires pour éviter toute obscurité.

Les jugemens doivent contenir : 1º les nom, prénoms, profession et domicile de la partie civile s'il y en a une en cause : si le ministère public poursuit directement, le jugement doit en faire mention ;

2° Les nom, prénoms, âge, profession, demeure et lieu de naissance des inculpés ;

3° Les conclusions des parties ;

4° L'exposé succinct des faits de la cause et des principaux actes de la procédure ;

5° La mention de la lecture des procès-verbaux et de l'interrogatoire de l'inculpé ;

6° Le constat des formalités prescrites pour l'audition des témoins ;

7° La mention du resumé et les conclusions du ministère public ;

8° Les questions à juger ;

9° Les motifs de la décision du tribunal ;

10° Le dispositif : si le jugement prononce une condamnation, on doit y insérer littéralement le texte de la loi dont il est fait application ;

11° La fixation de la durée de la contrainte par corps qui pourra être exercée pour le recouvrement des condamnations pécuniaires.

N° 367. — *Enregistrement, timbre.* — Tous les jugemens et les arrêts en matière correctionnelle ou de simple police sont soumis à la double formalité du timbre et de l'enregistrement. Pour le timbre, — V. n° 245. — Le droit d'enregistrement est de 1 fr. 10 c., sauf les droits plus forts s'il y a condamnation à des dommages-intérêts ou à des restitutions. — V. *Dommages-intérêts*, n° 188.

Le droit est payé au comptant s'il y a en cause une partie civile qui n'a pas justifié de son indigence, ou si l'administration des contributions indirectes, ou celle des postes lorsqu'il s'agit du transport frauduleux des dépêches, est intéressée dans la cause ; dans les autres cas le droit d'enregistrement est compté en débet.

Nᵉ 368. — *Jugemens soit contradictoires, soit par défaut.* — Ces jugemens sont tous soumis aux mêmes droits d'enregistrement et de timbre.

Nᵉ 369. — *Frais ordinaires d'une action en police correctionnelle.* — Ces frais sont :

| | ENRE-GISTRᵗ. | TIMBRE | AUTRES DROITS | TOTAL. |
|---|---|---|---|---|
| Procès-verbal. — V. nᵉ 538. | » » | » » | » » | » » |
| Citation au défendeur. — V. nᵉ 102. | » » | » » | » » | » » |
| Extraction de prisⁿ s'il y a lieu.—V. nᵉ 236. | » » | » » | » » | » » |
| Citation aux témoins. — V. nᵉ 102. | » » | » » | » » | » » |
| Notes tenues à l'audience. — V. nᵉ 204. | » » | » » | » » | » » |
| Taxe aux témoins. — V. nᵉ 586. | » » | » » | » » | » » |
| Taxe aux experts s'il y a lieu.—V. nᵉ 227. | » » | » » | » » | » » |
| Enregistrement. — V. nᵉ 367. | » » | » » | » » | » » |
| Feuille d'audience. — V. nᵉ 367. | » » | » » | » » | » » |
| Droit pour l'obtention du jugement s'il y a lieu. — V. nᵉ 79. | » » | » » | » » | » » |
| Expédition s'il y a lieu. — V. nᵉ 218. | » » | » » | » » | » » |
| Extrait. — V. nᵉ 237. | » » | » » | » » | » » |

Nᵉ 370. — *Frais ordinaires d'un jugement en matière de simple police.* — Ces frais sont :

| | ENRE-GISTRᵗ. | TIMBRE | AUTRES DROITS | TOTAL. |
|---|---|---|---|---|
| Procès-verbal. | » » | » » | » » | » » |
| Citation au défendʳ s'il y a lieu.—V. nᵉ 102 | » » | » » | » » | » » |
| Aux témoins s'il y a lieu. — V. nᵉ 102 | » » | » » | » » | » » |
| Taxe aux témoins s'il y a lieu. —V. nᵉ 586 | » » | » » | » » | » » |
| Aux experts s'il y a lieu. —V. nᵉ 227 | » » | » » | » » | » » |
| Enregistrement. —V. nᵉ 367. | » » | » » | » » | » » |
| Feuille d'audience. — V. nᵉ 367. | » » | » » | » » | » » |
| Expédition. — V. nᵉ 218. | » » | » » | » » | » » |
| Extraits. — V. nᵉ 237. | » » | » » | » » | » » |

## JURÉS.

Affiches de l'arrêt contre un juré défaillant.—V. nᵉˢ 2 et s.

Amende. — V. n<sup>e</sup> 373.

Certificats. — V. n<sup>e</sup> 372.

Citation. — V. n<sup>e</sup> 371.

Expédition de l'arrêt. — V. n<sup>e</sup> 374.

Formule de taxe. — V. n<sup>e</sup> 378.

Impression de l'arrêt qui prononce l'amende. — V. n<sup>e</sup> 341.

Séjour forcé en route. — V. n<sup>e</sup> 376.

Séjour dans la ville où se tiennent les assises. — V. n<sup>e</sup> 377.

Voyage. — V. n<sup>e</sup> 375.

N<sup>e</sup> 371. — *Citation aux jurés.* — Si les jurés sont appelés par un huissier, les frais de l'acte sont les mêmes que ceux d'une citation ordinaire. — V. n<sup>e</sup> 102. — Ces frais ne sont jamais à la charge des accusés.

N<sup>e</sup> 372. — *Certificats.* — Ceux que les jurés peuvent faire présenter à la cour d'assises pour constater leur état de maladie, ou tout autre obstacle qui les empêche de se rendre aux assises, sont écrits sur papier timbré; ils ne sont pas soumis à la formalité de l'enregistrement.

N<sup>e</sup> 373. — *Amende, arrêt.* — Le juré qui, sans excuse légitime, ne s'est pas rendu à son poste, ou s'est retiré avant l'expiration de ses fonctions, est passible, pour la première fois, d'une amende de 550 fr.; pour la seconde fois, d'une amende de 1,100 fr.; et, pour la troisième, d'une amende de 1,650 fr.

L'arrêt qui prononce cette amende doit être écrit sur papier visé pour timbre; il est enregistré en débet au droit de 1 fr. 10 c.

N<sup>e</sup> 374. — *Expédition de cet arrêt.* — Si l'expédition de cet arrêt était nécessaire au ministère public, elle serait faite sur papier visé pour timbre. Les frais en seraient les mêmes qu'à la note 222.

N° 375. — *Voyage.* — Le juré qui ne demeure pas dans la commune où se tiennent les assises obtient, sur sa réquisition, une indemnité calculée sur la distance qui existe entre le chef-lieu de la commune de sa résidence et la ville où se tiennent les assises. Cette indemnité est de 2 fr. 50 c. par chaque myriamètre parcouru tant pour aller au lieu où se tiennent les assises que pour revenir à sa résidence. (*Réglement*, art. 91.) L'art. 94 du Réglement est abrogé par l'art. 4 du Décret du 7 avril 1813.

Pour le calcul du nombre des myriamètres admis en taxe, — V. n° 185 et le tableau de la note 186.

N° 376. — *Séjour forcé en route.* — Le juré qui, dans le cours de son voyage, est arrêté par force majeure, a droit à une indemnité de 2 francs pour chaque journée de séjour. (*Réglement*, art. 95.)

N° 377. — *Séjour dans la ville où se tiennent les assises.* — Les jurés n'obtiennent aucune indemnité pour ce séjour. (*Réglement*, art. 96.)

N° 378. — *Formule de taxe.*

Taxé, sur sa réquisition, au sieur *N*             , domicilié à          , canton d         , arrondissement de        , la somme de       pour *(nombre de)* . myriamètres parcourus, en exécution des articles 35 et 91, n° 1er, du Réglement du 18 juin 1811.

A           , le               183    .

*(Signature du)* juré.        *(Signature du)* président.

S'il y a lieu à allouer au juré une indemnité de séjour

forcé en route, on doit ajouter à la formule précédente, et avant la date, ce qui suit :

Et                    francs pour *(nombre de)* jours de séjour forcé à                    , constaté par le certificat ci-joint, en vertu de l'art. 95, n° 1er, du même Réglement.

La taxe allouée aux jurés est, dans tous les cas, à la charge de l'état, et sans recours contre les condamnés. (*Réglement,* art. 162.)

**LECTURE** D'ARRÈT CONTRE UN PARRICIDE.
V. *Huissier,* n° 323.

**LETTRES** ET PAQUETS.
V. *Port de lettres,* n° 478.

**LIBERTÉ** PROVISOIRE SOUS CAUTION.
Consignation de deniers. — V. n° 386.
Contrainte par corps. — V. n° 125.
Décharge de la caution. — V. n° 389.
Discussion de la caution offerte. — V. n° 383.
Fixation du montant du cautionnement. — V. n° 382.
Inscription hypothécaire. — V. n° 388.
Notification de la requête à la partie civile. — V. n° 380.
Opposition de la partie civile. — V. n° 381.
Ordonnance qui admet ou rejette la demande. — V. n° 384.
Poursuites contre la caution. — V. n° 387.
Présentation de la caution. — V. n° 383.
Radiation de l'inscription. — V. n° 391.
Requête pour demander la liberté. — V. n° 379.
Soumission de la caution. — V. n° 385.

N° 379. — *Requête du prévenu pour demander sa liberté*

*provisoire.* — Cette requête est écrite sur papier timbré ; elle n'est pas soumise à l'enregistrement. Il n'est pas nécessaire qu'elle soit signée par un avoué. Sa rédaction ne procure aucun émolument spécial à son auteur. — V. néanmoins *Avoués*, nᵉ 82. — Elle doit contenir élection de domicile dans le lieu où siége le tribunal.

Cette requête doit aussi contenir la désignation de l'individu qu'on offre pour caution. Par là on met le tribunal à portée de statuer, par une seule ordonnance, tant sur la demande en liberté provisoire que sur la réception de la caution ; on évite ainsi des délais et des frais.

Nᵉ 380. — *Notification de cette requête à la partie civile.* — S'il y a en cause une partie civile, la requête doit lui être notifiée. Les frais de cette notification sont les mêmes que ceux d'une citation ordinaire. ( *Réglement,* art. 71 , nº 1ᵉʳ.) Ainsi — V. nᵉ 102 ; — pour le droit de copie de pièces , — V. nᶜ 147.

Nᵉ 381. — *Opposition de la partie civile.* — Ses moyens d'opposition sont fournis par une requête ; il en est de même de la réponse du demandeur : ces requêtes sont écrites sur papier timbré. Néanmoins , si la partie civile a justifié de son indigence , sa requête est écrite sur papier visé pour timbre.

Il n'est pas nécessaire que ces requêtes soient signées par un avoué ; leur rédaction n'entraîne aucuns frais qui puissent être mis à la charge de l'adversaire. — V. nᵉ 80.

Nᵉ 382. — *Fixation du montant du cautionnement.* — Ce cautionnement ne peut jamais être au-dessous de 500 fr.

Si la peine était à la fois l'emprisonnement et une amende dont le double excédât 500 fr. , le cautionnement ne pourrait pas être de plus du double de cette amende.

S'il est résulté du délit un dommage appréciable en argent, le cautionnement doit être fixé au triple de la valeur du dommage. Ce dommage est arbitré, pour cet effet seulement, par le juge d'instruction. Le cautionnement ne peut être au-dessous de 500 fr. (*Code d'instruction criminelle*, art. 119.)

La fixation du cautionnement appartient au juge d'instruction seul; mais, puisque ce magistrat concourt nécessairement à l'ordonnance qui accorde la liberté provisoire, il peut, pour éviter des délais et des frais, y faire insérer sa décision sur la quotité du cautionnement.

N° 383. — *Présentation et discussion de la caution offerte.* — Si la requête tendant à obtenir la liberté provisoire ne contient pas la désignation de la caution offerte, ou si la première caution présentée n'est pas admise, le demandeur doit, dans une nouvelle requête, offrir la caution. Il signifie cette requête à la partie civile s'il y en a une en cause; il remplit enfin les mêmes formalités que pour la demande principale. Pour les frais de ces divers actes, — V. n°ˢ 379 et suiv.

N° 384. — *Ordonnance qui admet ou qui rejette la demande du détenu.* — Cette ordonnance est enregistrée au droit de 1 fr. 10 c.; elle est écrite sur papier timbré; elle peut être mise au bas de la requête.

N° 385. — *Soumission de la caution.* — Cette soumission peut être faite devant notaire. Les frais en sont les mêmes pour la minute et pour l'expédition que pour les autres actes des notaires. Le droit d'enregistrement est de 55 centimes par 100 fr.

Cette soumission peut aussi être faite au greffe du tribunal; les frais sont alors beaucoup moins considérables·

L'acte est écrit sur papier timbré ; il est enregistré au comptant au droit de 55 c. par 100 fr. Son expédition est écrite sur papier timbré. Pour les frais de cette expédition, — V. le tableau de la note 222, 1<sup>re</sup> colonne.

N<sup>e</sup> 386. — *Consignation.* — Si le détenu ou le tiers qui se porte caution veut consigner le montant du cautionnement, le dépôt des deniers est fait à la caisse des consignations ; il n'entraîne d'autres frais que le prix du papier timbré sur lequel est écrite la reconnaissance du receveur.

N<sup>e</sup> 387. — *Poursuites contre la caution.* — Si le cas y échoit, et sur la demande soit du ministère public, soit de la partie civile, le juge d'instruction rend une ordonnance pour exiger le paiement du cautionnement.

La requête de la partie civile est écrite sur papier timbré, à moins que cette partie n'ait justifié de son indigence. Cette requête n'est pas enregistrée.

L'ordonnance est ordinairement écrite à la suite de la requête ; elle est enregistrée au droit fixe de 1 fr. 10 c. Ce droit est perçu au comptant s'il y a en cause une partie civile qui n'ait pas justifié de son indigence ; dans les autres cas il est compté en débet.

L'expédition de cette ordonnance est faite sur papier timbré lorsqu'elle est requise par une partie civile qui n'a pas justifié de son indigence ; dans les autres cas cette expédition est faite sur papier visé pour timbre. Pour le prix de cette expédition, — V. n<sup>e</sup> 222.

Le paiement des sommes dues par la caution peut être poursuivi par toutes voies de droit, même par la contrainte par corps.

Les frais de ces poursuites sont taxés conformément au tarif réglé pour la procédure civile, excepté ceux de la contrainte par corps, pour lesquels, — V. n⁰ 127. — Ces frais ne sont jamais imputés sur les fonds généraux des frais de justice criminelle. (*Réglement*, art. 127.)

N⁰ 388. — *Inscription hypothécaire.* — Les frais de cette inscription sont les mêmes qu'en matière civile : si elle est requise par une partie civile qui n'ait pas justifié de son indigence, les bordereaux sont écrits sur papier timbré ; les droits du trésor et le salaire du conservateur sont payés au comptant.

Dans les autres cas, et lorsque cette inscription est requise par le procureur du roi, les frais en sont comptés comme aux n⁰ˢ 344 et suiv.

N⁰ 389. — *Décharge de la caution.* — L'ordonnance qui déclare qu'il n'y a lieu à poursuivre, l'arrêt ou le jugement qui relaxe le prévenu doit prononcer la décharge de la caution ou la restitution des sommes consignées. Cette disposition n'entraîne aucuns frais.

Lorsque l'individu qui avait obtenu sa liberté provisoire a satisfait aux condamnations pécuniaires prononcées contre lui, et lorsqu'il s'est constitué prisonnier s'il y a lieu, la décharge de la caution et la restitution des sommes déposées doivent être ordonnées par la chambre du conseil qui avait accordé la liberté provisoire.

La requête que doit présenter la caution est écrite sur papier timbré. L'ordonnance est mise à la suite ; elle est enregistrée au comptant au droit de 1 fr. 10 c.

L'expédition de cette ordonnance est faite sur papier timbré. Pour ses frais, — V. n⁰ 222, 1ʳᵉ colonne.

N⁰ 390. — *Restitution des sommes consignées.* — Au vu de l'expédition de l'ordonnance ou du jugement désignés en la note précédente, le receveur des consignations doit restituer les sommes qu'il a reçues ou qui sont encore entre ses mains, après les déductions de droit.

S'il s'élève quelque contestation sur cette restitution, les frais en sont taxés comme en matière civile. (*Réglement*, art. 126 et 128.)

Nᵉ 391. — *Radiation de l'inscription.* — Sur la représentation de l'expédition désignée dans les deux notes précédentes le conservateur doit rayer l'inscription. Les frais de cette radiation sont : 1 fr. pour le salaire du conservateur, et 35 centimes pour le timbre du certificat. Ces frais sont à la charge de celui qui demande la radiation, sauf son recours contre l'individu qu'il a cautionné.

**LIQUIDATION** DES FRAIS.

    Observations générales. — V. nᵉ 392.

    Copie de l'état de liquidation. — V. nᵉ 396.

    Forme de l'état de liquidation. — V. nᵉ 395.

    Frais qui doivent être compris dans cet état. — V. nᵉ 394.

    Par qui est faite cette liquidation. — V. nᵉ 393.

    Taxe. — V. nᵉ 583.

Nᵉ 392. — *Observations générales.* — Pour chaque affaire criminelle, correctionnelle et de simple police il doit être dressé un état de frais. Cet état, liquidé par le juge compétent, doit être inséré dans l'ordonnance de mise en liberté, dans l'arrêt ou le jugement de condamnation d'absolution ou d'acquittement. Si cette insertion n'a pu avoir lieu, le juge décerne, au bas de cet état, un exécutoire contre qui de droit. (*Réglement*, art. 163.) — V. *Exécutoire*, nᵉ 214.

N᷏ 393. — *Par qui est faite cette liquidation.* — **Dans les** causes de police simple ou de police correctionnelle avec partie civile c'est la partie à qui sont adjugés les dépens qui doit en dresser l'état ; dans les autres causes cet état est rédigé par le greffier. Dans tous les cas ces états sont soumis à la taxe du juge. — **V.** *Taxe,* n᷏ 583.

N᷏ 394. — *Frais qui doivent être compris dans ces états.* — **Les** frais désignés dans la note 256 ne sont jamais compris dans ces états. Tous les autres frais, depuis et compris ceux des procès-verbaux qui constatent les crimes ; les délits ou les contraventions, jusqu'à ceux des arrêts , jugemens et de leurs extraits , doivent y être portés.

Non–seulement les droits alloués aux huissiers , aux gendarmes et aux greffiers doivent être compris , mais encore les indemnités allouées aux magistrats qui se sont transportés sur les lieux, celles des experts , médecins , sages–femmes , et le prix des dépenses extraordinaires.

Pour éviter toute omission il est indispensable de joindre à chaque procédure des notes exactes de toutes les taxes qui sont accordées lorsque ces taxes ne sont pas mises au bas d'une pièce qui fait partie de la procédure. (*Instruction,* page 139.)

N᷏ 395. — *Forme de l'état de liquidation.* — **Cet** état doit être rédigé dans la forme prescrite par l'Instruction générale du 30 septembre 1826. — **V.** le 12᷏ tableau à la fin du volume.

Il ne suffit pas que cet état fixe avec exactitude le montant de tous les frais , il faut qu'il soit rédigé de manière à rendre facile l'examen des magistrats chargés de sa vé–rification.

Il doit être divisé en autant d'articles qu'il y a d'actes dans la procédure et d'objets particuliers de dépense. Il n'est fait qu'un seul article pour tous les frais du même acte, tels qu'enregistrement, timbre, émolument des experts, greffiers, huissiers, etc.

Il convient de séparer ces diverses espèces de frais, et de porter sur une même colonne tous les droits d'enregistrement ; sur une seconde colonne, tous les droits de timbre, et sur une troisième colonne, tous les autres droits.

N° 396. — *Copie de l'état de liquidation.* — Lorsque les frais d'une procédure sont liquidés par un exécutoire, le greffier doit en donner copie au receveur de l'enregistrement ; il lui est alloué, pour cette copie, 5 centimes par article. (*Réglement*, art. 51.)

**LISTES** DES JURÉS, DES TÉMOINS.

N° 397. — La copie de ces listes que le greffier peut être obligé de transcrire ne lui procure aucun émolument.

L'acte portant signification à l'accusé de chacune de ces listes procure à l'huissier le même émolument qu'une citation ordinaire. — V. n° 102.

Pour la transcription de la liste des jurés on doit allouer à l'huissier un rôle de copies de pièces. Pour la transcription de la liste des témoins l'huissier n'obtient aucun émolument spécial si cette liste ne comprend pas plus de trente témoins. On lui alloue un rôle de copies de pièces s'il y a de trente-un à soixante témoins ; on lui en alloue deux s'il y a de soixante-un à quatre-vingt-dix témoins ; ainsi de suite, en comptant trente témoins pour un rôle.

## MAGISTRATS.

N° 398. — Les magistrats n'obtiennent une indemnité , à l'occasion de l'exercice de leurs fonctions , que lorsqu'ils s'éloignent de plus de 5 kilomètres du lieu de leur résidence.

V. Conseillers , n°ˢ 116 et suiv.

Juges , n° 363.

Juges de paix , n° 365.

Procureurs du roi , n° 456.

Procureurs généraux , n° 455.

Lorsqu'ils sont appelés en témoignage , ils obtiennent les mêmes indemnités de voyage et de séjour que les autres témoins ; mais jamais ils n'ont droit à la taxe allouée aux témoins pour simple déposition.

## MANDATS

D'amener. — V. n°ˢ 21 et suiv.

D'arrêt. — V. n° 56.

De comparution. — V. n° 113.

De dépôt. — V. n° 175.

De dépôt après mandat d'amener. — V. n° 25.

## MANDEMENS EXPRÈS.

Cas où il y a lieu à ce mandement. — V. n° 399.

Formalités de ce mandement. — V. n° 400.

N° 399. — *Cas où il y a lieu à délivrer un mandement exprès.* — En matière criminelle, correctionnelle ou de simple police les huissiers ne doivent pas instrumenter hors du canton de leur résidence. (*Décret du 14 juin* 1813, art. 27 et 29. ) — V. n°ˢ 315 et 316. — Néanmoins il est quelquefois nécessaire de recourir à un huissier d'un canton voisin , par exemple lorsque , pour cause d'absence , de maladie , de parenté , aucun des huissiers du canton ne peut

être chargé de l'exécution d'un acte ; par exemple encore
lorsqu'une partie ou un témoin ne pourrait pas être
cité à temps si l'on était obligé de s'adresser à l'huissier
du canton de sa résidence.

Dans ces cas et dans les autres analogues les juges
d'instruction et les procureurs du roi peuvent commettre
un huissier d'un canton voisin : cette commission est donnée par un mandement exprès.

Nᵉ 400. — *Formalités du mandement exprès.* — Ce mandement doit contenir le nom de l'huissier commis ; la
désignation du nombre et de la nature des actes ; l'indication du lieu où ils doivent être exécutés, et les causes qui
rendent nécessaire cette commission spéciale. (*Réglement,*
art. 84. )

Si les magistrats se bornaient à motiver ce mandement
par une vague allégation d'urgence , le mandement serait
regardé comme nul. (*Instruction générale,* page 87. ) Il est
indispensable d'expliquer , dans le mandement, les circonstances qui constituent cette urgence.

Le mandement doit toujours être joint au mémoire de
l'huissier. (*Réglement,* art. 84. )

Le mandement est écrit sur papier libre ; il n'entraîne
aucuns frais.

**MÉDECINS** ET CHIRURGIENS.
Observations générales. — V. nᵉ 401.
Avertissement. — V. nᵉ 77.
Enregistrement. — V. nᵉ 406.
Experts. — V. nᵉ 415.
Fournitures. — V. nᵉ 249.
Médecins des prisons. — V. nᵉ 408.
Modèle de mémoire. — V. nᵉ 413.

Nombre des médecins appelés. — V. n<sup>e</sup> 407.

Opérations plus difficiles que la simple visite. — V. n<sup>e</sup> 404.

Ouverture de cadavre. — V. n<sup>e</sup> 403.

Paiement du mémoire des médecins. — V. n<sup>e</sup> 414.

Pansemens. — V. n<sup>es</sup> 402 et 405.

Prescription. — V. n<sup>e</sup> 425.

Rapport. — V. n<sup>es</sup> 402 et 406.

Séjour forcé en route. — V. n<sup>e</sup> 411.

       Dans la ville où se fait l'instruction.—V. n<sup>e</sup> 412.

Témoin. — V. n<sup>e</sup> 415.

Timbre. — V. n<sup>e</sup> 406.

Visite. — V. n<sup>e</sup> 402.

Voyage. — V. n<sup>e</sup> 409.

N<sup>e</sup> 401. — *Observations générales.* — Les officiers de santé et les chirurgiens reçoivent les mêmes indemnités que les médecins.

Ces indemnités, telles que la loi permet aux magistrats de les fixer, sont bien rarement le juste prix des soins que les médecins consacrent aux opérations que la justice leur confie. Cet emploi de leur zèle et de leurs talens est le plus souvent un sacrifice qu'ils font à l'intérêt public.

N<sup>e</sup> 402. — *Visite : premier pansement.* — Le médecin appelé par un magistrat pour lui faire connaître l'état d'un individu n'obtient qu'une seule et même indemnité tant pour visiter le malade que pour faire le premier pansement et rédiger son rapport.

Cette indemnité est fixée ainsi qu'il suit ( *Réglement,* art. 17 , n<sup>o</sup> 1<sup>er</sup> ) :

A Paris. . . . . . . . . . . . . . . . . . . . . . . . . . . . 6 »

Dans les villes de 40,000 habitans et au-dessus. . 5 »

Dans les autres villes et communes. . . . . . . . . 3 »

Si le premier pansement était difficile, on devrait le considérer comme une opération plus difficile que la simple visite, et attribuer l'indemnité fixée à la n⁰ 403.

Si le pansement a nécessité des fournitures, le prix en est remboursé au médecin. — V. nᵉ 249.

S'il y a lieu à une seconde visite pour connaître les changemens survenus dans l'état du malade, le médecin doit attendre une nouvelle réquisition du magistrat.

Pour le timbre du rapport, — V. nᵉ 406.

Si le médecin est obligé de s'éloigner du lieu de sa résidence, — V. nᵉˢ 409, 411 et 412.

Nᵉ 403. — *Ouverture de cadavre.* — Le médecin qui procède à l'ouverture d'un cadavre sur la réquisition d'un juge d'instruction, d'un procureur du roi ou d'un autre officier de police judiciaire, obtient, tant pour cette opération que pour la rédaction de son rapport (*Réglement,* art. 17, n⁰ 2) :

A Paris. . . . . . . . . . . . . . . . . . . . . . . . . 15 »
Dans les villes de 40,000 habitans et au-dessus. . 12 »
Dans les autres villes et communes. . . . . . . . . 8 »

Il obtient en outre, s'il y a lieu, une indemnité de voyage. — V. nᵉˢ 409, 411 et 412.

Pour les frais d'exhumation s'il y a lieu, — V. nᵉ 216.

Pour les fournitures, — V. nᵉ 249.

Nᵉ 404. — *Opérations plus difficiles que la simple visite.* — Lorsque le médecin est obligé de faire quelque opération pour connaître l'état du malade et pour établir le premier pansement, il a droit aux indemnités qui sont fixées dans la note précédente.

Pour voyage s'il y a lieu, — V. nᵉˢ 409, 411 et 412.

Pour fournitures, — V. nᵉ 249.

**N** 405. — *Premier pansement, pansemens subséquens.* — L'indemnité allouée aux médecins pour leur visite ou pour une opération plus difficile sert aussi de prix pour le premier pansement qu'ils sont obligés de faire. — V. nᵉ402.

Quant aux pansemens postérieurs aux opérations requises par le juge, ils ne sont pas considérés comme frais de justice criminelle, et ne peuvent jamais être portés dans les mémoires à la charge du trésor.

**N** 406. — *Rapport, enregistrement, timbre.* — La rédaction de leurs rapports ne procure jamais aucun émolument spécial aux médecins. Ces rapports sont exempts de timbre et d'enregistrement.

**N** 407. — *Nombre des médecins appelés à une même opération.* — En général un seul médecin est appelé ; mais, lorsque les circonstances paraissent graves, il convient d'en appeler deux, et quelquefois même un troisième pour concourir au même rapport.

Chacun des médecins **a** droit à toute l'indemnité fixée aux nᵉˢ 402 et suiv.

**N** 408. — *Médecins des prisons.* — Un traitement étant accordé aux médecins et chirurgiens des prisons, ils sont obligés non-seulement de soigner et de traiter les détenus malades ou blessés depuis le moment où ils entrent dans la prison jusqu'à leur sortie, mais encore de rendre compte à l'autorité de l'état dans lequel ils se trouvent durant cet intervalle. Ils n'obtiennent jamais l'indemnité fixée par le nᵒ 1ᵉʳ de l'art. 17 du Réglement ; mais ils ont droit à l'indemnité fixée par le second numéro du même article. (*Instruction générale,* page 37.) Ainsi il leur est alloué, pour une opération plus difficile que la simple visite et pour leur rapport :

A Paris. . . . . . . . . . . . . . . . . . 9    »

Dans les villes de 40,000 habitans et au-dessus   7    »

Dans les autres villes et communes. . . . . . . . 5    »

Si les médecins étaient chargés d'une opération hors de la prison à laquelle ils sont attachés, ils devraient obtenir toutes les indemnités allouées aux autres médecins.

Nᵉ 409. — *Voyage.* — Entre plusieurs médecins également capables on doit choisir ceux qui se trouvent sur les lieux où l'opération doit être faite, ou qui en sont le moins éloignés. ( *Instruction générale*, page 37. )

Le médecin chargé d'une opération judiciaire a droit à une indemnité de voyage lorsqu'il se transporte dans une commune dont le chef-lieu est éloigné de plus de deux kilomètres du chef-lieu de la commune de sa résidence.

Cette indemnité est de 2 fr. 50 c. pour chaque myriamètre parcouru en se rendant au lieu de l'opération, et de pareille somme pour le retour. ( *Réglement*, art. 91. ) L'article 94 du Réglement est abrogé par l'art. 4 du Décret du 7 avril 1813.

Pour le calcul du nombre des myriamètres qui doivent être admis en taxe, — V. nᵉ 185.

## Nᵉ 410.    TABLEAU

### DE L'INDEMNITÉ DE VOYAGE ALLOUÉE AUX MÉDECINS, CHIRURGIENS, ETC.

| KILOMÈTRES MARQUÉS SUR LES TABLEAUX DES DISTANCES. | | | DEMI-MYRIAMÈTRES ADMIS EN TAXE. | SOMMES ALLOUÉES. | |
|---|---|---|---|---|---|
| 1 | 2 | | » | » | » |
| 3 | | | 1 | 1 | 25 |
| 4 | 5 | 6 | 2 | 2 | 50 |
| 7 | 8 | | 3 | 3 | 75 |
| 9 | 10 | 11 | 4 | 5 | » |

| KILOMÈTRES MARQUÉS SUR LES TABLEAUX DES DISTANCES. | | | DEMI-MYRIAMÈTRES ADMIS EN TAXE. | SOMMES ALLOUÉES. | |
|---|---|---|---|---|---|
| 12 | 13 | ...... | 5....... | 6 | 25 |
| 14 | 15 | 16...... | 6....... | 7 | 50 |
| 17 | 18 | ...... | 7....... | 8 | 75 |
| 19 | 20 | 21...... | 8....... | 10 | » |
| 22 | 23 | ...... | 9....... | 11 | 25 |
| 24 | 25 | 26...... | 10....... | 12 | 50 |
| 27 | 28 | ...... | 11....... | 13 | 75 |
| 29 | 30 | 31...... | 12....... | 15 | » |
| 32 | 33 | ...... | 13....... | 16 | 25 |
| 34 | 35 | 36...... | 14....... | 17 | 50 |
| 37 | 38 | ...... | 15....... | 18 | 75 |
| 39 | 40 | 41...... | 16....... | 20 | » |
| 42 | 43 | ...... | 17....... | 21 | 25 |
| 44 | 45 | 46...... | 18....... | 22 | 50 |
| 47 | 48 | ...... | 19....... | 23 | 75 |
| 49 | 50 | 51...... | 20....... | 25 | » |
| 52 | 53 | ...... | 21....... | 26 | 25 |
| 54 | 55 | 56...... | 22....... | 27 | 50 |
| 57 | 58 | ...... | 23....... | 28 | 75 |
| 59 | 60 | 61...... | 24....... | 30 | » |
| 62 | 63 | ...... | 25....... | 31 | 25 |

N° 411. — *Séjour forcé en route.* — Lorsqu'un médecin, soit en se rendant au lieu où il doit procéder à une opération ou même à une simple visite, soit à son retour, se trouve arrêté par force majeure dans le cours de son voyage, il obtient une indemnité de 2 francs pour chaque journée de séjour. (*Réglement,* art. 95.)

Pour le calcul du nombre des journées, — V. n° 571.

Pour les justifications à faire, — V. n° 572.

Nᶜ 412. — *Séjour prolongé dans la ville où se fait l'instruction.* — Lorsqu'un médecin est obligé de prolonger son séjour dans la ville où se fait l'instruction, et qui n'est pas celle de sa résidence, il a droit à une indemnité calculée sur le nombre des journées qu'a duré ce séjour. Cette indemnité est fixée par l'art. 96 du Réglement ainsi qu'il suit :

Si le séjour a lieu à Paris. . . . . . . . . . . . . 4    »

Dans une ville de 40,000 habitans et au-dessus   2 50

Dans les autres villes et communes. . . . . . . . 2   »

Pour le calcul du nombre des journées, — V. nᵉ 575.

Le jour où le médecin procède à une visite ou à une opération pour laquelle il lui est alloué des honoraires ne compte pas dans le nombre des journées pour lesquelles il lui est alloué une indemnité de séjour.

Nᶜ 413. — *Mémoire des honoraires dus aux médecins, chirurgiens, officiers de santé.* — Ce mémoire doit être conforme au modèle du tableau nº 13. — V. à la fin du volume.

Ce mémoire est rédigé par triple expédition. L'une des trois copies est écrite sur papier timbré ; les deux autres, sur papier libre. (*Réglement,* art. 145.)

Néanmoins, si le mémoire ne s'élève pas à plus de 10 francs, les trois copies sont écrites sur papier libre. (*Réglement,* art. 146.)

Un médecin peut comprendre dans le même mémoire toutes les opérations qu'il a faites dans le ressort d'un même tribunal, soit dans le même mois, soit dans le même trimestre, soit dans la même année, pourvu que la prescription ne soit pas acquise. — V. nᵉ 425.

Si plusieurs médecins ont concouru à la même opération, ils peuvent ne dresser qu'un seul mémoire. — V. nᵉ 423.

Pour les pièces qui doivent être annexées à ces mémoires, — V. nᵉ 424.

N<sup>e</sup> 414. — *Paiement de ce mémoire.* — S'il y a en cause une partie civile qui ait consigné, ou si, en matière correctionnelle, l'administration des contributions indirectes ou celle des postes est en cause, l'exécutoire pour les honoraires des médecins est décerné sur le greffier qui a reçu les fonds consignés, ou sur les receveurs de ces administrations.

Dans les autres cas, et lorsque les opérations ou les visites ont été requises par le juge d'instruction, par un procureur du roi ou par un de ses auxiliaires, les mémoires des médecins sont acquittés par le receveur de l'enregistrement.

N<sup>e</sup> 415. — *Experts, témoins.* — Lorsque des médecins, chirurgiens ou officiers de santé sont appelés en justice soit pour déposer comme témoins, soit pour procéder à une expertise, ils sont entièrement assimilés à des témoins, à des experts ordinaires. Ils obtiennent les mêmes indemnités que les simples particuliers appelés en témoignage ou comme experts. Si les médecins sont appelés aux débats ou devant le juge d'instruction à raison de leurs déclarations, visites ou rapports, ils obtiennent les mêmes indemnités, pour leur déposition et leur voyage, que les simples particuliers appelés en témoignage. La taxe est mise au bas de l'avertissement qui leur est donné.

La formule de cette taxe est la même que celle des experts. — V. n<sup>e</sup> 235.

**MÉMOIRES** DES CHIRURGIENS, EXPERTS, SAGES - FEMMES, ETC., POUR LE PAIEMENT DE LEURS HONORAIRES ET DE LEURS FOURNITURES.

Cas où il doit en être rédigé. — V. n<sup>e</sup> 416.

Deux ou plusieurs parties prenantes dans le même mémoire. — V. n<sup>e</sup> 423.

Exécutoire du juge. — V. nᵉ 419.

Formule de ces mémoires. — V. nᵉ 417.

Par qui ils sont payés. — V. nᵉ 426.

Pièces justificatives. — V. nᵉ 424.

Prescription. — V. nᵉ 425.

Réquisitoire du ministère public. — V. nᵉ 418.

Timbre. — V. nᵉ 417.

Visa du directeur de l'enregistrement. — V. nᵉ 422.

     Du préfet. — V. nᵉ 421.

Nᵉ 416. — *Cas où les experts, les médecins, etc., doivent rédiger un mémoire pour obtenir le paiement de leurs honoraires et de leurs fournitures.* — Les dépenses relatives à des fournitures ou opérations pour lesquelles les parties prenantes ne sont pas habituellement employées doivent être acquittées sur une simple taxe ou mandat de juge. (*Réglement,* art. 133 et 134.) D'après cette disposition , les médecins , les experts , etc., qui ne sont pas habituellement employés à des opérations judiciaires pourraient être payés sur un simple mandat du juge mis au bas de la réquisition.

Mais , d'après l'Instruction générale, page 39 , tous les médecins , chirurgiens et sages-femmes , pour obtenir le paiement de leurs honoraires sur le trésor public, doivent présenter un mémoire.

Nᵉ 417. — *Formule de ces mémoires, timbre.* — Ces mémoires seraient rejetés de la taxe et du *visa* s'ils comprenaient des dépenses autres que celles qui doivent être payées sur les fonds généraux des frais de justice criminelle, sauf aux parties à diviser leurs mémoires. (*Réglement,* art. 148.) Ces mémoires doivent, sous peine de rejet, être rédigés dans les formes prescrites par le ministère de la justice. (*Réglement,* art. 139.) Ces formules sont

tracées aux mots *Experts, Médecins, Sages-Femmes*, etc.
Ces mémoires doivent être rédigés par triple expédition.
L'une des copies est écrite sur papier timbré. (*Réglement,*
art. 145.) Néanmoins, si le mémoire ne s'élève pas à plus
de 10 francs, les trois copies sont écrites sur papier libre.
(*Réglement,* art. 146.) Lorsque la partie prenante a rédigé
son mémoire, elle doit demander le réquisitoire du ministère public ; le président ou le juge d'instruction délivre
son exécutoire à la suite du réquisitoire ; ce mémoire est
ensuite soumis au visa du préfet et du directeur de l'enregistrement ; toutes ces formalités sont remplies sans frais.
Ces mémoires doivent être dressés de manière que les officiers de justice et les préfets puissent y apposer leurs taxes,
réglement et visa ; autrement ils seraient rejetés. (*Réglement,* art. 144.)

N⁰ 418. — *Réquisitoire du ministère public.* — Ce réquisitoire, qui est écrit à la suite du mémoire et sur chacune
de ses copies, est conçu en ces termes :

Nous *(indiquer l'officier du ministère public),*
Vu l    article          du Réglement du 18 juin 1811, et les
pièces jointes au présent mémoire, requérons, conformément à l'article 140 du même Réglement, qu'il soit délivré exécutoire par *(indiquer ici le magistrat qui doit délivrer cet exécutoire),* sur la caisse
de l'administration de l'enregistrement et des domaines, pour la
somme de
       A                     , le            183   .

N⁰ 419. — *Exécutoire.* — En général cette formalité est
remplie par le président de la cour ou du tribunal dans le
ressort où les frais ont été faits. Néanmoins, dans plusieurs
cas, qui sont spécifiés aux articles qui les concernent, cet
exécutoire est décerné par le juge d'instruction.

Il est ainsi conçu :

Nous, président de la cour *(ou du tribunal de première instance
d                                , ou juge d'instruction) de                        ,
Vu le réquisitoire ci-dessus, et les pièces jointes au mémoire.
Avons arrêté et rendu exécutoire ledit mémoire pour la somme de
                       , montant de la taxe que nous en avons faite ;
et, attendu qu'il n'y a pas de partie civile en cause *(ou qu'elle a justifié de son indigence )*, ordonnons que cette somme sera payée à
                   , par le receveur de l'enregistrement d                    ,
sur les fonds généraux des frais de justice criminelle.
                A                        , le                        183    .

N° 420. — **Le juge qui décerne un exécutoire et l'officier du ministère public qui l'a requis sont responsables
de tout abus ou exagération dans les taxes solidairement
avec les parties prenantes, et sauf leur recours contre elles.**
(*Réglement*, art. 141. ) Ainsi le juge et le procureur du
roi doivent examiner avec le plus grand soin chaque
article des états qui leur sont soumis, et refuser toute
somme qui ne leur paraîtrait pas due.

N° 421. — *Visa du préfet.* — Ce visa n'est pas une pure
formalité ; il ne doit être délivré qu'après une exacte vérification de chacun des articles de dépenses portés dans les
états ou mémoires.

Le préfet réduit au taux convenable les sommes qui surpassent les fixations faites par la loi, et les articles non
tarifés qui lui paraissent exagérés.

Il rejette en totalité les dépenses non autorisées ou non
suffisamment justifiées, ainsi que celles qui ne rappellent
pas l'aricle qui les autorise.

Le préfet peut exiger la représentation des pièces à l'effet de vérifier les taxes soumises à sa révision. (*Réglement*,
art. 152. )

Le visa est ainsi conçu :

Nous , préfet du département d                    ,
Vu l'article 152 du Réglement du 18 juin 1811 ,
Avons vérifié le présent mémoire, et l'avons réglé à la somme de

A                         , le                    183  .

N⁰ 422. — *Visa du directeur de l'enregistrement.* — Les mémoires ne peuvent être acquittés par les receveurs de l'enregistrement qu'après qu'ils ont été revêtus de ce visa. Le directeur ne peut refuser son visa sur les mandats ou exécutoires qui sont régulièrement délivrés que dans les cas suivans : 1° s'il existe des saisies ou oppositions au préjudice des parties prenantes ; 2° si ces mandats ou exécutoires comprennent des dépenses autres que celles dont l'administration de l'enregistrement est chargée de faire l'avance sur les crédits ouverts au ministre de la justice. ( *Réglement,* art. 153. — *Décret* du 13 pluviôse an XIII , art. 2.)

N⁰ 423. — *Deux ou plusieurs parties prenantes.* — Si deux ou plusieurs experts, médecins, sages-femmes ou autres individus ont concouru aux mêmes opérations , ils peuvent dresser un mémoire collectif.

Chacune des trois expéditions du mémoire doit être signée et certifiée par toutes les parties prenantes. ( *Réglement,* art. 147. )

Le paiement de ce mémoire ne peut être fait que sur l'acquit individuel de toutes les parties prenantes, ou sur l'acquit de la personne qu'elles ont , expressément et par écrit , autorisée à toucher le montant du mémoire. Cette autorisation n'entraîne aucuns frais. ( *Réglement* , art. 147. )

Elle peut être écrite à la suite de l'affirmation du mémoire, et être ainsi conçue :

*Nous,*                , certifions véritable le présent mémoire , *etc. , et nous autorisons le sieur*        *à en recevoir le paiement intégral.*

N° 424. — *Pièces justificatives qui doivent être jointes au mémoire.* — Les pièces justificatives , telles que l'avertissement adressé par le juge aux experts ou aux médecins , les réquisitoires donnés aux entrepreneurs des convois militaires , etc., doivent toujours être joints aux mémoires. Quant aux fournitures , — V. n° 249.

N° 425. — *Prescription.* — Les exécutoires qui n'ont pas été présentés au visa du préfet dans le délai d'une année à compter du jour où ces frais ont été faits , et ceux dont le paiement n'a pas été réclamé dans les six mois de la date de ce visa , ne peuvent plus être acquittés , à moins qu'il ne soit justifié que le retard ne peut être imputé à la partie dénommée dans l'exécutoire.

Cette justification ne peut être admise que par le ministre de la justice après avoir pris l'avis des procureurs généraux ou des préfets s'il y a lieu. ( *Réglement,* art. 149. )

Néanmoins cette disposition s'applique seulement au cas où les frais compris dans ces exécutoires peuvent être imputés sur les fonds généraux des frais de justice criminelle. Dans les autres cas ce n'est pas le ministre de la justice , c'est le ministre duquel ressortit l'administration intéressée dans le procès qui doit admettre ou refuser la justification des causes du retard. (*Instruct. générale,* page 129.)

N° 426. — *Par qui doivent être payés ces mémoires.* — Il en est de ces frais comme de tous les autres frais d'instruction. — V. n<sup>es</sup> 68 et suiv.

. Les mémoires décernés sur la caisse de l'enregistrement

doivent être payés chez le receveur établi près le tribunal de qui ils émanent. ( *Réglement*, art. 154. ) Quant aux mandats pour frais urgens , tels que les taxes des témoins , ils sont payés par le receveur dans le ressort duquel ils ont été délivrés.

## MENDIANS.

Nᵉ 427. — Les frais de conduite des mendians qui doivent être traduits devant les tribunaux sont à la charge du ministère de la justice. Dans les autres cas ces frais de conduite sont à la charge du ministère de l'intérieur. ( *Réglement*, art. 3 , nᵒ 6. )

## MESSAGERIES.

Transport des procédures , etc. — V. nᵉ 428.
Transport des accusés , etc. — V. nᵉ 429.

Nᵉ 428. — *Transport des procédures et des effets servant à conviction ou à décharge.* — Lorsque les procédures et les pièces servant à conviction ou à décharge ne peuvent être , à raison de leur poids ou de leur volume , transportées par les gendarmes ou par la poste , elles peuvent être confiées aux messageries. ( *Réglement*, art. 9. )

Le magistrat qui ordonne ce transport doit indiquer , dans son ordre , qui est toujours écrit, la nature et le poids des objets à transporter , ainsi que le jour où ces objets doivent arriver à leur destination.

Le prix du transport est payé d'après le tarif ordinaire des messageries. Le paiement en est fait comme celui des frais ordinaires de justice. Pour la formule du mémoire , — V. le 14ᵉ tableau à la fin du volume.

Le directeur de la messagerie doit rédiger son mémoire par triple expédition. — V. *Mémoires* , nᵉˢ 417 et suiv.

Nᵉ 429. — *Transport des inculpés ou accusés.* — Lorsque, pour le transport des accusés ou inculpés, il est nécessaire d'employer les messageries, le prix des places occupées tant par l'inculpé que par les gendarmes qui l'escortent est payé d'après le tarif ordinaire. Si le prix n'est pas payé par les gendarmes ( V. nᵉ 281 ), il l'est sur un mémoire fourni par le directeur de la messagerie. — V. *Mémoires*, nᵉˢ 417 et suiv.

Mais, lorsque le transport est ordonné sur la demande de l'inculpé, les frais en sont avancés par cet individu.

## MILITAIRES appelés en témoignage.

Journées de déposition. — V. nᵉ 430.
Modèle de taxe. — V. nᵉ 432.
Séjour forcé en route. — V. nᵉ 431.
Séjour dans la ville où se fait l'instruction. — V. nᵉ 431.
Voyage. — V. nᵉ 433.

Nᵉ 430. — *Journées de déposition.* — Les militaires de tout grade, officiers, sous-officiers et soldats, lorsqu'ils sont en activité de service, n'obtiennent aucune indemnité pour déposer dans la ville où ils sont en garnison ou en cantonnement. ( *Réglement*, art. 31. )

Les militaires en retraite ou en non activité ont droit aux mêmes indemnités que les simples particuliers lorsqu'ils sont appelés en témoignage.

Nᵉ 431. — *Séjour forcé en route ; séjour dans la ville où se fait l'instruction.* — Les militaires en activité de service qui sont appelés en témoignage ont droit à une indemnité pour leur séjour dans un lieu autre que celui de leur garnison ou de leur cantonnement. ( *Réglement*, art. 31. ) Le jour de l'arrivée et le jour du départ ne doivent pas entrer dans le calcul du nombre des journées de séjour pour lesquelles il est alloué une indemnité. ( *Instruct. générale*, page 45. )

Il est alloué, pour chaque journée de séjour ( *Réglement*, art. 31 et 96, n° 2 ); savoir : aux officiers de tout grade :

Si le séjour a lieu à Paris . . . . . . . . . . . . . . 3 »
Dans une ville de 40,000 habitans et au-dessus 2 »
Dans les autres villes et communes. . . . . . . . 1 50
    Aux sous-officiers et soldats :
Si le séjour a lieu à Paris. . . . . . . . . . . . . 1 50
Dans une ville de 40,000 habitans et au-dessus 1 »
Dans les autres villes et communes. . . . . . . . . » 75

Pour le calcul du nombre des journées de séjour forcé en route, — V. n° 571.

Pour les justifications à produire, — V. n° 572.

Pour le calcul du nombre des journées de séjour dans la ville où se fait l'instruction., — V. n° 575.

N° 432. — *Modèle de taxe pour indemnité de séjour.* — Cette taxe doit désigner le nom, le grade, la garnison, du témoin. Elle est d'ailleurs conforme à la taxe des autres témoins. Elle doit être ainsi conçue :

Taxé, sur sa réquisition, à *(nom)*, soldat *(ou le grade)* au *(numéro)* régiment d *(désigner l'arme)*, en garnison *(ou en cantonnement)* à        , témoin entendu dans la procédure dirigée à l'occasion de *(désigner d'une manière spéciale l'espèce du crime, du délit ou de la contravention)*, la somme de
pour *(nombre de)* jours de séjour à                   ,
en vertu des articles 31 et 96, n° 2, du Réglement du 18 juin 1811 ;

Et, attendu *( le reste comme pour les témoins ordinaires )*. — V. n°s 606 et suiv.

N° 433. — *Voyage.* — Lorsque les militaires en activité

de service sont appelés en témoignage hors de leur garnison ou de leur cantonnement, ils n'obtiennent d'autre indemnité de route que celle qui est allouée, suivant le grade, par les réglemens militaires. La somme allouée pour cet objet n'entre pas dans le compte des frais de justice ; elle est payée sur les fonds du ministère de la guerre. La taxe n'en est pas faite par les membres des tribunaux.

**MINUTES.**
V. *Greffiers*, n° 295.

**NOTAIRES**
Dépositaires de pièces. Copies d'acte. — V. n° 435.
Séjour forcé en route. — V. n° 437.
Séjour dans le lieu où se fait l'instruction.
— V. n° 438.
Transport des pièces. — V. n° 434.
Vacations. — V. n° 436.
Voyage. — V. n° 439.
Experts. — V. n° 440.
Témoins. — V. n° 440.

N° 434. — *Transports des pièces arguées de faux ou des pièces de comparaison.* — Les notaires qui se trouvent détenteurs de ces pièces ont toujours le droit d'en faire en personne le transport et la remise, sans qu'on puisse les obliger à les confier à des tiers. (*Réglement,* art. 13.)

N° 435. — *Copie de ces pièces.* — Il doit rester, dans l'étude du notaire, une copie des minutes qu'il faut déplacer. Cette copie peut être faite par le notaire ; elle est collationnée devant le tribunal de son arrondissement. Cette copie est sur papier libre : qu'elle soit faite par le notaire ou par le greffier, le droit de copie est compté au même prix que les autres expéditions du greffe en matière criminelle.

Le notaire peut aussi obtenir une indemnité pour se rendre de sa résidence au lieu où siége le tribunal.

Pour l'indemnité de voyage , — V. n⁰ 439.

De séjour , — V. nᵉˢ 437 et 438.

Nᵉ 436. — *Vacations.* — Il est alloué , pour chaque vacation ( *Règlement* , art 13 ; — *Décret du* 16 *février* 1807 ) , aux notaires de Paris , Lyon , Bordeaux et Rouen   9    »

Aux notaires des villes où siége une cour royale , ou dont la population est de 30,000 ames. . . . . .   8  10

Aux notaires des autres villes et communes. . .   6  75

Pour le calcul du nombre des vacations , — V. nᵉ 632.

Nᵉ 437. — *Séjour forcé en route.* — Lorsqu'un notaire appelé comme dépositaire de pièces est arrêté en route par force majeure , il lui est alloué une indemnité de 2 fr. pour chaque journée de séjour. ( *Règlement,* art. 15 et 95.)

Pour le calcul du nombre des journées , — V. nᵉ 571.

Pour les justifications et procédures , — V. nᵉ 572.

Nᵉ 438. — *Séjour dans la ville où se fait l'instruction.* — Lorsque le notaire dépositaire de pièces est obligé de prolonger son séjour dans la ville où se fait l'instruction , il lui est alloué , pour chacun des jours pendant lesquels il n'obtient aucune vacation ( *Règlement,* art. 15 et 96) :

A Paris. . . . . . . . . . . . . . . . . . . . 4    »

Dans les villes de 40,000 habitans et au-dessus   2  50

Dans les autres villes et communes. . . . . . . . 2    »

Pour le calcul du nombre des journées , — V. nᵉ 575.

Nᵉ 439. — *Voyage.* — Lorsque le notaire dépositaire de pièces est obligé , soit pour faire le dépôt de ces pièces , soit pour les retirer, soit pour en faire collationner la copie, de se transporter dans une commune dont le chef-lieu est éloigné de plus de 2 kilomètres du chef-lieu de la commune où il réside, il lui est alloué, comme aux médecins, une indemnité de 2 fr. 50 c. pour chaque myriamètre parcouru. ( *Réglement*, art. 15 et 91. )

Pour le calcul du nombre des myriamètres, — V. nᵉ 185.

Pour la somme à allouer, — V., au mot *Médecin*, le tableau de la nᵉ 410.

Nᵉ 440. — *Experts, témoins.* — Les notaires appelés comme experts ou comme témoins obtiennent les mêmes indemnités que les simples particuliers.

## NOTARIAT.

Poursuites d'office pour infraction aux lois sur le notariat. — V. *Poursuites d'office*, nᵉ 507.

## NOTES DES DÉPOSITIONS

En police correctionnelle. — V. nᵉ 204.
En simple police. — V. nᵉ 204.
En matière criminelle. — V. nᵉ 203.

## NULLITÉS.

Nᵉ 441. — L'officier ministériel qui fait un acte nul ne peut exiger l'émolument fixé pour cet acte. Il doit même supporter personnellement les droits de timbre et d'enregistrement qu'a entraînés cet acte, sans préjudice aussi des dommages-intérêts auxquels il peut être condamné.

Mais, si la nullité ne peut être imputée à l'officier ministériel, si elle a été causée par l'inexactitude des renseignemens que lui a fournis la partie, l'émolument et les déboursés de l'acte sont dus en entier.

## OCTROIS.

N⁰ 442. — Si les octrois sont mis en ferme, les fermiers sont , quant aux frais de poursuite , considérés comme les simples particuliers qui se portent partie civile.

Si les octrois sont perçus par régie , les poursuites sont faites au nom des communes. Les frais en sont avancés et payés comme ceux des autres actions où les communes sont intéressées. — V. n⁰ 109.

## OFFICIERS DE L'ÉTAT CIVIL.

N⁰ 443. — Les frais des actes et procédures faits à la requête du ministère public contre les officiers de l'état civil, dans les cas prévus par les articles 50 , 53 et 192 du Code civil , sont taxés, payés et recouvrés comme frais de justice criminelle. ( *Réglement*, art. 121.)

## OFFICIERS DE POLICE JUDICIAIRE AUXILIAIRES DU PROCUREUR DU ROI.

N⁰ 444. — Les commissaires de police , les maires et leurs adjoints , les officiers de gendarmerie , peuvent , dans certains cas , faire les actes qui sont attribués au procureur du roi ; mais ils n'obtiennent pas l'indemnité de voyage accordée au procureur du roi par l'art. 88 du Réglement. Leurs actes sont exempts de timbre et d'enregistrement comme s'ils étaient faits par le procureur du roi ou le juge d'instruction.

S'il y a lieu d'ordonner quelque opération urgente , les frais en sont payés comme si l'opération avait été faite par ordre du juge d'instruction. Elle est ordonnancée par le fonctionnaire qui l'a commandée.

## OPPOSITION

A un arrêt ou jugement par défaut. — V. n⁰ 445.

A une ordonnance de la chambre du conseil. — V. nᵉ 446.

**Nᵉ 445.** — *Opposition à un arrêt ou jugement par défaut.* — Cette opposition est formée par un acte d'huissier. Les frais en sont les mêmes que ceux d'une simple citation. ( *Réglement*, art. 71, nᵒ 1ᵉʳ. )

L'acte est écrit sur papier timbré ; il est enregistré au comptant, au droit de 1 fr. 10 c., lorsqu'il est fait à la requête soit de l'inculpé, soit d'une partie civile qui n'a pas légalement justifié de son indigence, soit de l'administration des contributions indirectes, soit de l'administration des postes lorsqu'il s'agit du transport frauduleux des dépêches.

Dans les autres cas cet acte est écrit sur papier visé pour timbre ; il est enregistré en débet au droit de 1 fr. 10 c.

Les frais de cette opposition sont toujours à la charge du défaillant. ( *Code d'instruction criminelle*, art. 187.)

**Nᵉ 446.** — *Opposition à une ordonnance de la chambre du conseil.* — Cette opposition est réellement un acte d'appel ; les frais doivent en être les mêmes que ceux de cet acte. — V. nᵉˢ 33 et suiv.

**ORDONNANCES** DE LA CHAMBRE DU CONSEIL, DU JUGE D'INSTRUCTION.

**Nᵉ 447.** — Ces ordonnances sont ordinairement exemptes des droits d'enregistrement et de timbre. — V. néanmoins nᵉ 384.

La rédaction et la transcription de ces ordonnances ne procurent aucun émolument au greffier.

Les ordonnances de la chambre du conseil ne doivent être expédiées que lorsqu'elles renvoient des inculpés devant divers tribunaux.

Ces ordonnances doivent quelquefois être suivies d'un état de frais. Cet état se compose des frais qu'ont pu entraîner les actes suivans :

Citation aux témoins. — V. nᵉ 102.

Taxe aux témoins. — V. nᵉ 586.

Taxe aux experts. — V. nᵉ 227.

Taxe aux médecins. — V. nᵉ 402.

Taxe aux dépositaires de pièces. — V. nᵉ 170.

Mandat d'amener. — V. nᵉ 21.

       D'arrêt. — V. nᵉ 56.

       De comparution. — V. nᵉ 113.

       De dépôt. — V. nᵉ 175.

Inscription de l'écrou. — V. nᵉ 198.

Extraction pour l'interrogatoire. — V. nᵉ 236.

Transport des pièces de conviction. — V. nᵉ 475.

Voyage du juge d'instruction, du procureur du roi et du greffier. — V. nᵉ 363.


ORDONNANCE DE PRISE DE CORPS.

Ecrou. — V. nᵉ 198.

Enregistrement. — V. nᵉ 448.

Expédition. — V. nᵉ 448.

Perquisitions. — V. nᵉ 470.

Signification par un huissier :

       Si l'individu était déjà arrêté, — V. nᵉ 449.

       S'il n'a pu être arrêté, — V. nᵉ 450.

       S'il est réellement arrêté, — V. nᵉ 451.

Signification par les gendarmes et les agens de police. — V. nᵉ 452.

Timbre. — V. nᵉ 448.

Voyage. — V. nᵉ 453.


Nᵉ 448. — *Enregistrement, timbre, expédition de l'ordon-*

*nance de prise de corps.* — Cette ordonnance est écrite sur papier libre ; elle est exempte d'enregistrement. Sa rédaction ne procure aucun émolument au greffier.

Il ne doit pas en être fait d'expédition.

N⁰ 449. — *Signification de cette ordonnance par un huissier si l'individu était déjà arrêté.* — Dans ce cas, qui se présente le plus ordinairement, l'huissier n'obtient d'autre émolument que celui qui lui est alloué pour une simple citation. ( *Réglement,* art. 74. ) L'arrêt de mise en accusation doit être signifié par le même acte. Pour les frais de cette signification, — V. n⁰ 102. — Pour la transcription de l'ordonnance de prise de corps et de l'arrêt de mise en accusation, — V. n⁰ 147. — L'huissier obtient en outre un droit pour assister à l'inscription du nouvel écrou, qui doit être faite sur les registres de la maison de justice, et un autre droit pour assister à la radiation du premier écrou sur les registres de la maison d'arrêt.

N⁰ 450. — *Signification, par un huissier, de l'ordonnance de prise de corps lorsque l'accusé n'a pu être arrêté.* — Cette signification est faite en même temps et par le même acte que celle de l'arrêt de mise en accusation. L'huissier ne doit pas se borner à une simple signification ; il doit employer tous ses soins afin d'arrêter l'individu désigné dans l'ordonnance. S'il ne peut pas y parvenir, il obtient le droit fixé pour les perquisitions. — V. n⁰ 471.

N⁰ 451. — *Signification de cette ordonnance et capture de l'accusé.* — Si, lors de la signification de l'ordonnance de prise de corps, l'accusé a été réellement arrêté, l'huissier obtient l'indemnité fixée au mot *Capture*, n⁰ 90 ; savoir :

A Paris. . . . . . . . . . . . . . . . . . . . . . 21    »
Dans les villes de 40,000 habitans et au-dessus. . 18    »
Dans les autres villes et communes. . . . . . . . 15    »

N⁰ 452. — *Signification, par les gendarmes et agens de police, de l'ordonnance de prise de corps.* — Les gendarmes et les agens de police chargés de l'exécution d'une ordonnance de prise de corps n'ont droit à aucune indemnité lorsqu'ils n'effectuent pas réellement l'arrestation de l'accusé, ou lorsque cet accusé se trouve déjà arrêté.

Lorsqu'ils parviennent à arrêter l'accusé, ils obtiennent les mêmes droits que les huissiers. — V. n⁰ 451. Ils n'obtiennent, dans aucun cas, ni droit de perquisition ni droit pour inscription de l'écrou.

N⁰ 453. — *Voyage.* — Les huissiers qui, pour l'exécution d'une ordonnance de prise de corps, sont obligés de s'éloigner à plus de 2 kilomètres du lieu de leur résidence obtiennent la même indemnité de voyage que pour tous leurs autres actes. — V. n⁰ 326.

Les gendarmes et les agens de police n'obtiennent aucune indemnité de voyage.

**ORDONNANCE** FIXANT L'OUVERTURE DES ASSISES.
Apposition des affiches. — V. n⁰ˢ 6 et 7.
Impression des affiches. — V. n⁰ 4.
Insertion au journal. — V. n⁰ 362.

N⁰ 454. — Ces frais sont toujours à la charge de l'état, sans aucune répétition ni contre les condamnés, ni contre la partie civile.

**OUVERTURE** DE CADAVRE.
V. *Médecins*, n° 403.

**PANSEMENS.**
V. *Médecins*, n°ˢ 402 et 405.

**PARQUET** (OFFICIERS DU)
Des cours royales. — V. n° 455.
Des tribunaux de première instance. — V. n° 456.
Mémoire de frais. — V. n° 457.

N° 455. — *Officiers du parquet des cours royales.* — Le membre du parquet d'une cour royale délégué pour porter la parole à une cour d'assises dans une ville autre que celle où siége la cour obtient une indemnité de 15 fr. par jour. ( *Instruction générale*, page 97.)

Cette somme est payée, sur les fonds généraux des frais de justice criminelle, sur un mémoire pareil à celui de la note **118.**

Le membre du parquet qui est obligé de se transporter à plus de 5 kilomètres du lieu de sa résidence, soit pour une instruction criminelle, soit pour l'interrogatoire d'une personne dont l'interdiction est poursuivie d'office, obtient l'indemnité fixée à la note suivante.

N° 456. — *Officiers du parquet des tribunaux de première instance.* — Lorsque le procureur du roi ou l'un de ses substituts est obligé de se transporter à plus de 5 kilomètres de sa résidence, il a droit, pour tous frais de nourriture et de transport, à une indemnité de 9 fr. par jour. S'il se transporte à plus de 2 myriamètres, cette indemnité et de 12 fr. par jour.

Cette indemnité doit être obtenue soit que l'officier du ministère public agisse seul au cas de flagrant délit, soit qu'il accompagne le juge d'instruction ( *Règlement,* article 88 ), soit qu'il accompagne le juge commis pour un interrogatoire en cas d'interdiction d'office ( *Ordonnance du 4 août* 1824 ), soit qu'il aille vérifier la tenue des registres de l'état civil. ( *Ordonnance du 10 mars* 1825. )

Nᵉ 457. — *Mémoire pour obtenir le paiement de cette indemnité.* — Ce mémoire doit être rédigé comme celui du juge d'instruction. — V. nᵉ 364. — Ordinairement il n'est fait qu'un seul mémoire pour les indemnités dues tant au juge d'instruction qu'à l'officier du ministère public et au greffier.

**PARTIES** CIVILES.

    Observations générales. — V. nᵉ 458.
    Parties civiles proprement dites. — V. nᵉ 459.
    Parties assimilées aux parties civiles. — V. nᵉ 469.

Nᵉ 458. — *Observations générales.* — Le ministère public est chargé de poursuivre, dans l'intérêt général et pour la vindicte publique, les auteurs des crimes, des délits et des contraventions. Quelquefois les parties lésées demandent la réparation des dommages qu'elles ont éprouvés soit en s'adjoignant à l'action du ministère public, soit, mais seulement en police simple et en police correctionnelle, en formant directement leur action. Les tribunaux ont alors à statuer sur une double action : l'une qui tend à faire infliger une peine au délinquant, l'autre qui tend à faire obtenir à la partie lésée la réparation du dommage.

Lorsqu'un simple particulier poursuit directement, ou intervient dans les poursuites faites par le ministère public, il peut être désigné sous le nom de *partie civile proprement dite.* — V. nᵉ 459.

Lorsque les poursuites sont faites soit au nom, soit dans

l'intérêt d'une administration publique, d'une commune ou d'un établissement public, cette administration, cette commune, cet établissement, sont, sous divers rapports, considérés comme partie civile. Ils sont *assimilés aux parties civiles.* — V. n<sup>e</sup> 469.

N<sup>e</sup> 459. — **PARTIES** CIVILES PROPREMENT DITES.
Avances des frais. — V. n<sup>e</sup> 461.
Consignation. — V. n<sup>e</sup> 462.
Déclaration de se porter partie civile. — V. n<sup>e</sup> 460.
Désistement. — V. n<sup>e</sup> 180.
Election de domicile. — V. n<sup>e</sup> 187.
Enregistrement. — V. n<sup>e</sup> 467.
Exécutoires : contre qui décernés. — V. n<sup>e</sup> 463.
Frais à la charge de la partie civile. — V. n<sup>e</sup> 468.
Indigence. — V. n<sup>e</sup> 465.
Taxe des frais. — V. n<sup>e</sup> 466.
Timbre. — V. n<sup>e</sup> 467.

N<sup>e</sup> 460. — *Déclaration de se porter partie civile.* — La qualité de partie civile impose des obligations souvent onéreuses au simple particulier qui l'a prise. Aussi le législateur n'a voulu l'attribuer qu'à l'individu qui déclare expressément la prendre, ou à celui qui fait des actes qu'il ne pourrait faire s'il n'avait pas cette qualité : tel est le cas où cet individu prend des conclusions en dommages-intérêts, et celui où il assigne directement son adversaire.

La plainte qu'un particulier a adressée au juge d'instruction ou au procureur du roi ne suffit pas pour le soumettre aux charges que la loi impose à la partie civile. (*Code d'instruction criminelle*, art. 66.)

La déclaration de se porter partie civile peut être faite dans la plainte même ; alors elle n'entraîne aucuns nouveaux frais. Elle peut être faite dans un acte séparé, soit par un acte d'huissier signifié tant au ministère public qu'à l'inculpé (pour les frais de cet acte, — V. *Citation*), soit par un acte passé au greffe, dont les frais sont : le prix du papier timbré, et 1 fr. 10 c. d'enregistrement. La déclaration de se porter partie civile peut être aussi faite verbalement et à l'audience. Il n'en résulte aucuns frais. En général les droits de timbre et d'enregistrement de l'acte qui constate cette déclaration sont perçus au comptant. Néanmoins, si la partie civile a légalement justifié de son indigence, le papier est visé pour timbre, et le droit d'enregistrement est compté en débet.

N[e] 461. — *Avance des frais par la partie civile.* — La partie civile peut obtenir le dédommagement du préjudice qu'elle a éprouvé, comme elle l'obtiendrait devant les tribunaux civils. En compensation de cet avantage, la loi lui impose l'obligation d'avancer tous les frais de la procédure. Cette obligation ne s'étend pas aux matières criminelles.

N[e] 462. — *Consignation.* — Pour garantir l'exécution de cette disposition la partie civile proprement dite est obligée, en matière de police simple ou de police correctionnelle, de déposer entre les mains du greffier la somme présumée nécessaire pour fournir aux frais de la procédure. (*Réglement,* art. 160.)

En matière criminelle cette consignation n'est pas exigée. (*Réglement,* art. 160.)

La partie civile en est aussi dispensée lorsqu'elle a légalement justifié de son indigence. — V. n[e] 465.

Cette consignation doit être exigée non-seulement de l'individu qui s'adjoint aux poursuites faites par le ministère public, mais aussi de la partie civile qui poursuit directement l'action.

En matière correctionnelle quelques tribunaux ne jugent pas la cause au premier jour indiqué par la citation. A cette audience ils fixent le jour de l'audition des témoins et des débats. Ce délai doit être ménagé de manière à laisser aux parties le temps nécessaire pour calmer leurs premiers ressentimens, et l'expérience a prouvé que la moitié des affaires ainsi ajournées sont amiablement terminées avant le jour fixé pour leur jugement.

Avant d'obtenir la fixation de la cause la partie civile doit justifier qu'elle a consigné entre les mains du greffier les fonds nécessaires pour payer la taxe des témoins, les déboursés du greffe et les autres frais de la procédure.

Cette consignation n'entraîne d'autres frais que le prix du papier timbré sur lequel est écrit le reçu du greffier.

Le greffier ne peut, à peine de concussion, exiger ni recevoir aucune rétribution pour la garde de ce dépôt. (*Réglement*, art. 160.)

Lorsque les fonds consignés se trouvent épuisés, le greffier doit en avertir le ministère public, qui exige de nouvelles avances. (*Instruction générale*, page 137.)

N° 463. — *Exécutoires : contre qui décernés.* — Lorsque la partie civile proprement dite a consigné, c'est sur le greffier que le juge doit décerner les exécutoires pour tous les frais d'instruction, d'expédition et de signification. (*Réglement*, art. 159.) Cet exécutoire désigne la partie civile au nom de laquelle le greffier fera le paiement. Il peut être ainsi terminé :

Nous,                     , attendu que *N.*           a déposé au greffe du tribunal d          les fonds nécessaires pour fournir aux frais de la procédure, nous ordonnons que cette

somme de                   soit payée, par le greffier du tribunal
d                   , sur les fonds déposés par *N*.                   ,
partie civile.

Nᵉ 464. — Lorsque la partie civile n'a pas consigné , ou lorsque les fonds consignés sont épuisés , les exécutoires sont décernés directement contre la partie civile. Ils peuvent être ainsi terminés :

Attendu que *N*.                   s'est porté partie civile , nous ordonnons que cette somme soit payée par ledit.

Néanmoins l'article 159 du Réglement n'interdit pas au magistrat la faculté de décerner quelquefois des exécutoires sur les fonds généraux des frais de justice criminelle , quoique la partie civile n'ait pas justifié de son indigence. Ce cas doit être extrêmement rare. Tel est celui où des témoins cités à la requête du ministère public seraient appelés à une grande distance de leur demeure si la partie civile refusait de payer leur taxe ; mais le juge doit user de la plus grande réserve , et motiver sa décision ; il ne doit même jamais délivrer cette taxe sur l'état lorsque, en matière correctionnelle ou de police, l'action est poursuivie directement par la partie civile.

Nᵉ 465. — *Indigence.* — Si la partie civile a légalement justifié de son indigence — V. nᵉ 94, — les exécutoires sont décernés sur le receveur de l'enregistrement. Ils sont ainsi terminés :

Attendu que la partie civile a légalement justifié de son indigence , nous ordonnons que cette somme soit payée , sur les fonds généraux des frais de justice criminelle , par le receveur de l'enregistrement au bureau de

Nᵉ 466. — *Taxe des frais.* — L'émolument des experts , des greffiers , des huissiers , des médecins , des témoins , etc., est toujours taxé au prix fixé par le Réglement du 18 juin 1811 et par le décret du 7 avril 1813, soit dans le cas où la partie civile proprement dite poursuit directement l'action, soit lorsqu'elle s'adjoint aux poursuites du ministère public.

N° 467. — *Enregistrement, timbre.* — Lorsqu'il y a en cause une partie civile proprement dite qui a justifié de son indigence, les droits d'enregistrement sont comptés en débet ; le papier est visé pour timbre, sauf à l'administration de l'enregistrement à recouvrer ces droits, s'il y a lieu, après l'arrêt ou le jugement.

Mais, si la partie civile n'a pas légalement justifié de son indigence, le droit d'enregistrement doit être payé comptant, et il doit être employé du papier timbré.

N° 468. — *Frais à la charge de la partie civile.* — Les frais faits pour parvenir à l'exécution des peines corporelles et des condamnations pécuniaires prononcées contre l'inculpé ne sont, dans aucun cas, à la charge de la partie civile. Les frais désignés dans l'article 162 du Réglement ne peuvent être jamais à la charge de cette partie. — V. n° 256.

Les frais d'instruction, d'expédition et de signification des jugemens et arrêts doivent être remboursés à l'état par la partie civile dans le cas même où elle obtiendrait gain de cause, sauf son recours. ( *Réglement*, art. 157. )

Néanmoins, et dans les causes soumises au jury, il faut que la partie civile succombe pour être tenue des frais. ( *Code d'instruction criminelle*, art. 368. )


**ADMINISTRATIONS**, ÉTABLISSEMENS PUBLICS ASSIMILÉS, SOUS PLUSIEURS RAPPORTS, AUX PARTIES CIVILES.

N° 469. — En général les régies et les administrations publiques, dans les actions, en matières de simple police et de police correctionnelle, intentées soit-directement par leurs préposés, soit même d'office par le ministère public, pourvu qu'elles aient intérêt à l'action, sont tenues, comme les parties civiles proprement dites, de supporter les frais d'instruction, d'expédition et de signification des jugemens. Les avances de ces frais sont faites par la régie de l'enregistrement pour le compte de ces administrations. Néanmoins l'administration des contributions indirectes, et l'administration des postes lorsqu'il s'agit du transport frauduleux des dépêches, sont tenues de faire elles-mêmes les avances de tous les frais.

L'obligation de supporter ces frais ne s'applique pas aux matières criminelles : ces frais sont toujours imputés sur les fonds généraux des frais de justice criminelle.

Les communes et les établissemens publics sont assimilés aux régies et administrations publiques dans les procès instruits soit à leur requête, soit même d'office, pour les crimes et délits commis contre leurs propriétés. ( *Réglement,* art. 158. )

Cet article met au même rang les frais faits pour la répression des crimes commis contre les propriétés des communes et des établissemens publics, et les frais faits pour la répression des simples délits ; tandis que l'Instruction générale, page 133, déclare que les communes et les établissemens publics ne sont pas tenus des frais de poursuites dans les affaires qui peuvent donner lieu à des peines afflictives ou infamantes.

## PERQUISITION.

Actes qui donnent lieu à un procès-verbal de perquisition. — V. n° 470.

Emolument pour perquisition. — V. n<sup>e</sup> 471.
Plusieurs perquisitions. — V. n<sup>e</sup> 472.
Procès-verbal de perquisition. — V. n<sup>e</sup> 473.


N<sup>e</sup> 470. — *Actes qui donnent lieu à un procès-verbal de perquisition.* — Ce sont les

Arrêts portant condamnation à des peines afflictives ou infamantes.

Arrêts et jugemens portant condamnation à un emprisonnement correctionnel de plus de cinq jours.

Mandat d'arrêt.

Ordonnance de prise de corps.

Les actes suivans ne donnent pas lieu au droit de perquisition :

Arrêt ou jugement qui condamne à un emprisonnement correctionnel de moins de six jours, ou à un emprisonnement pour fait de police. (*Décret du 7 avril* 1813, art. 6, n<sup>o</sup> 1<sup>er</sup>.)

Mandats d'amener.

     De comparution.
     De dépôt.


N<sup>e</sup> 471. — *Emolument pour perquisitions : à qui est-il alloué?* — Lorsque les perquisitions sont suivies de la capture du prévenu ou du condamné, elles ne procurent aucun émolument spécial à l'huissier.

Lorsque les perquisitions ne sont pas suivies de la capture, l'huissier qui les a faites, et qui en dresse procès-verbal, obtient, tant pour ces perquisitions que pour la rédaction de son procès-verbal et la copie du mandat d'arrêt, de l'ordonnance de prise de corps, de l'arrêt ou du jugement qui a donné lieu à la perquisition (*Réglement,* art. 71, n<sup>o</sup> 7) :

A Paris. . . . . . . . . . . . . . . . . . . . . . . . . 6  »

Dans les villes de 40,000 habitans et au-dessus  4  »

Dans les autres villes et communes. . . . . . . . . 3  »

L'huissier obtient en outre , s'il y a lieu, une indemnité de voyage — V. n⁰ 326 — et une indemnité de séjour forcé en route. — V. n⁰ 327. — Les huissiers seuls obtiennent ces indemnités. Dans aucun cas les gendarmes ni les agens de police n'y ont droit.

N⁰ 472. — *Plusieurs perquisitions.* — Il n'est alloué aux huissiers qu'un seul droit de perquisition pour chaque individu, quel que soit le nombre des recherches. (*Réglement,* art. 76.) Mais, si les perquisitions sont faites dans plusieurs communes, l'huissier doit obtenir autant de fois l'indemnité ci-dessus fixée qu'il y a de communes. Si les perquisitions contre le même individu, dans la même commune, ont été faites en vertu de deux actes, tels qu'un mandat d'arrêt et un jugement de condamnation, il doit être alloué deux fois à l'huissier l'émolument fixé à la n⁰ 471.

N⁰ 473. — *Procès-verbal de perquisition.* — Le procès-verbal que l'huissier doit rédiger pour constater les perquisitions qu'il a vainement faites est soumis à la formalité du timbre et de l'enregistrement.

S'il s'agit de l'exécution d'un mandat d'arrêt ou d'une ordonnance de prise de corps, les droits de timbre et d'enregistrement sont payés au comptant lorsqu'il y a en cause une partie civile qui a consigné. Dans tous les autres cas le procès-verbal de perquisition est écrit sur papier visé pour timbre ; il est enregistré en débet.

PIÈCES servant a conviction ou a décharge.

Etat ou inventaire. — V. n⁰ 474.

Précautions pour leur conservation. — V. n⁰ 476.

Transport. — V. n⁰ 475.

N⁰ 474. — *Etat ou inventaire des pièces servant à conviction ou à décharge.* — Cet état, qui doit être transmis avec la procédure au procureur général, en exécution de l'art. 133 du Code d'instruction criminelle, est écrit sur papier libre. Sa rédaction ne procure aucun émolument au greffier.

N⁰ 475. — *Transport des pièces servant à conviction ou à décharge.* — Les procédures et les effets servant à conviction ou à décharge sont ordinairement transportés par les gendarmes chargés de la conduite des prévenus ou accusés. ( *Réglement,* art. 9. )

Lorsque, en exécution de l'art. 228 du Code d'instruction criminelle, les pièces de conviction doivent être présentées à la chambre d'accusation, ou lorsque, à raison de leur poids et de leur volume, ces pièces ne peuvent être transportées par les gendarmes ni par l'administration des postes, elles doivent l'être soit par les entrepreneurs des convois militaires, soit par toute autre voie plus économique. ( *Réglement,* art. 9. )

L'ordre de transport doit être donné par écrit.

Cet ordre détermine quelle est la voie qui doit être employée pour ce transport ; il indique aussi le poids des objets à transporter, et le jour où ils doivent arriver à leur destination. ( *Instruction générale,* page 31. )

Si le transport est effectué par les messageries, — V. n⁰ 428.

S'il l'est par l'entrepreneur des convois militaires, — V. n⁰ 144.

Si ce transport est effectué par le roulage ordinaire ou

par un commissionnaire, le prix en est payé comme les frais urgens de justice criminelle.

La taxe est écrite par le procureur du roi du lieu de l'arrivée au bas du réquisitoire donné par le procureur du roi du lieu du départ.

Cette taxe est ainsi conçue ( *Instruction générale*, 3e modèle ) :

Taxé à *N.*                             ,

en vertu de l'art. 9 du Réglement du 18 juin 1811, la somme de

pour avoir transporté les objets désignés dans le réquisitoire ci-dessus. Ladite somme sera payée par le receveur de l'enregistrement au bureau de

Ledit *N.*           a déclaré (ou *ne savoir* ou *ne pouvoir*) signer.

A             , le           183 .

Mais, s'il y a en cause une partie civile qui ait consigné, l'exécutoire doit être décerné sur le greffier. — V. ne 453.

Ne 476. — *Précautions pour la conservation des pièces servant à conviction ou à décharge.* — Toutes les dépenses qui sont indispensables pour la conservation des objets qui peuvent servir à conviction ou décharge sont payées comme frais urgens. — V. ne 260.

## PLAINTE.

Ne 477. — Lorsque l'individu qui porte plainte déclare se constituer partie civile, l'acte que rédige le juge est soumis à la formalité du timbre. La célérité et le secret qu'exigent souvent les premières poursuites doivent le faire affranchir de l'enregistrement. Si la partie civile a justifié de son indigence, la plainte est écrite sur papier visé pour timbre. Si la partie civile n'a pas justifié de son indigence, l'acte est écrit sur papier timbré. Lorsque le plaignant ne se porte pas partie civile, l'acte que dresse le juge est exempt de timbre et d'enregistrement.

**PORT** DE LETTRES ET PAQUETS.

N⁰ 478. — D'après l'ordonnance du 14 décembre 1825, les lettres et paquets relatifs aux affaires criminelles, correctionnelles et de simple police sont expédiés et reçus en franchise d'après les distinctions et avec les formalités désignées dans les notes suivantes :

Contre-seing. — V. n⁰ 483.

Lettres et paquets chargés. — V. n⁰ 481.

Clos. — V. n⁰ 480.

Jetés à la boîte. — V. n⁰ 482.

Sous bande. — V. n⁰ 479.

Magistrats, fonctionnaires, qui jouissent de la franchise. — V. n⁰ 484.

Ouverture des lettres et paquets. — V. n⁰ 503.

N⁰ 479. — *Lettres et paquets sous bande.* — En général les lettres et paquets, pour jouir de la franchise, doivent être expédiés sous bande croisée. La largeur de cette bande ne doit pas excéder le tiers de la surface de la lettre ou paquet. ( *Ordonnance du 14 décembre 1825.* )

Les fonctionnaires qui expédient ces dépêches doivent apposer leur signature au-dessous de la désignation de leurs fonctions. ( *Même ordonnance,* art. 6. ) Cette désignation peut être imprimée ; elle peut être de la main d'un scribe ; mais le fonctionnaire doit nécessairement y apposer sa signature.

Néanmoins les préfets et le procureur général près la cour royale de Paris peuvent employer une griffe au lieu de signature.

N° 480. — *Lettres et paquets entièrement clos.* — Pour que ces lettres et paquets jouissent de la franchise il faut qu'une note *écrite* sur l'adresse constate la nécessité de clorre la dépêche, et désigne la qualité du fonctionnaire qui en fait l'envoi. Cette note doit être signée de la main de ce fonctionnaire.

N° 481. — *Lettres et paquets chargés.* — Les lettres et paquets qui sont dans le cas d'être chargés ne peuvent être reçus en franchise que sur un réquisitoire signé par le fonctionnaire qui les expédie.

Ces lettres et paquets doivent être mis sous bande lorsque le fonctionnaire qui les expédie et celui qui les reçoit n'ont pas la franchise pour les lettres closes. (*Même ordonnance*, art. 10.)

Le particulier qui veut, en matière criminelle, correctionnelle ou de police, faire charger des lettres ou paquets, doit acquitter le droit ordinaire de chargement, quoique le magistrat auquel ils sont adressés pût les recevoir en franchise s'ils étaient expédiés soit sous bande, soit même entièrement clos. (*Même ordonnance*, art. 11.)

N° 482. — *Lettres et paquets jetés à la boîte.* — Pour jouir de la franchise les lettres et paquets, soit clos, soit sous bande, doivent être remis, savoir : dans les départemens, aux directeurs des postes ; et, à Paris, au bureau du départ de la direction générale. S'ils étaient jetés à la boîte, ils seraient assujettis à la taxe. (*Même ordonnance.*)

N° 483. — *Contre-seing.* — Nul fonctionnaire n'a le droit de déléguer le contre-seing qui lui est accordé. Toute dépêche qui serait contre-signée par délégation serait soumise à la taxe.

Lorsqu'un fonctionnaire est hors d'état de remplir ses

fonctions par absence, par maladie ou par toute autre cause légitime, les dépêches sont contre-signées par le fonctionnaire qui le remplace par interim. Ce fonctionnaire doit énoncer, sur chaque dépêche, qu'il remplit par interim les fonctions auxquelles le contre-seing est attribué. (*Même ordonnance*, art. 9.)

N⁰ 484. — Magistrats, fonctionnaires, etc., qui peuvent adresser et recevoir des paquets en franchise dans les matières criminelle, correctionnelle ou de simple police.

Adjoints de maire. — V. nᵉ 485.

Archevêques. — V. nᵉ 486.

Commissaires de police. — V. nᵉ 485.

Evêques. — V. nᵉ 486.

Gouverneurs et généraux commandant les divisions militaires. — V. nᵉ 487.

Greffiers des cours et tribunaux. — V. nᵉ 488.

Juges d'instruction. — V. nᵉ 489.

Juges de paix. — V. nᵉ 490.

Maires. — V. nᵉ 485.

Officiers de gendarmerie. — V. nᵉ 491.

Préfet. — V. nᵉ 492.

Premier président de la cour de cassation. — V. nᶜ 493.

Des cours royales. — V. nᵉ 494.

Président des cours d'assises. — V. nᵉ 495.

Des tribunaux de première instance. — V. nᵉ 497.

Procureur général près la cour de cassation. — V. nᵉ 493.

Près une cour royale. — V. nᵉ 497.

Procureurs du roi près la cour d'assises. — V. nᵉ 498.

Près les tribunaux de première instance. — V. nᵉ 499.

Proviseurs des colléges royaux. — V. nᵉ 501.
Recteurs des universités. — V. nᵉ 501.
Simples particuliers. — V. 500.
Sous-préfets. — V. nᵉ 502.


Nᵉ 485.— *Franchise pour les maires, adjoints et commissaires de police.*— Lorsqu'ils excercent les fonctions du ministère public dans les tribunaux de simple police, ou lorsque, dans le cas de flagrant délit, ils agissent comme auxiliaires du procureur du roi, ils écrivent en franchise soit sous bande, — V. nᵉ 479, — soit même par lettres closes, — V. nᵉ 480:

Aux juges d'instruction du tribunal de leur arrondissement ;
    Préfet de leur département ;
    Président de la cour d'assises de leur département ;
    Procureur général de la cour royale de leur ressort ;
    Procureur du roi près la cour d'assises de leur
      département ;
    Procureur du roi près le tribunal de première instance de leur arrondissement ;
    Sous-préfet de leur arrondissement.

Les maires, adjoints et commissaires de police reçoivent aussi francs de port les lettres ou paquets qui leur sont adressés, soit sous bande, soit fermés, par les fonctionnaires ci-dessus désignés, par le ministre de la justice, le procureur général et le premier président de la cour de cassation.


Nᵉ 486. — *Archevêques et évêques.* — Ils écrivent en franchise sous bande, — V. nᵉ 479, — et même par lettres closes — V. nᵉ 480:

Au procureur général près la cour du ressort ;

Procureur du roi près le tribunal de l'arrondissement.

Ils reçoivent en franchise les lettres et paquets qui leur sont adressés par ces fonctionnaires, soit sous bande, soit fermés.

N⁰ 487. — *Gouverneurs et généraux commandant les divisions militaires.* — Ils écrivent en franchise, soit sous bande, — V. n⁰ 479, — soit par lettres closes, — V. n⁰ 480 :

Au procureur général de la cour du ressort ;

Procureur du roi de l'arrondissement.

Ils reçoivent aussi en franchise, soit sous bande, soit closes, les lettres qui leur sont adressées par ces magistrats.

N⁰ 488. — *Greffiers des cours royales, des tribunaux de première instance.* — Les greffiers en chef des cours royales correspondent entre eux en franchise à raison de leurs fonctions, mais sous bande seulement.

Ils écrivent aussi en franchise, et sous bande, aux greffiers des tribunaux de première instance du ressort de la cour.

Ils reçoivent aussi en franchise les lettres et paquets qui leur sont adressés sous bande par les greffiers des tribunaux de première instance du ressort.

Les commis greffiers, même assermentés, ne jouissent d'aucune franchise, sauf dans le cas de la n⁰ 483.

N⁰ 489. — *Juges d'instruction.* — Ils écrivent en franchise, soit sous bande, — V. n⁰ 479, — soit par lettre close, — V. n⁰ 480 :

Aux adjoints de maire exerçant le ministère public près les tribunaux de simple police dans le ressort du tribunal de première instance ;

Aux commissaires de police dans le même arrondissement ;

Juges d'instruction dans tout le royaume ;

Juges de paix dans tout le royaume ;

Maires dans leur arrondissement ;

Officiers de gendarmerie dans leur arrondissement ;

Préfets et sous-préfets dans leur arrondissement ;

Premier président de la cour royale du ressort ;

Président des assises du département ;

Procureurs généraux dans tout le royaume ;

Procureurs du roi dans tout le royaume.

Ils reçoivent aussi en franchise les lettres sous bande et les lettres fermées qui leur sont adressées par les fonctionnaires ci-dessus désignés et par le ministre de la justice.

N° 490. — *Juges de paix.* — Ils écrivent en franchise sous bande —V. n° 479, — et même par lettres fermées, — V. n° 480 :

Aux juges d'instruction dans tout le royaume ;

Premier président de la cour de cassation ;

De la cour royale du ressort ;

Présidens des cours d'assises du département ;

Procureurs généraux dans tout le royaume ;

Procureurs du roi dans tout le royaume.

Ils reçoivent en franchise les lettres et paquets qui leur sont adressés sous bande ou entièrement clos par les magistrats ci-dessus désignés et par le ministre de la justice.

N° 491. — *Officiers de gendarmerie.* — Ils écrivent en franchise sous bande — V. n° 479, — et même par lettres closes, — V. n° 480 :

Aux juge d'instruction de l'arrondissement ;

Premier président de la cour de cassation ;

Aux premier président de la cour royale du ressort ;
Président de la cour d'assises du département ;
De la cour de cassation ;
Procureur général de la cour royale du ressort ;
Procureur du roi près la cour d'assises du département ;
Près le tribunal de première instance de l'arrondissement.

Ils reçoivent en franchise, soit sous bande, soit entièrement clos, les lettres et paquets qui leur sont adressés par les magistrats ci-dessus désignés et par le ministre de la justice.

N° 492. — *Préfets.* — Ils écrivent en franchise, sous bande ou par lettres closes :

Aux commissaires de police du département ;
Juge d'instruction de l'arrondissement ;
Juges de paix de l'arrondissement ;
Officiers de gendarmerie dans le département ;
Premier président de la cour de cassation ;
De la cour royale du ressort ;
Président de la cour d'assises du département ;
Procureur général de la cour de cassation ;
De la cour royale du ressort ;
Procureur du roi près la cour d'assises du département ;
Près le tribunal de première instance de l'arrondissement.

Ils reçoivent en franchise les lettres sous bande et les lettres fermées qui leur sont adressées par les fonctionnaires ci-dessus désignés ainsi que celles qui leur sont adressées par le ministre de la justice.

N° 493. — *Premier président, procureur général près la*

*cour de cassation.* — Ils écrivent en franchise, soit sous bande, — V. nᵉ 479, — soit par lettres fermées, — V. nᵉ 480, — dans tout le royaume, aux

Adjoints, maires et commissaires de police qui exercent le ministère public près les tribunaux de simple police;

Cours en nom collectif;

Gouverneurs et généraux commandant les divisions militaires;

Juges d'instruction;

Juges de paix;

Officiers de gendarmerie;

Préfets et sous-préfets;

Présidens des cours et tribunaux;

Procureurs généraux près les cours royales;

Procureurs du roi près les cours d'assises;

             Près les tribunaux de première instance.

Ils reçoivent en franchise les lettres ou paquets qui leur sont adressés, soit sous bande, soit fermés, par les magistrats et fonctionnaires ci-dessus désignés.

Nᵉ 494. — *Premiers présidens des cours royales.* — Ils écrivent en franchise, soit sous bande, —V. nᵉ 479, — soit entièrement clos, — V. nᵉ 480 :

Aux adjoints, maires et commissaires de police qui exercent les fonctions du ministère public dans les tribunaux de simple police du ressort de la cour;

Juges d'instruction du même ressort;

Juges de paix du même ressort;

Officiers de gendarmerie du même ressort;

Préfets et sous-préfets du même ressort;

Premier président de la cour de cassation;

Présidens des cours d'assises du ressort;

Aux présidens des tribunaux de première instance du ressort ;

Procureur général près la cour de cassation,

Procureurs du roi du ressort ;

Tribunaux de première instance en corps dans le ressort.

Ils reçoivent en franchise les lettres et paquets, soit sous bande, soit fermés, qui leur sont adressés par les magistrats et les préfets du ressort ainsi que par le ministre de la justice.

Nᵉ 495. — *Présidens des assises.* — Ils écrivent en franchise, soit sous bande, — V. nᵉ 479, — soit par lettres fermées, — V. nᵉ 480 :

Aux adjoints, maires et commissaires de police qui exercent les fonctions du ministère public près les tribunaux de simple police dans le département où ils tiennent les assises ;

Juges d'instruction du même département ;

Juges de paix,                   idem.

Officiers de gendarmerie,    idem.

Préfets et sous-préfets,      idem.

Premier président de la cour royale du ressort ;

Présidens des tribunaux de première instance du département ;

Procureur général du ressort ;

Procureurs du roi du département.

Ils reçoivent aussi en franchise, soit sous bande, soit entièrement clos, les lettres et paquets qui leur sont adressés par les magistrats et fonctionnaires ci-dessus désignés et par le ministre de la justice.

Nᵉ 496. — *Présidens des tribunaux de première instance.—*

Ils écrivent en franchise, soit sous bande, — V. n<sup>e</sup> 479, — soit par lettres fermées, — V. n<sup>e</sup> 480, — aux premier président et procureur général de la cour de cassation ;

De la cour royale du ressort.

Ils reçoivent aussi en franchise, soit sous bande, soit entièrement clos, les lettres et paquets qui leur sont adressés par ces magistrats et par le ministre de la justice.

N<sup>e</sup> 497. — *Procureurs généraux près les cours royales.* — Ils écrivent en franchise, soit sous bande, — V. n<sup>e</sup> 479, — soit par lettres fermées, — V. n<sup>e</sup> 480 :

Aux adjoints, maires et commissaires de police exerçant le ministère public dans les tribunaux de simple police du ressort de la cour ;

Archevêque et évêques dans le ressort ;

Gouverneurs et commandans des divisions militaires du ressort ;

Greffiers des cours et tribunaux du ressort ;

Juges d'instruction dans tout le royaume ;

Juges de paix , idem ;

Maires dans le ressort de la cour ;

Officiers de gendarmerie dans ce ressort ;

Premier président de la cour de cassation ;

Des cours royales dans tout le royaume ;

Présidens des cours d'assises du ressort ;

Des tribunaux de 1<sup>re</sup> instance du ressort ;

Procureur général près la cour de cassation ;

Procureurs généraux des autres cours royales ;

Procureurs du roi dans tout le royaume ;

Proviseurs des colléges royaux dans le ressort ;

Recteur de l'académie dans le ressort.

Ils reçoivent aussi en franchise , sous bandes ou fermés, les lettres ou paquets qui leur sont adressés par les magistrats et fonctionnaires ci-dessus désignés ainsi que par le ministre de la justice. Ils reçoivent même en franchise les lettres et paquets, sous bande ou entièrement clos, contre-signés ou non contre-signés, qui leur sont adressés, dans l'étendue de la cour royale, relativement à leurs fonctions.

N° 498. — *Procureurs du roi près les cours d'assises.* — Ils écrivent en franchise, soit sous bande, — V. n° 479, — soit par lettres fermées, — V. n° 480 :

    Aux adjoints, maires et commissaires de police exerçant le ministère public près les tribunaux de police du département ;

        Juges d'instruction dans tout le royaume ;

        Juges de paix,          idem ;

        Officiers de gendarmerie du département ;

        Préfet du département ;

        Procureurs généraux dans tout le royaume ;

        Procureurs du roi,          idem.

Ils reçoivent en franchise, sous bande et même entièrement clos, les lettres et paquets qui leur sont adressés par les magistrats et fonctionnaires ci-dessus désignés. Ils reçoivent même en franchise les lettres ou paquets, clos ou non clos, contre-signés ou non contre-signés, qui leur sont adressés, dans l'étendue du département, à raison de leurs fonctions.

N° 499. — *Procureurs du roi près les tribunaux de première instance.* — Ils écrivent en franchise, soit sous bande, — V. n° 479, — soit par lettres closes, — V. n° 480 :

    Aux adjoints, commissaires de police et maires chargés du ministère public près des tribunaux de simple police de leur arrondissement ;

Aux juges d'instruction dans tout le royaume ;

    Juges de paix,         idem ;

    Officiers de gendarmerie dans l'arrondissement ;

    Président de la cour d'assises du département ;

    Procureurs généraux dans tout le royaume ;

    Procureurs du roi,       idem ;

    Recteur de l'académie du ressort.

Ils reçoivent aussi en franchise, soit sous bande, — V. nᵉ 479, — soit entièrement clos, — V. nᵉ 480, — les lettres et paquets qui leur sont adressés par les magistrats et fonctionnaires ci-dessus désignés. Ils reçoivent même en franchise les lettres et paquets, sous bande ou clos, contre-signés ou non contre-signés, qui leur sont adressés, dans leur arrondissement, à raison de leurs fonctions.

Nᵉ 500. — *Simples particuliers.* — Les lettres qu'ils adressent au ministre de la justice, au procureur général de la cour royale du ressort, au procureur du roi près la cour d'assises du département, au procureur du roi près le tribunal de première instance de l'arrondissement, sont exemptes de port lorsqu'elles sont relatives aux fonctions de ces magistrats. Mais les lettres que ces magistrats leur adressent sont toujours soumises à la taxe. Pour les lettres chargées, — V. nᵉ 481.

Nᵉ 501. — *Proviseurs des colléges royaux, recteurs des académies.* — Ils correspondent, soit sous bande, soit par lettres fermées,

    Avec le procureur général de la cour royale du ressort ;

    Avec le procureur du roi de l'arrondissement.

Nᵉ 502. — *Sous-préfets.* — Ils écrivent en franchise, sous bande, — V. nᵉ 479, — ou par lettres fermées, — V. nᵉ 480 :

Aux commissaires de police, maires et adjoints qui
exercent le ministère public près les tribunaux
de simple police de l'arrondissement;

Juges d'instruction,                  idem;

Juges de paix,                        idem;

Officiers de gendarmerie et sous-officiers commandant les brigades dans l'arrondissement;

Premier président de la cour de cassation;

De la cour royale du ressort;

Président de la cour d'assises du département;

Procureur général près la cour de cassation;

Près la cour royale du ressort;

Procureur du roi près la cour d'assises du département;

Près le tribunal de première instance de l'arrondissement.

Ils reçoivent en franchise les lettres qui leur sont adressées par les magistrats et fonctionnaires ci-dessus désignés.

N° 503. — *Ouvertures des lettres et paquets.* — Il est défendu de comprendre, dans les dépêches expédiées en
franchise, des lettres, papiers ou objets quelconques
étrangers au service.

Dans les cas de suspicion de fraude, ou d'omission
d'une seule des formalités prescrites pour opérer la franchise, les préposés des postes sont autorisés à taxer les
lettres, ou à exiger que le contenu en soit vérifié en leur
présence par les personnes auxquelles elles sont adressées.
( *Ordonnance du 14 décembre* 1825 , art. 12. )

**POSTES** ( DIRECTION GÉNÉRALE DES ).

Poursuites pour transport frauduleux des dépêches. —
V. n° 504.

Poursuites pour toute autre cause. — V. n<sup>e</sup> 505.

N<sup>e</sup> 504. — *Poursuites pour transport frauduleux des dépêches.* — L'administration des postes, dans toutes les actions intentées soit directement par ses employés, soit même d'office par le ministère public, pour transport frauduleux des dépêches, est entièrement assimilée aux parties civiles proprement dites, d'après les circulaires des 20 septembre 1826 et 20 mars 1828.

Ainsi les procès-verbaux et tous les actes de la procédure sont écrits sur papier timbré; le droit d'enregistrement est payé au comptant. Ces droits ainsi que l'émolument des huissiers et des greffiers sont payés directement par les préposés de l'administration des postes. L'administration de l'enregistrement ne fait aucune avance dans ces causes.

Le recouvrement des amendes prononcées pour ces contraventions doit être poursuivi par les employés de l'administration des postes.

N<sup>e</sup> 505. — Dans tous les autres cas l'administration des postes est assimilée aux autres administrations publiques. — V. n<sup>e</sup> 469.

## POSTULATION.

N<sup>e</sup> 506. — L'administration de l'enregistrement fait, sur les fonds généraux des frais de justice criminelle, l'avance des frais des poursuites dirigées d'office contre les individus prévenus de se livrer à la postulation. (*Réglement,* art. 121. — *Instruction générale,* page 119.)

Dans ces poursuites les honoraires des officiers ministériels sont taxés au même taux que les frais en matière criminelle. (*Réglement,* art. 121.)

Les droits d'enregistrement et de timbre doivent être calculés comme en matière criminelle ; ils sont comptés en débet.

Si les individus poursuivis sont insolvables, on ne doit admettre en taxe que le salaire des huissiers et les indemnités des témoins. (*Réglement*, art. 120 et 121.)

### POURSUITES D'OFFICE.

Actions civiles qui sont assimilées, quant aux frais, aux actions criminelles. — V. n<sup>e</sup> 507.

Avance des frais. — V. n<sup>e</sup> 511.

Droits de greffe. — V. n<sup>e</sup> 508.

Emolument des officiers ministériels. — V. n<sup>e</sup> 509.

Enregistrement. — V. n<sup>e</sup> 508.

Frais qui ne sont pas admis en taxe contre l'état. — V. n<sup>e</sup> 510.

Par qui ces frais sont-ils supportés en définitive ? —V. n<sup>e</sup> 512.

Personnes responsables. — V. n<sup>e</sup> 513.

Recouvrement de ces frais. — V. n<sup>e</sup> 514.

Timbre. — V. n<sup>e</sup> 508.

N<sup>e</sup> 507. — *Actions poursuivies devant les tribunaux civils, et qui sont assimilées, quant aux frais, aux actions criminelles.* — Ce sont celles qui ont rapport aux matières suivantes :

Actes de l'état civil, leur rectification. — V. n<sup>e</sup> 548.

Interdiction d'office. — V. n<sup>e</sup> 347.

Mariage (nullité de poursuites d'office).

Notariat (contraventions aux lois sur le).

Postulation. — V. n<sup>e</sup> 506.

Registres de l'état civil : contraventions à leur tenue.

Leur vérification.

Registres judiciaires.

Et généralement toutes les actions que le ministère public porte d'office devant les tribunaux civils dans l'intérêt de la loi, et pour assurer son exécution. (*Règlement*, art. 122.)

N° 508. — *Droits d'enregistrement, de greffe, de timbre.* — Les procédures instruites d'office en matière civile sont soumises aux mêmes droits de timbre, de greffe et d'enregistrement que les procédures en matière criminelle.

Ces droits sont comptés en débet. Le papier est visé pour timbre.

N° 509. — *Emolument des officiers ministériels.* — L'émolument des huissiers est taxé au même prix qu'en matière criminelle. Il doit en être de même de l'émolument des greffiers pour les actes du greffe et pour les expéditions.

N° 510. — *Frais qui ne sont pas admis en taxe contre l'état.* — Les témoins, lorsqu'ils sont parens des défendeurs et les greffiers ne reçoivent aucune indemnité sur les fonds du trésor. (*Règlement*, articles 119, 121 et 122.)

N° 511. — *Avances des frais de poursuites.* — Les frais de ces procédures sont avancés par la régie de l'enregistrement, sauf à les imputer sur les fonds généraux des frais de justice criminelle, ou, s'il y a lieu, à s'en faire rembourser par les parties. (*Règlement*, articles 118, 121 et 122.) L'administration de l'enregistrement ne doit point acquitter les frais désignés en la note 510 qui ne sont pas admis en taxe contre l'état.

N° 512. — *Par qui sont supportés les frais de ces poursuites.* — Lorsque l'individu contre lequel sont dirigées les poursuites est condamné, il doit supporter tous les frais de la procédure, même ceux qui, d'après la note 510, ne sont pas admis en taxe contre l'état.

Si le condamné et les personnes responsables se trouvent insolvables, ou si l'individu poursuivi est relaxé, les frais de poursuites restent à la charge du ministère de la justice ; ils sont imputés sur les fonds généraux des frais de justice criminelle. Pour constater l'état d'indigence, — V. n° 94.

N° 513. — *Personnes responsables.* — Lorsque le condamné se trouve insolvable, ses père, mère, époux ou épouse peuvent être déclarés responsables des frais de poursuites. (*Réglement,* articles 119, 121 et 122.)

Cette disposition ne paraît pas applicable aux poursuites pour postulation ou pour contravention soit aux lois sur le notariat, soit sur la tenue des registres de l'état civil, mais seulement aux poursuites ayant pour objet la rectification des actes de l'état civil, l'interdiction d'office et la nullité d'un mariage.

N° 514. — *Recouvrement des frais avancés par l'administration de l'enregistrement.* — Cette administration est chargée de poursuivre ce recouvrement. Elle peut agir par toutes voies de droit contre le débiteur, que ce soit le condamné lui-même, ou les personnes responsables s'il y a lieu.

**POURVOI** EN CASSATION.

Acte de pourvoi. — V. n° 515.

Amende : quelle en est la somme. — V. n° 516.

       Par qui consignée. — V. n° 517.

       Par qui payée. — V. n° 518.

       Restitution de l'amende. — V. n° 520.

Arrêt de la cour de cassation. — V. n° 524.

Enregistrement. — V. n° 515.

Expédition de l'acte de pourvoi. — V. n⁰ 521.
Indemnité. — V. n⁰ 523.
Notification du pourvoi. — V. n⁰ 522.
Requête à la cour. — V. n⁰ 525.
Timbre. — V. n⁰ 515.


N⁰ 515. — *Acte de pourvoi : enregistrement, timbre.* — Cet acte est inscrit sur un registre spécial tenu au greffe de la cour ou du tribunal qui a rendu l'arrêt ou le jugement attaqué. La rédaction de cet acte ne procure aucun émolument au greffier.

Le pourvoi fait par le ministère public est exempt d'enregistrement et de timbre. Lorsque ce pourvoi est fait par l'une des parties, il est soumis à un droit d'enregistrement qui, en matière criminelle, est de 1 fr. 10 c. En matières correctionnelle et de simple police ce droit est de 27 fr. 50 c.

Ce droit est compté en débet lorsque le pourvoi est fait par une partie civile qui a justifié de son indigence, ou par une administration assimilée aux parties civiles autre que celles des postes ou des contributions indirectes, ou par un condamné qui se trouve actuellement détenu. Dans les autres cas ce droit est perçu au comptant.

Dans le cas où le droit d'enregistrement est compté en débet l'acte de pourvoi doit être écrit sur papier visé pour timbre. Lorsque l'acte doit être enregistré au comptant, il est écrit sur papier timbré.


N⁰ 516. — *Amende, somme à consigner.* — Si l'arrêt ou le jugement contre lequel est dirigé le pourvoi a été rendu par défaut, l'amende à consigner est de 82 fr. 50 c. Si l'arrêt ou le jugement est contradictoire, l'amende est de 165 fr. ( *Code d'instr. crimin.*, art. 419.)

Nᵉ 517. — *Qui doit consigner l'amende?* — C'est toujours le demandeur en cassation.

Sont néanmoins dispensés de cette consignation préalable 1° les *agens publics* pour les affaires qui concernent directement l'administration, les domaines ou les revenus de l'état (*Code d'instr. crimin.*, art. 420); mais les *communes* et les *établissemens publics* qui sont assimilés aux parties civiles ne sont pas dispensés de cette consignation; 2° les *condamnés* en matière criminelle (*Code d'instr. crim.*, art. 420.): l'individu seul qui a été condamné à une peine afflictive ou infamante est exempt de la consignation: l'individu qui a été condamné par une cour d'assises, mais seulement à une peine correctionnelle ou de simple police, doit consigner; 3° les *indigens* (*Code d'instr. crimin.*, art. 420) : pour justifier de son indigence l'individu qui veut se dispenser de consigner doit joindre à sa demande en cassation un certificat d'indigence. — V. nᵉ 94. — Il doit joindre aussi un extrait du rôle des contributions constatant qu'il paie moins de six francs, ou un certificat du maire de sa commune constatant qu'il n'est pas imposé.

Néanmoins celui qui paie moins de 20 fr. de contributions peut être dispensé de la consignation lorsque d'ailleurs il justifie de son indigence dans la forme déterminée en la note 94. (*Décision du ministre des finances du 9 novembre* 1813.)

Nᵉ 518. — *Qui doit en définitive payer cette amende?* — Tout demandeur autre que le ministère public, ou une administration qui agit dans l'intérêt direct de l'état et sans aucun avantage privé, doit, lorsqu'il succombe, être condamné à l'amende.

Les indigens, les condamnés en matière criminelle et les parties civiles qui ont justifié de leur indigence, quoique dispensés de consignation, sont néanmoins , lorsqu'ils succombent , condamnés au paiement de l'amende.

N⁰ 519. — *Frais de la consignation.* — Les seuls frais de cette consignation c'est le prix du papier timbré sur lequel est écrite la quittance du receveur. Cette quittance n'est pas enregistrée.

N⁰ 520. — *Restitution de l'amende consignée.* — Lorsque l'arrêt ou le jugement est annulé, l'amende consignée doit être restituée sans aucun délai. (*Code d'instr. crimin.*, art. 437.) La partie en obtient le remboursement sur la représentation de l'expédition de l'arrêt. Ce remboursement n'entraîne d'autres frais que le prix du papier timbré sur lequel est écrite la quittance donnée au receveur.

N⁰ 521. — *Expédition de l'acte de pourvoi.* — L'émolument du greffier pour cette expédition est le même que pour toutes les autres expéditions du greffe.

Lorsque l'acte de pourvoi est enregistré au comptant, l'expédition doit en être faite sur papier timbré ; lorsque cet acte est enregistré en débet , le papier de l'expédition est visé pour timbre.

Dans les autres cas cet acte est expédié sur papier libre.

N⁰ 522. — *Notification de l'acte de pourvoi.* — Les frais de cette notification sont les mêmes que ceux d'une simple citation. — V. n⁰ 102. — Pour le droit de copie de pièces, — V. n⁰ 147.

Cet acte est écrit sur papier timbré , il est enregistré au comptant, lorsque l'acte de pourvoi est lui-même enregistré au comptant ; dans les autres cas l'acte de notification est écrit sur papier visé pour timbre , il est enregistré en débet.

Nᵉ 523. — *Indemnité allouée au défendeur à la cassation.* — La partie civile qui succombe dans son recours, soit en matière criminelle, soit en matière de police simple ou correctionnelle, doit être condamnée à 150 fr. d'indemnité envers la partie acquittée, absoute ou renvoyée. ( *Code d'instr. crimin.*, art. 436. )

Nᵉ 524. — *Arrêt de la cour de cassation.* — Les arrêts définitifs de la cour de cassation sont soumis à un droit d'enregistrement de 27 fr. 50 c. ( *Loi du 28 avril* 1816, art. 47. )

Nᵉ 525. — *Requête.* — La requête que le demandeur en cassation doit joindre à son pourvoi doit être écrite sur papier timbré. Néanmoins, dans le cas où l'acte de pourvoi est enregistré en débet, le papier de la requête peut être visé pour timbre. — V. nᵉ 515.

## PRÉFETS.

Nᵉ 526. — Avant que les mémoires qui tendent à obtenir le paiement des frais ordinaires de justice soient acquittés par le receveur de l'enregistrement, ils doivent être soumis au visa du préfet. — V. nᵉ 421.

Les préfets inscrivent sur un registre particulier, sommairement et par ordre de dates et de numéros, les mandats qu'ils délivrent pour frais de justice criminelle ainsi que les visa qu'ils apposent sur les états ou mémoires, avec indication du nombre et de la nature des pièces produites au soutien.

Ils portent le numéro de l'inscription tant sur leurs mandats que sur les trois expéditions des états ou mémoires et sur chacune des pièces produites à l'appui. Ces pièces sont en outre cotées par première et dernière. ( *Réglement*, art. 165. )

Dans la première quinzaine de chaque mois les préfets adressent au ministre de la justice un état relevé sur le registre mentionné ci-dessus, et conforme aux modèles 38 et 39 de l'Instruction générale. Ils y joignent les doubles des états ou mémoires qu'ils ont visés pendant le mois expiré. (*Réglement*, art. 166, et *Instr. gén.*, page 141.)

Nᵉ 527. — Les préfets ne doivent délivrer leurs mandats et apposer leur visa sur les exécutoires qu'après une exacte vérification de chacun des articles de dépense portés dans ces états ou mémoires.

Ils réduisent au taux convenable les sommes qui surpassent les fixations faites par la loi et les articles non tarifés qui leur paraissent exagérés.

Ils rejettent en totalité les dépenses non autorisées ou non suffisamment justifiées ainsi que celles qui ne rappellent pas l'article de la loi qui les autorise.

Ils peuvent exiger la représentation des pièces à l'effet de vérifier les taxes soumises à leur révision. (*Réglement*, art. 152.)

V. *Rôles de restitution*, nᵉ 553.

## PRESCRIPTION DES FRAIS

Dus par l'état. — V. nᵉ 528.

Par les parties. — V. nᵉ 529.

Nᵉ 528. — *Prescription des frais dus par l'état.* — Pour les frais urgens et qui sont payés sur une simple taxe des magistrats, le Réglement ne fixe pas d'une manière positive le délai après lequel on ne peut plus en réclamer le paiement ; mais il convient d'en faire la demande dans l'année où les avances en ont été faites.

Quant aux frais ordinaires, — V. nᵉ 425.

N⁰ 529. — *Prescription des frais dus par les parties.* — L'action des huissiers pour le salaire des actes qu'ils signifient, celle des médecins et des marchands, se prescrivent par un an. Pour les greffiers et les autres parties prenantes la loi ne fixe aucun délai ; on doit s'en référer à la règle générale, qui fixe la prescription à trente ans.

## PRISONS.

N⁰ 530. — Les dépenses des prisons, maisons d'arrêt, de correction, de dépôt et de justice sont à la charge de l'état ( *Réglement,* art. 3, n⁰ 9 ), sans aucun recours contre les parties.

## PRIVILÉGE

Pour amendes, — V. n⁰ 531.

Dommages-intérêts, — V. n⁰ 532.

Frais de justice. — V. n⁰ 533.

Restitution. — V. n⁰ 532.

N⁰ 531. — *Privilége pour amendes.* — Aucune loi n'attribue au trésor, pour le recouvrement des amendes prononcées en matière criminelle, correctionnelle ou de simple police, un privilége sur les biens meubles ou immeubles des condamnés, sauf sur les objets saisis pour contravention.

N⁰ 532. — *Privilége pour dommages-intérêts et restitutions.* — Les dommages-intérêts et les restitutions alloués à une partie n'ont aucun droit de privilége ; néanmoins, en cas de concurrence entre l'amende et les dommages-intérêts ou restitutions sur les biens des condamnés, ces dernières condamnations obtiennent la préférence. ( *Code pénal,* art. 54. )

Ces dommages-intérêts et restitutions ne sont jamais payés qu'après les frais avancés par l'état.

Nᵉ 533. — *Privilége du trésor pour frais de justice*
Sur les meubles. — V. nᵉ 534.
Sur les immeubles. — V. nᵉ 535.
Inscription de ces priviléges. — V. nᵉ 536.

Nᵉ 534. — *Privilége du trésor sur les meubles.* — Le trésor a privilége sur les meubles et effets mobiliers des condamnés pour le remboursement des frais dont la condamnation est prononcée à son profit en matière criminelle, correctionnelle ou de simple police. ( *Loi du 5 septembre* 1807 , art. 1 et 2. )

Ce privilége ne s'exerce qu'après ceux qui sont désignés aux articles 2101 et 2102 du Code civil, et après le paiement des sommes dues pour la défense personnelle du condamné. ( *Même loi*, art. 2. ) — V. nᵉ 159.

Nᵉ 535. — *Privilége du trésor sur les immeubles.* — Le trésor a aussi, sur les immeubles du condamné, un privilége pour le remboursement des frais de justice en matières criminelle, correctionnelle et de simple police.

Ce privilége prend rang après les priviléges et les droits suivans :

1ᵒ *Priviléges* énoncés en l'article 2101 du Code civil dans le cas prévu par l'article 2105 du même Code.

2ᵒ *Priviléges* énoncés dans l'article 2103 du même Code , pourvu que les conditions prescrites pour leur conservation aient été observées.

3ᵒ *Hypothèques* inscrites avant le privilége du trésor, pourvu qu'elles résultent d'actes qui aient une date certaine avant le mandat d'arrêt, et s'il n'en a pas été décerné avant l'arrêt ou le jugement de condamnation.

4° *Hypothèques légales* existant indépendamment de l'inscription, pourvu toutefois qu'elles soient antérieures au mandat d'arrêt, et, s'il n'en a pas été décerné, qu'elles soient antérieures au jugement ou à l'arrêt de condamnation.

5° Sommes dues pour la défense personnelle des condamnés, sauf le réglement de ces frais par le tribunal qui a prononcé la condamnation. (*Loi du 5 septembre* 1807, art. 4.) — V. n⁰ 159.

Nᵉ 536. — *Inscription des priviléges du trésor.* — Le privilége du trésor sur les immeubles du condamné doit être inscrit dans les deux mois qui suivent le jugement de condamnation. Passé ce délai, le trésor n'a plus qu'une simple hypothèque, qui prend date du jour de son inscription. (*Même loi*, art. 3.)

Cette inscription doit être requise par l'administration de l'enregistrement. La rédaction du bordereau ne procure aucun émolument à son auteur.

## PROCÈS-VERBAUX

Enregistrés au comptant. — V. nᵉ 538.

En débet. — V. nᵉ 539.

Exempts d'enregistrement. — V. nᵉ 540.

Rédaction. — V. nᵉ 537.

Signification. — V. nᵉ 541.

Timbre : procès-verbaux sur papier libre. —V. nᵉ 540.

Sur papier timbré. — V. nᵉ 538.

Sur papier visé pour timbre. — V. nᵉ 539.

Nᵉ 537. — *Rédaction des procès-verbaux.* — La rédaction des procès-verbaux ne procure jamais aucun émolument spécial ni aux greffiers, ni aux huissiers, ni aux fonctionnaires publics.

Nᵉ 538. — *Procès-verbaux enregistrés au comptant, écrits sur papier timbré.* — Ce sont les procès-verbaux que rédigent les gardes champêtres et forestiers des particuliers pour contraventions dans les propriétés des particuliers ;

Les procès-verbaux destinés à constater des contraventions de simple police sur la réquisition des parties lésées ;

Les procès-verbaux destinés à constater les contraventions aux lois sur les contributions indirectes et sur le transport frauduleux des dépêches.

Le droit d'enregistrement est de 2 fr. 20 c.

Nᵉ 539. — *Procès-verbaux enregistrés en débet, et écrits sur papier visé pour timbre.* — Ce sont les procès-verbaux en matière de simple police, à moins qu'ils ne soient requis par la partie lésée ; les procès-verbaux constatant les infractions aux lois sur les contributions publiques ; les procès-verbaux des gardes champêtres, forestiers, et des gardes de la pêche autres que ceux qui sont désignés dans la note 538. Le droit est aussi de 2 fr. 20 c.

Nᵉ 540. — *Procès-verbaux exempts de timbre et d'enregistrement.* — Ce sont les procès-verbaux en matière criminelle ou correctionnelle que rédigent

Les commissaires de police lorsqu'ils agissent dans le cas de flagrant délit comme auxiliaires du procureur du roi ;

Juges d'instruction ;

Juges de paix agissant comme auxiliaires du procureur du roi ;

Maires et adjoints de maire dans le même cas ;

Officiers de gendarmerie dans le même cas ;

Procureurs du roi, leurs substituts et leurs auxiliaires.

Nᵉ 541. — *Signification des procès-verbaux.* — Une circulaire du 30 décembre 1812 interdit de signifier les procès-verbaux qui ne font pas foi jusqu'à inscription de faux. Cette disposition a été modifiée par l'article 172 du Code de 1827 en ce qui concerne les délits forestiers, et par l'article 49 de la loi du 15 avril 1829 en matière de pêche fluviale. Cette signification est faite dans l'acte de citation donné au prévenu; un acte particulier serait frustratoire. Pour le droit de copie, — V. nᵉ 148.

**PROCUREURS** GÉNÉRAUX, PROCUREURS DU ROI.
V. *Parquet*, nᵉ 455.

**RECORS.**

Nᵉ 542. — Le salaire des recors est toujours à la charge des huissiers qui les ont employés. (*Réglement*, art. 78.)

**RECOUVREMENT**
Des amendes. — V. nᵉ 543.
Des cautionnemens. — V. nᵉ 387.
Des frais de justice. — V. nᵉ 544.

Nᵉ 543. — *Recouvrement des amendes.* — Le recouvrement des amendes prononcées par les arrêts et jugemens peut être poursuivi par toutes les voies de droit, telles que les saisies, et même par la contrainte par corps. (*Code pénal*, articles 52 et 467.)

Les frais des poursuites exercées pour obtenir le recouvrement des amendes sont taxés comme en matière civile. (*Réglement*, art. 126.)

Ainsi voir le *Manuel du juge taxateur*, savoir : pour
Saisie arrêt, nᵒ 919 ;
Saisie brandon, nᵒ 937 ;
Saisie exéeution, nᵒ 942 ;

Saisie immobilière, n° 967.

Mais les frais de la contrainte par corps sont taxés comme ceux d'un mandat d'arrêt. ( *Réglem.*, art. 71, § 5.)

Les frais de ces poursuites ne sont jamais imputés sur les fonds généraux des frais de justice criminelle. (*Réglement,* art. 126. )

En cas d'insolvabilité des débiteurs de ces amendes les frais des poursuites tombent en non valeur dans les comptes de l'administration de l'enregistrement et des domaines. ( *Réglement* , art. 126. )

N⁰ 544. — *Recouvrement des frais de justice*
Par l'administration de l'enregistrement. —V. n⁰ 545.
Par l'une des parties. — V. n⁰ 546.
Par la partie civile contre l'état. — V. n⁰ 547.

N⁰ 545. — *Recouvrement des frais de justice par l'administration de l'enregistrement.* — Le recouvrement des frais de justice avancés par l'administration de l'enregistrement et le paiement des droits d'enregistrement et de timbre comptés en débet sont poursuivis par les préposés de cette administration tant contre les condamnés que contre les personnes civilement responsables , et même contre les parties civiles ; néanmoins, dans les causes soumises au jury, la partie civile qui n'a pas succombé n'est jamais tenue des frais.

Il est poursuivi par toutes les voies de droit , même par la contrainte par corps. ( *Réglement,* art. 174.)

Les frais de ces poursuites doivent être taxés comme il est dit à la note 543.

N⁰ 546. — *Recouvrement des frais par l'une des parties.* — La partie qui se trouve créancière pour frais en matière criminelle, correctionnelle ou de simple police, a droit d'en poursuivre le paiement par toutes voies de droit , et même par la contrainte par corps. (*Code pénal*, articles 52 et 469.) Pour les frais de toutes ces poursuites, —V. nᵉ 543 ; — quant à ceux de la contrainte par corps , — V. nᵉ 129.

Nᵉ 547. — En matière criminelle la partie civile qui a fait l'avance des frais , et qui en définitive ne succombe pas , doit obtenir le remboursement de ses avances. Pour cet effet elle doit rédiger un mémoire détaillé de ces avances. Ce mémoire est rédigé par triple expédition. (*Ordonnance du 28 juin 1832.*) — V. *Mémoire*, nᵉ 417 et suiv.

**RECTIFICATION** D'OFFICE DES ACTES DE L'ÉTAT CIVIL.

Nᵉ 548. — Les erreurs qui rendent nécessaires ces rectifications proviennent bien quelquefois des fausses indications qu'ont données les parties ; mais quelquefois aussi elles doivent être imputées aux officiers de l'état civil. Il y a justice de la part du gouvernement à renoncer aux droits d'enregistrement, de greffe et de timbre qu'entraîneraient ces rectifications lorsque le peu de fortune des particuliers rendrait ces frais trop onéreux pour eux.

Aussi , sur un certificat du maire , qui constate leur état d'indigence , le ministère public poursuit d'office ces rectifications. Les actes et les jugemens doivent énoncer qu'ils concernent des individus notoirement insolvables.

Pour les frais de cette rectification , — V. Poursuites d'office , nᵉˢ 507 et suivantes.

**RÉDACTION**
Des arrêts et jugemens. — V. nᵉˢ 44, 51 et 366.
Des procès-verbaux. — V. nᵉ 537.

**RENSEIGNEMENS** FOURNIS PAR LES GREFFIERS.

Nᵉ 549. —Il n'est rien alloué aux greffiers pour les simples renseignemens qui leur sont demandés par le ministère public pour être transmis aux ministres. (*Réglement,* art. 63.)

## RÉQUISITIONS.

N⁰ 550. — Les réquisitions que les juges d'instruction et tous les officiers de police judiciaire sont dans le cas d'adresser soit à des ouvriers, soit à des fournisseurs, soit à toutes autres personnes, sont écrites sur papier libre.

Elles n'entraînent aucuns frais.

## RÉQUISITOIRES DU MINISTÈRE PUBLIC.
V. n⁰ 418.

## RESPONSABLES (PERSONNES CIVILEMENT).
Effets de la responsabilité. — V. n⁰ 552.
Personnes responsables. — V. n⁰ 551.

N⁰ 551. — *Personnes civilement responsables.*
Sont responsables :

Les *artisans,* du dommage causé par leurs apprentis pendant le temps qu'ils sont sous leur surveillance. (*Code civil,* art. 1384.)

Les *commettans,* du dommage causé par leurs préposés dans les fonctions auxquelles ils les ont employés. (*Même article.*)

Les *hôteliers* et *aubergistes,* du dommage causé par les personnes qui ont logé chez eux pendant plus de vingt-quatre heures s'ils n'ont pas écrit sur leur registre le nom, la profession et le domicile des coupables. (*Code pénal,* art. 73.)

Les *instituteurs,* du dommage causé par leurs élèves pendant le temps qu'ils sont sous leur surveillance. (*Code civil,* art. 1384.)

Les *maîtres*, du dommage causé par leurs domestiques dans les fonctions auxquelles ils les ont employés. (*Même article.*)

Le *père*, et, après son décès, la *mère*, du dommage commis par ses enfans mineurs habitant avec lui. (*Même article.*)

Néanmoins la responsabilité des artisans, instituteurs, maîtres, pères et mères cesse lorsqu'ils prouvent qu'ils n'ont pu empêcher le fait qui donne lieu à leur responsabilité. (*Code civil*, art. 1384.)

N⁰ 552. — *Effets de cette responsabilité.* — Les personnes civilement responsables sont tenues solidairement envers la partie civile au paiement des restitutions et des dommages-intérêts qui lui sont alloués. — V. n⁰ 188.

Elles sont aussi tenues solidairement, soit envers la partie civile, soit envers l'état, du paiement des frais. (*Réglement*, art. 156.)

## RESTITUTIONS (RÔLES DE).

Cas où il y a lieu d'en décerner. — V. n⁰ 553.
Contre qui décernés. — V. n⁰ 555.
Mode d'exécution. — V. n⁰ 556.
Par qui rédigés. — V. n⁰ 554.

N⁰ 553. — *Cas où il y a lieu à décerner un rôle de restitution.* — Les juges qui ont décerné des mandats ou exécutoires et les officiers du ministère public qui y ont apposé leur signature sont responsables de tout abus ou exagération dans ces taxes. Ils en sont solidairement responsables avec les parties prenantes, et sauf leur recours contre elles. (*Réglement*, art. 141.)

Toutes les fois que le ministre de la justice reconnaît que des sommes ont été induement allouées à titre de frais de justice criminelle, il doit en faire dresser des rôles de restitution. (*Réglement*, art. 172.)

N⁰ 554. — *Par qui sont rédigés les rôles de restitution ?* — Pour les frais urgens les rôles de restitution sont rédigés par les préfets ; ils sont adressés au ministre de la justice, qui les rend exécutoires s'il y a lieu. (*Réglement,* art. 173.) Ces rôles doivent être conformes au 18ᵉ tableau placé à la fin de ce volume.

Pour tous les frais soit urgens, soit ordinaires, lorsque le ministre de la justice reconnaît qu'il y a lieu à restitution, il en fait dresser des rôles, qui sont par lui rendus exécutoires. (*Réglement,* art. 172.)

N⁰ 555. — *Contre qui sont décernés ces rôles ?* — Ils sont décernés solidairement tant contre les juges et les officiers du ministère public qui les ont signés que contre la partie prenante. (*Réglement,* articles 141 et 172.)

N⁰ 556. — *Mode d'exécution des rôles de restitution.* — Lorsque le ministre de la justice a rendu exécutoires les rôles de restitution, le paiement en est poursuivi par toutes voies de droit, même par la contrainte par corps. (*Réglement,* art. 174.)

Les frais de ces poursuites sont taxés comme il est dit note 543.

Pour l'exécution de la contrainte par corps il suffit de donner au débiteur, en tête du commandement à lui signifié, copie

1° Du rôle ou des articles du rôle sur lesquels est intervenue l'ordonnance de recouvrement ;

2° De l'ordonnance du ministre de la justice portant restitution de la somme à recouvrer en ce qui concerne le débiteur contraint. (*Réglement,* art. 175.)

Pour les frais de cette notification, — V. *Citation,* n⁰ 102.

Pour le droit de copie de pièces, — V. n⁰ 134.

236 SAG

ROLES.

V. copies de pièces , nᵉ 147.
Expéditions , nᵉ 221.
Traductions , nᵉ 623.

SAGES-FEMMES.

Avertissement. — V. nᵉ 557.
Enregistrement. — V. nᵉ 560.
Fournitures. — V. nᵉ 559.
Modèle de mémoire. — V. nᵉ 564.
Paiement par qui avancé. — V. nᵉ 565.
Prescription. — V. nᵉ 528.
Rapport. — V. nᵉ 560.
Séjour forcé en route. — V. nᵉ 561.
Séjour prolongé dans la ville où se fait l'instruction.
— V. nᵉ 562.
Témoignage. — V. nᵉ 566.
Timbre. — V. nᵉ 560.
Visite. — V. nᵉ 558.
Voyage. — V. nᵉ 563.

Nᵉ 557. — *Avertissement.* — Les sages-femmes sont appelées par un simple avertissement , écrit sur papier libre , et qui leur est remis sans frais. (*Instruction générale*, page 35.)

Nᵉ 558. — *Visites.* — Pour chaque visite que fait une sage-femme sur l'avertissement du magistrat il lui est alloué ( *Réglement,* art. 18 ) :

A Paris. . . . . . . . . . . . . . . . . . . . . . . 3 »
Dans toutes les autres villes et communes. . . . 2 »
Il lui est en outre alloué des frais de voyage — V. nᵉ 563 — et de séjour. — V. nᵉˢ 561 et 562.

Nᵉ 559. — *Fournitures.* — Les sages-femmes , outre l'émolument qui leur est alloué pour leurs visites , obtien-

nent le remboursement des fournitures qu'elles ont faites.
(*Réglement*, art. 19. )

Pour obtenir le paiement de ces fournitures les sages-femmes doivent en joindre un état détaillé à leur mémoire. Si elles ont acheté ces objets, il faut que l'état en soit quittancé par le vendeur. (*Instruction générale*, page 39. )

Nᵉ 560. — *Rapport: timbre, enregistrement.* — La rédaction par écrit du rapport dans lequel la sage-femme constate le résultat de sa visite ne lui procure aucun émolument spécial. La somme allouée pour la visite sert aussi d'émolument pour le rapport.

Ce rapport est écrit sur papier libre ; il est exempt d'enregistrement.

Nᵉ 561. — *Séjour forcé en route.* — Lorsqu'une sage-femme appelée pour une visite est arrêtée dans son voyage par force majeure, elle a droit à une indemnité de 1 fr. 50 c. par chaque journée qu'a duré ce séjour. (*Réglement*, art. 95. )

Pour le calcul du nombre des journées, — V. nᵉ 571.
Pour les justifications à produire, — V. nᵉ 572.

Nᵉ 562. — *Séjour prolongé dans la ville où se fait l'instruction.* — Lorsqu'une sage-femme appelée pour une visite est obligée de prolonger son séjour dans la ville où se fait l'instruction, et qui n'est pas celle de sa résidence, il lui est alloué, pour chaque journée de séjour (*Réglement*, art. 96. ) :

A Paris. . . . . . . . . . . . . . . . . . . . . . . . . . . . . . . 3   »
Dans une ville de 40,000 habitans et au-dessus  2   »
Dans les autres villes et communes. . . . . . . . . 1  50
Pour le calcul du nombre des journées, — V. nᵉ 575.

Nᵉ 563. — *Voyage.* — La sage-femme qui est obligée

de se transporter dans une commune dont le chef-lieu est éloigné de plus de deux kilomètres du chef-lieu de la commune où elle réside obtient une indemnité de 1 fr. 50 c. pour chaque myriamètre parcouru. ( *Réglement*, art. 90 et 91. ) L'art. 94 du Réglement, qui allouait une augmentation de taxe pendant les mois d'hiver, est **abrogé** par l'art. 4 du Décret du 7 avril 1813.

Pour le calcul du nombre de myriamètres parcourus, — V. n⁰ 185.

Pour les sommes à allouer, — V. le tableau de la n⁰ 326.

N⁰ 564. — *Modèle de mémoire.* — Le mémoire que les sages-femmes doivent présenter pour obtenir le paiement des sommes qui leur sont dues est rédigé par triple expédition. L'une des copies est écrite sur papier timbré ; les deux autres, sur papier libre. ( *Réglement*, art. 145.) Néanmoins, si le mémoire ne s'élève pas à plus de 10 fr., les trois copies sont faites sur papier libre.

Ce mémoire doit être conforme au 15ᵉ tableau placé à la fin de ce volume.

N⁰ 565. — *Paiement par qui avancé.* — S'il y a en cause une partie civile qui ait consigné, l'exécutoire pour le paiement du mémoire est décerné sur le greffier. Dans les autres cas le mémoire est acquitté, par le receveur de l'enregistrement, sur les fonds généraux des frais de justice criminelle.

N⁰ 566. — *Témoignage.* — Lorsqu'une sage-femme est assignée en témoignage, soit à l'audience, soit devant le juge d'instruction, elle est entièrement assimilée à une autre femme qui viendrait déposer. — Pour les journées de déposition, — V. n⁰ 590.

Pour séjour forcé en route, — V. n⁰ 592.

Pour séjour prolongé dans la ville où se fait l'instruction, — V. nᵉ 593.

Pour voyage, — V. nᵉ 591.

Si elle est appelée pour fournir des éclaircissemens sur son rapport, elle a droit aux mêmes indemnités que lorsqu'elle est assignée comme témoin; mais la formule de sa taxe diffère. Cette taxe doit être écrite à la suite de l'avertissement donné à la sage-femme. Elle est conçue comme celle qui est faite aux experts. — V. nᵉ 235.

## SAISIES.

Nᵉ 567. — Lorsqu'il est procédé à des saisie arrêt, saisie exécution, saisie brandon, saisie immobilière, pour le recouvrement des frais, des amendes, des dommages-intérêts ou des restitutions, les frais en sont toujours taxés comme en matière civile. (*Réglement*, art. 126.)

Pour la saisie arrêt, — V. le *Manuel du juge taxateur*, n° 919.

Pour saisie brandon, — V. n° 937.

Pour saisie exécution, — V. n° 962.

Pour saisie immobilière, — V. n° 967.

## SCELLÉS.

Nᵉ 568. — L'apposition et la levée des scellés faites par le juge d'instruction ou par les officiers de police judiciaire n'entraînent aucuns frais.

Pour l'indemnité du gardien, — V. nᵉ 274.

## SCRIBES.

Nᵉ 569. — Les copies de pièces faites par les scribes leur sont payées au même prix que si elles étaient faites par les huissiers. (*Réglement*, art. 71, n° 10.) — V. *Copies de pièces*, nᵉˢ 147 et suiv.

**SECOURS** AUX DÉTENUS.

V. *Alimens*, ne 18.

**SÉJOUR** FORCÉ EN ROUTE.

Calcul du nombre des journées de séjour. — V. ne 571.

Cas où il y a lieu à une indemnité pour séjour forcé. — V. ne 570.

Formule de taxe. — V. ne 573.

Pièces justificatives à produire. — V. ne 572.

Ne 570. — *Cas où il y a lieu à une indemnité pour séjour forcé en route.* — L'individu autre que l'inculpé ou la partie civile qui, étant appelé devant un juge d'instruction, une cour d'assises, un tribunal correctionnel ou de simple police, se trouve arrêté par force majeure dans le cours de son voyage, a droit à une indemnité. ( *Réglement*, art. 95.) Cette indemnité doit être allouée soit que l'individu ait été arrêté en se rendant de son domicile au lieu où se fait l'instruction, soit qu'il ait été arrêté à son retour.

Ne 571. — *Calcul du nombre des journées de séjour forcé en route.* — Une interruption de quelques heures dans le cours du voyage ne peut donner droit à une indemnité de séjour. Si l'obstacle a duré assez long-temps pour que le voyageur n'ait pu continuer sa route que le lendemain, le surlendemain ou plusieurs jours après, on doit lui compter un, deux ou plusieurs jours de séjour. Le juge doit apprécier les diverses circonstances qui ont prolongé le voyage.

Ne 572. — *Pièces à produire pour obtenir l'indemnité de séjour forcé en route.* — La cause et la durée du séjour doivent être constatées par un certificat délivré par le juge de paix du lieu du séjour, ou par l'un de ses suppléans, ou par le maire, et, à son défaut, par un adjoint. ( *Réglement*, art. 95. ) Ce certificat doit rester annexé à la taxe. Il est sur papier libre.

Nᵉ 573. — *Formule de la taxe.* — Lorsque l'indemnité de séjour doit être portée sur un état ou mémoire de frais ordinaires, on désigne, dans cet état, le nombre des journées de séjour. Le prix alloué par le Réglement pour chaque journée est fixé par l'art. 95, n° 1ᵉʳ, du Réglement.

Lorsque l'indemnité de séjour est comprise dans une taxe de frais urgens, elle est ainsi réglée :

Taxé à                                        la somme de
pour *(nombre de)* jours de séjour forcé à                        ,
constaté par le certificat ci-joint, en vertu de l'art. 95, n° 1ᵉʳ, du Réglement du 18 juin 1811.

SÉJOUR PROLONGÉ DANS LA VILLE OU SE FAIT L'INSTRUC-
    TION.
    Calcul du nombre des journées de séjour. — V.
      nᵉ 575.
    Cas où il y a lieu à une indemnité de séjour. — V.
      nᵉ 574.
    Formule de taxe. — V. nᵉ 577.
    Indemnité pour chaque journée. — V. nᵉ 576.

Nᵉ 574. — *Cas où il y a lieu à une indemnité de séjour dans la ville où se fait l'instruction.* — Les chirurgiens, experts, interprêtes, médecins, sages-femmes et témoins, lorsqu'ils se trouvent obligés de prolonger leur séjour dans la ville où se fait l'instruction, et qui n'est pas celle de leur résidence, ont droit à une indemnité. (*Réglement,* art. 96. )

Nᵉ 575. — *Calcul du nombre des journées de séjour.* — Le jour pendant lequel la partie prenante obtient quelque émolument, soit pour vacation, visite, déposition, soit pour une autre opération, ne compte pas dans le nombre des jours pour lesquels il est alloué une indemnité de séjour.

Nᵉ 576. — *Indemnité pour chaque journée de séjour dans la ville où se fait l'instruction.* — Elle est fixée ainsi qu'il suit par l'art. 96 du Réglement :

Pour les chirurgiens, les experts et les médecins, lorsque le séjour a lieu à Paris. . . . . . . . . . . . . . . . 4  »

Dans une ville de 40,000 habitans et au-dessus  2 50

Dans les autres villes et communes. . . . . . . . 2  »

Pour les sages-femmes et les témoins lorsque le séjour a lieu à Paris. . . . . . . . . . . . . . . . . . 3  »

Dans une ville de 40,000 habitans et au-dessus  2  »

Dans les autres villes et communes. . . . . . . . 1 50

Nᵉ 577. — *Formule de taxe.* — Lorsque cette indemnité se trouve comprise dans un état de frais ordinaire, on doit désigner le nombre de journées, le lieu du séjour, le prix pour chaque journée, et citer l'art. 96 du Réglement.

Lorsque cette indemnité doit être payée avec des frais urgens, la taxe, en ce qui concerne cette indemnité, doit être ainsi conçue :

Taxé          fr.          c. pour *(nombre)* journées de séjour à
, où l'instruction a lieu, conformément à l'art. 96 du Réglement du 18 juin 1811.

## SIGNIFICATIONS.

Nᵉ 578. — Lorsqu'il n'a pas été délivré au ministère public expédition des actes ou jugemens, les significations sont faites par les huissiers sur les minutes qui leur sont confiées par les greffiers, à la charge de les rétablir au greffe dans les vingt-quatre heures qui suivent la signification, sous peine d'y être contraints par corps en cas de retard. Lorsqu'un acte ou jugement a été remis en expédition au ministère public, la signification est faite sur cette expédition sans qu'il en soit délivré une seconde pour cet objet.

Les copies de tous les actes, arrêts, jugemens et pièces à signifier doivent toujours être faites par les huissiers ou par leurs scribes. (*Réglement*, art. 70.) Les droits des huissiers pour les significations sont les mêmes que pour les citations. — V. n⁰ 102.

V. *Citations*, n⁰ 97.

Pour le droit de copie de pièces, — V. n⁰ˢ 147 et suiv.

## SOLIDARITÉ.

Pour amendes, — V. n⁰ 579.

Dommages-intérêts, — V. n⁰ 580.

Frais, — V. n⁰ 581.

Restitution, — V. n⁰ 580.

N⁰ 579. — *Solidarité pour amendes.* — En matières criminelle et correctionnelle chacun des individus condamnés pour le même fait qualifié crime ou délit et chacune des personnes civilement responsables sont tenus solidairement de toutes les amendes. (*Code pénal*, art. 55.)

Mais, en simple police, la loi n'a pas ordonné et les tribunaux ne peuvent prononcer la solidarité pour les amendes.

N⁰ 580. — *Solidarité pour les dommages-intérêts et pour les restitutions.* — Chacun des individus condamnés pour le même crime ou le même délit et chacune des personnes civilement responsables sont tenus solidairement des restitutions et des dommages-intérêts. (*Code pénal*, art. 55.)

En matière de simple police cette solidarité n'est pas ordonnée par la loi, et ne peut être prononcée.

N⁰ 581. — *Solidarité pour les frais.* — Chacun des individus condamnés pour le même fait, soit crime ou délit, soit simple contravention de police, et chacune des personnes civilement responsables peuvent être poursuivis solidairement pour tous les frais. (*Réglement*, art. 156.) Mais, si le même arrêt, le même jugement, prononçait des condamnations contre divers individus, mais non pas pour les mêmes faits, il n'y aurait pas lieu à prononcer la solidarité quant aux frais.

**SURVEILLANCE** DE LA HAUTE POLICE.

N⁰ 582. — Le renvoi sous la surveillance de la haute police n'entraîne plus l'obligation de fournir une caution. (*Loi du 28 avril 1832.*)

**TAXE** DES FRAIS.

    Observations générales. — V. n⁰ 583.
    Formule de la taxe. — V. n⁰ 585.
    Par qui elle est faite. — V. n⁰ 584.

N⁰ 583. — *Observations générales.* — Tous les frais en matières criminelle, correctionnelle et de simple police sont taxés d'après les fixations des Décrets des 18 juin 1811 et 7 avril 1813, soit qu'ils doivent être payés sur les fonds généraux des frais de justice criminelle, soit qu'ils doivent l'être par un simple particulier ou par des administrations publiques.

Les magistrats chargés de cette taxe doivent y porter la plus grande exactitude pour ne blesser ni les intérêts des officiers ministériels et des autres individus qui doivent en recevoir le paiement, ni les intérêts des parties à la charge desquelles peuvent tomber ces frais. — V. d'ailleurs n⁰ 420.

N⁰ 584. — *Par qui cette taxe est-elle faite ?* — Les juges

de paix taxent les frais des causes soumises à leur jugement ; ils taxent aussi les témoins qu'ils entendent par
commission rogatoire.

Les juges d'instruction taxent tous les frais urgens qui
ont été faits en exécution de leurs ordonnances.

En général les présidens des cours et tribunaux taxent
tous les autres frais. Les formules de mémoires données
dans l'Instruction générale du 30 septembre 1826 désignent
ordinairement le magistrat chargé de la taxe. Les présidens
et juges d'instruction ne peuvent refuser de taxer, s'il y a
lieu, les états ou mémoires par la seule raison que ces
frais n'auraient pas été faits par leur ordre direct, pourvu
toutefois qu'ils aient été faits en vertu des ordres d'une
autorité compétente dans le ressort de la cour ou du tribunal que ces juges président ou dont ils sont membres.
(*Règlement*, art. 142.)


N⁰ 585. — *Formalités de la taxe.* — Les états ou mémoires sont taxés article par article ; la taxe de chaque
article doit rappeler la disposition de loi sur laquelle elle
est fondée. (*Règlement*, art. 139.)

Les formalités de la taxe sont remplies sans frais.
(*Règlement*, art. 140.)


**TÉMOINS.**

Observations générales. — V. nᵉ 586.

Avances aux témoins. — V. nᵉ 615.

Experts. — V. nᵉ 235.

Femme mariée ou veuve. — V. nᵉ 242.

Fille âgée de vingt-un ans. — V. nᵉ 247.

       De moins de vingt-un ans. — V. nᵉ 193.

Formalités de la taxe des témoins. — V. nᵉˢ 594
et suiv.

Formule générale. — V. ne 614.

Garçon âgé de quinze ans. — V. ne 261.

        De moins de quinze ans. — V. nes 262 et 193.

Gardes champêtres appelés en témoignage. — V. ne 269.

Gardes forestiers. — V. ne 270.

Gendarmes. — V. ne 288.

Indemnité pour simple déposition. Quand est allouée cette taxe. — V. ne 587.

    Calcul du nombre des journées. — V. ne 589.

    Somme allouée. — V. 590.

    Personnes qui ne peuvent l'obtenir. — V. ne 588.

Malades. — V. ne 616.

Médecins. — V. ne 415.

Militaires. — V. nes 430 et suiv.

Paiement des taxes. Par qui avancé. — V. ne 618.

Réquisition de taxe. — V. ne 595.

Sages-femmes. — V. ne 566.

Séjour forcé en route. — V. ne 592.

Séjour prolongé dans la ville où se fait l'instruction. — V. ne 593.

Taxe. Par qui écrite. — V. ne 617.

Témoin accompagné dans son voyage. — V. ne 193.

Témoins cités par l'inculpé ou la partie civile. — V. ne 619.

Traitement qui empêche de recevoir certaine taxe. — V. ne 588.

Voyage. — V. ne 591.


Ne 586. — *Observations générales.* — L'indemnité que peuvent obtenir les témoins diffère suivant :

L'âge des témoins ;

La distance parcourue pour venir déposer ;

Le sexe des témoins ;

Le temps employé à la déposition,

Et encore suivant que le témoin est ou non militaire,
ou suivant qu'il jouit d'un traitement.

Mais cette indemnité est toujours la même, quel que
soit le tribunal devant lequel comparaît le témoin, et
quelle que soit la personne qui l'a fait citer, et qui doit
payer sa taxe. ( *Règlement*, art. 34. )

Cette indemnité consiste dans la somme allouée au
témoin.

Pour journée de simple déposition, — V. n<sup>e</sup> 587.

Pour séjour forcé en route, — V. n<sup>e</sup> 592.

Pour séjour prolongé dans la ville où se fait l'instruction, — V. n<sup>e</sup> 593.

Pour voyage, — V. n<sup>e</sup> 591.

Dans certains cas le témoin obtient en même temps les
indemnités de voyage et de séjour ; mais jamais aucune de
ces indemnités ne peut être allouée au témoin qui reçoit
l'indemnité fixée pour journée de simple déposition.

N<sup>e</sup> 587. — *Indemnité pour journée de simple déposition :
quand est allouée cette taxe.* — Le témoin qui est détourné
de son travail ou de ses affaires pendant le temps qu'il
emploie à fournir sa déposition peut, s'il le requiert, obtenir une indemnité. —V. néanmoins n<sup>e</sup> 588.

Le témoin qui habite soit dans la ville même où se fait
l'instruction, soit dans une commune dont le chef-lieu
n'est pas éloigné de plus d'un myriamètre du chef-lieu de
la commune où il est entendu, n'obtient jamais d'indemnité pour voyage ou pour séjour ; il n'a droit qu'à celle
qui est fixée par les articles 27 et 28 du Règlement.

Lorsque le témoin habite au-delà d'un myriamètre ,

son indemnité n'est plus calculée par journée de déposition, il lui est alloué une indemnité de voyage — V. n° 591 — et, dans quelques cas, une indemnité de séjour. — V. n°⁵ 592 et 593.

N° 588. — *Personnes à qui l'indemnité de simple déposition ne peut être allouée. Traitement.* — Les témoins qui reçoivent un traitement quelconque à raison d'un service public n'obtiennent point cette indemnité, quand même ils auraient été cités à la requête de l'inculpé ou de la partie civile. (*Réglement*, articles 32 et 34.)

On doit entendre par *traitement quelconque* tout ce qui est payé soit sur les fonds du trésor royal, soit sur les fonds départementaux, municipaux ou communaux, et à quelque titre et sous quelque dénomination que ce soit. (*Instruction générale*, page 45.) — V. néanmoins *Gendarmes*, n° 288; — *Gardes champêtres et forestiers*, n° 268.

N° 589. — *Calcul du nombre des journées de simple déposition.* — On alloue une journée quand même le témoin n'aurait été détourné de ses affaires que pendant quelques heures ou même quelques instans.

Si le témoin se présente à l'heure fixée, et ne finit sa déposition que le lendemain, ou s'il ne peut recevoir le paiement de sa taxe que le lendemain, on lui compte deux journées, quelles que soient l'heure de la convocation et celle à laquelle il peut recevoir le paiement de sa taxe. S'il ne finit sa déposition ou s'il ne peut recevoir son paiement que le troisième, le quatrième jour, etc., il lui est alloué trois et quatre fois la somme fixée pour une journée de déposition, et ainsi de suite.

N° 590. — *Somme allouée pour chaque journée de déposition.* — Il est alloué, pour chaque journée; savoir :

Aux hommes et aux garçons âgés de quinze ans au moins. ( *Réglement,* art. 27 ) :

A Paris. . . . . . . . . . . . . . . . . . . . . 2 »
Dans les villes de 40,000 habitans et au-dessus 1 50
Dans les autres villes et communes, . . . . . . . 1 »

Aux femmes mariées, veuves ou filles de tout âge, et aux garçons âgés de moins de quinze ans ( *Réglement,* art. 28 ) :

A Paris. . . . . . . . . . . . . . . . . . . . 1 25
Dans les villes de 40,000 habitans et au-dessus 1 »
Dans les autres villes et communes. . . . . . . » 75

Nᵉ 591. — *Voyage.* — Pour avoir droit à une indemnité de voyage il faut que le témoin soit entendu dans une commune autre que celle où il réside, et même qu'il y ait plus d'un myriamètre entre les chefs-lieux de ces deux communes. ( *Décret du 7 avril* 1813 , art. 2. ) Il résulte de cette disposition la conséquence bien rigoureuse qu'un témoin peut être obligé de parcourir cinq et même six lieues sans obtenir d'autre taxe que celle qui est fixée dans la note précédente.

L'indemnité de voyage est plus considérable lorsque le témoin se transporte hors de son arrondissement. Cette indemnité de voyage est de 1 fr. par chaque myriamètre parcouru lorsque le lieu de la déposition et la demeure du témoin sont dans le même arrondissement. Elle est de 1 fr. 50 c. par chaque myriamètre dans les autres cas. ( *Décret du 7 avril* 1813 , art. 2. ) Pour le calcul du nombre des myriamètres admis en taxe, — V. nᵉ 185.

Les femmes, les enfans, obtiennent les mêmes indemnités de voyage que les hommes, et même, dans certains cas, les filles âgées de moins de vingt-un ans et les garçons âgés de moins de quinze ans obtiennent une plus forte indemnité. —V. nᵉ 193.

Les témoins ont droit à cette indemnité de voyage quand même ils recevraient un traitement. Mais, pour les militaires en activité de service, — V. nᵉ 433.

Le témoin qui obtient une indemnité de voyage n'a pas droit à celle qui est réglée à la note 590 pour simple déposition. Ce témoin, s'il finit sa déposition, et s'il peut recevoir sa taxe le jour même pour lequel il est assigné, n'obtient d'autre indemnité que celle qui est calculée sur l'espace qu'il a parcouru. Mais, s'il n'est pas libre de repartir le même jour, il a droit à une indemnité de séjour. — V. nᵉ 593. — Il peut aussi avoir droit à une indemnité de séjour forcé en route. — V. nᵉ 592.

L'augmentation de taxe pendant les mois d'hiver accordée par l'article 94 du Réglement n'est plus allouée. ( *Décret du 7 avril* 1813, art. 4. )

# TABLEAU

## DE L'INDEMNITÉ DE VOYAGE ALLOUÉE AUX TÉMOINS AUTRES QUE LES MILITAIRES EN ACTIVITÉ DE SERVICE.

| KILOMÈTRES INDIQUÉS PAR LE TABLEAU DES DISTANCES. | | | DEMI-MYRIAM<sup>es</sup> ADMIS EN TAXE. | MONTANT DE L'INDEMNITÉ | | | |
|---|---|---|---|---|---|---|---|
| | | | | SIMPLE | | DOUBLE | |
| | | | | DANS LE RESSORT. | HORS DU RESSORT. | DANS LE RESSORT. | HORS DU RESSORT. |
| 10 ou moins | | | » | » » | » » | » » | » » |
| 11 | | | 4 | 2 » | 3 » | 4 » | 6 » |
| 12 | 13 | | 5 | 2 50 | 3 75 | 5 » | 7 50 |
| 14 | 15 | 16 | 6 | 3 » | 4 50 | 6 » | 9 » |
| 17 | 18 | | 7 | 3 50 | 5 25 | 7 » | 10 50 |
| 19 | 20 | 21 | 8 | 4 » | 6 » | 8 » | 12 » |
| 22 | 23 | | 9 | 4 50 | 6 75 | 9 » | 13 50 |
| 24 | 25 | 26 | 10 | 5 » | 7 50 | 10 » | 15 » |
| 27 | 28 | | 11 | 5 50 | 8 25 | 11 » | 16 50 |
| 29 | 30 | 31 | 12 | 6 » | 9 » | 12 » | 18 » |
| 32 | 33 | | 13 | 6 50 | 9 75 | 13 » | 19 50 |
| 34 | 35 | 36 | 14 | 7 » | 10 50 | 14 » | 21 » |
| 37 | 38 | | 15 | 7 50 | 11 25 | 15 » | 22 50 |
| 39 | 40 | 41 | 16 | 8 » | 12 » | 16 » | 24 » |
| 42 | 43 | | 17 | 8 50 | 12 75 | 17 » | 25 50 |
| 44 | 45 | 46 | 18 | 9 » | 13 50 | 18 » | 27 » |
| 47 | 48 | | 19 | 9 50 | 14 25 | 19 » | 28 50 |
| 49 | 50 | 51 | 20 | 10 » | 15 » | 20 » | 30 » |
| 52 | 53 | | 21 | 10 50 | 15 75 | 21 » | 31 50 |
| 54 | 55 | 56 | 22 | 11 » | 16 50 | 22 » | 33 » |
| 57 | 58 | | 23 | 11 50 | 17 25 | 23 » | 34 50 |
| 59 | 60 | 61 | 24 | 12 » | 18 » | 24 » | 36 » |
| 62 | 63 | | 25 | 12 50 | 18 75 | 25 » | 37 50 |
| 64 | 65 | 66 | 26 | 13 » | 19 50 | 26 » | 39 » |
| 67 | 68 | | 27 | 13 50 | 20 25 | 27 » | 40 50 |
| 69 | 70 | 71 | 28 | 14 » | 21 » | 28 » | 42 » |
| 72 | 73 | | 29 | 14 50 | 21 75 | 29 » | 43 50 |
| 74 | 75 | 76 | 30 | 15 » | 22 50 | 30 » | 45 » |

N⁰ 592. — *Séjour forcé en route.* — Lorsqu'un témoin, soit en se rendant de sa demeure au lieu où il doit déposer, soit à son retour, se trouve arrêté en route par force majeure, il a droit à une indemnité de 1 fr. 50 c. pour chaque journée de séjour. ( *Réglement,* **art. 95.** )

Cette indemnité n'est jamais allouée au témoin qui, vu les distances, n'aurait pas droit à une indemnité de voyage. ( *Décret du 7 avril* 1813 , art. 2. ) Ainsi jamais cette indemnité de séjour ne peut être cumulée avec celle de simple déposition.

Cette indemnité de séjour est la même pour tous les témoins, hommes, femmes et enfans, sauf le cas où il y a lieu à double taxe, pour lequel — **V. nᵉ 193 ; —** sauf encore les militaires en activité de service, pour lesquels —**V. nᵉ 431. — Cette** indemnité est accordée même au témoin qui reçoit un traitement.

Pour le calcul du nombre des journées de séjour, — **V. nᵉ 571.**

Pour les justifications à produire, — **V. nᵉ 572.**


N⁰ 593. — *Séjour prolongé dans la ville où se fait l'instruction.* — **Le** témoin qui a droit à une indemnité de voyage n'obtient rien au-delà de cette indemnité lorsqu'il est entendu le jour même pour lequel il est cité, et lorsqu'il peut, dès ce jour, recevoir sa taxe.

**Mais,** s'il ne peut être entendu, ou s'il ne peut recevoir le paiement de sa taxe que le lendemain du jour pour lequel il a été cité, il a droit à une indemnité de séjour. S'il n'est libre de partir que le surlendemain, il obtient deux fois l'indemnité fixée pour une journée de séjour.

Cette indemnité n'est jamais accordée au témoin qui habite dans une commune dont le chef-lieu n'est pas à plus d'un myriamètre du chef-lieu de la commune où il doit déposer.

L'indemnité de séjour est allouée au témoin qui reçoit un traitement.

Elle est la même pour tous les témoins, hommes, femmes et enfans. — V. néanmoins *Double taxe*, n° 193, et *Militaires*, n° 431.

Pour chaque journée de séjour il est alloué au témoin (*Réglement*, art. 96), si le séjour a lieu :

A Paris. . . . . . . . . . . . . . . . . . . . . . . 3 »
Dans les villes de 40,000 habitans et au-dessus  2 50
Dans les autres villes et communes. . . . . . . 1 50

N° 594. — *Formalités de la taxe des témoins.* — Lorsque cette taxe doit être directement payée par le prévenu, ou par une partie civile proprement dite, ou par l'administration des contributions indirectes, ou par celle des postes, il suffit que le juge écrive ou fasse écrire, sur la copie de la citation, quelle est la somme qu'il alloue au témoin, et qu'il signe. Cette taxe peut être ainsi conçue :

Taxé, sur sa réquisition, au témoin la somme de
*(Signature.)*

Mais, lorsque le paiement de la taxe doit être fait par un receveur de l'enregistrement, il faut que le juge se conforme rigoureusement à toutes les règles tracées dans l'*Instruction générale* du 30 septembre 1826, sinon la taxe ne serait pas acquittée.

Cette taxe est écrite par le greffier sous la responsabilité du juge ; elle est toujours mise sur la copie de citation donnée au témoin.

Les diverses formalités à remplir sont :

1° La déclaration que le témoin a requis taxe. — V. n° 595.

2° La désignation du témoin. — V. n° 596.

3° La désignation du crime ou du délit, etc. — V. n° 600.

4° La fixation de l'indemnité. — V. n° 601.

5° La citation de la loi. — V. n° 602.

6° La désignation de la personne qui doit payer. — V. n° 606.

7° La déclaration que le témoin sait ou non signer. — V. n° 607.

N° 595. — *Réquisition de taxe.* — Les témoins ne doivent obtenir de taxe, soit pour simple déposition, soit pour voyage ou séjour, que lorsqu'ils l'ont expressément requise. Cette réquisition doit être énoncée dans la taxe. ( *Réglement,* art. 36. )

Cette réquisition est ainsi constatée :

Taxé, sur sa réquisition, à

N° 596. — *Désignation du témoin.* — La taxe doit toujours porter le nom du témoin ; quant aux autres désignations, il faut distinguer trois cas :

1° S'il n'y a lieu qu'à la taxe pour simple déposition, — V. n° 597.

2° S'il y a lieu à l'indemnité de voyage, — V. n° 598.

3° S'il y a lieu à double taxe, — V. n° 599.

N° 597. — *Désignation du témoin s'il n'y a lieu qu'à la taxe pour simple déposition.* — La taxe, dans ce cas, doit indiquer la qualité ou la profession du témoin. Cette désignation sert à reconnaître si le témoin n'a pas droit à la taxe soit parce qu'il reçoit un traitement, soit parce qu'il est militaire.

N° 598. — *Désignation du témoin s'il y a lieu à l'indemnité de voyage.* — **Dans** ce cas, outre le nom du témoin, la taxe doit indiquer la commune et le canton de sa résidence ; si le témoin doit obtenir un demi-droit en sus parce qu'il n'habite pas dans l'arrondissement où il est entendu, la taxe doit en outre indiquer la commune, le canton et l'arrondissement de sa résidence.

**La** désignation de la qualité ou de la profession du témoin est aussi nécessaire, parce que les militaires n'ont pas droit à la même indemnité de voyage que les autres témoins.

Ne 599. — *Désignation du témoin s'il y a lieu à double taxe.* — **Dans** ce cas on doit indiquer l'âge du témoin ainsi que le nom et la qualité de père, mère, tuteur ou curateur de la personne qui l'a accompagné.

Ne 600. — *Désignation du crime, du délit ou de la contravention qui fait l'objet des poursuites.* — **Les** crimes, les délits ou les contraventions à raison desquels ont lieu les poursuites doivent être désignés dans les taxes d'une manière spéciale ; ainsi les taxes doivent faire connaître qu'il s'agit d'un assassinat, d'un vol simple, d'un vol avec des circonstances aggravantes, etc.

Ne 601. — *Fixation de l'indemnité.* — **Le** montant de l'indemnité doit être écrit en toutes lettres dans la taxe.

**Si** le témoin a reçu des avances, la taxe doit en faire mention, et désigner d'une manière bien précise la somme qui lui revient encore, déduction faite de ces avances.

Ne 602. — *Citation de la loi en vertu de laquelle est faite la taxe.* — **Il** est indispensable que toutes les taxes dont le paiement doit être fait par les receveurs de l'enregistrement contiennent l'énonciation des articles du Réglement du 18 juin 1811 et du Décret du 7 avril 1813 qui autorisent ces taxes. A défaut de cette citation, le paiement de la taxe serait refusé.

## TABLEAU

### DES DIVERS ARTICLES DE LOI QUI PEUVENT ÊTRE CITÉS DANS LA TAXE DES TÉMOINS.

#### POUR JOURNÉES DE SIMPLE DÉPOSITION.

Homme, garçon de plus quinze ans révolus, — *Réglement du 18 juin 1811*, art. 27.

Femme de tout âge, garçon de moins de quinze ans révolus, — *Réglement du 18 juin 1811*, art. 28.

Gendarmes, gardes champêtres et forestiers, — *Réglement du 18 juin 1811*, art. 27, et *Décret du 7 avril 1813*, art. 3.

#### POUR SÉJOUR FORCÉ EN ROUTE.

Témoin de tout âge et de tout sexe, hors le cas de la nᵉ 193, — *Réglement du 18 juin 1811*, art. 95.

Témoin accompagné par son père, etc. (V. nᵉ 193), — *Réglement du 18 juin 1811*, art. 95 et 97.

Gendarmes, gardes champêtres et forestiers, — *Réglement du 18 juin 1811*, art. 95, et *Décret du 7 avril 1813*, art. 3.

Militaires en activité de service, — *Réglement du 18 juin 1811*, art. 31 et 96.

#### POUR SÉJOUR DANS LA VILLE OU EST FAITE L'INSTRUCTION.

Témoin de tout âge et de tout sexe, hors le cas de la nᵉ 193, — *Réglement du 18 juin 1811*, art. 96.

Témoin accompagné par son père, etc. (V. nᵉ 193), — *Réglement du 18 juin 1811*, art. 96 et 97.

Gendarmes, gardes champêtres et forestiers, — *Réglement*

*du* 18 *juin* 1811, art. 96, et *Décret du* 7 *avril* 1813,
art. 3.

Militaires en activité de service, — *Réglement du* 18 *juin*
1811, art. 31 et 96.

POUR VOYAGE, SI LE TÉMOIN HABITE DANS L'ARRONDISSE-
MENT OU IL EST APPELÉ EN TÉMOIGNAGE.

Témoin de tout âge et de tout sexe, hors le cas de la
n° 193, — *Décret du* 7 *avril* 1813, art. 2.

Témoin accompagné par son père, etc. ( V. n° 193 ), —
*Décret du* 7 *avril* 1813, art. 2, et *Réglement du* 18 *juin*
1811, art. 97.

Gendarmes, gardes champêtres et forestiers, — *Décret du*
7 *avril* 1813, art. 2 et 3.

POUR VOYAGE, SI LE TÉMOIN N'HABITE PAS DANS L'ARRON-
DISSEMENT OU IL EST APPELÉ EN TÉMOIGNAGE.

Témoin de tout âge et de tout sexe, hors le cas de la
n° 193, — *Décret du* 7 *avril* 1813, art. 2.

Témoin accompagné par son père, etc. ( V. n° 193 ), —
*Décret du* 7 *avril* 1813, art. 2, et *Réglement du* 18 *juin*
1811, art. 97.

Gendarmes, gardes champêtres et forestiers, — *Décret du*
7 *avril* 1813, art. 2 et 3.

N° 603. — *Désignation de la personne qui doit payer la taxe.*
— Lorsque cette taxe doit être payée directement par le
prévenu, par la partie civile proprement dite ou par les
préposés de l'administration des contributions indirectes ou
des postes, il paraît inutile de désigner dans cette taxe
quelle est la personne qui en fera le paiement. Il doit en
être de même lorsque la taxe est payée par le greffier sur
les fonds déposés par la partie civile. — V. n° 594.

Mais, lorsque la taxe doit être payée par le receveur de l'enregistrement, il faut une désignation spéciale. Cette désignation est différente dans les divers cas suivans :

1° S'il n'y a pas de partie civile, — V. n° 604.

2° Si elle a justifié de son indigence, — V. n° 605.

3° S'il y a en cause une commune ou établissement public assimilés aux parties civiles, — V. n° 606.

N° 604. — *S'il n'y a pas de partie civile en cause,* — la taxe est ainsi conçue :

Attendu qu'il n'y a pas de partie civile en cause, ordonnons que cette somme soit payée, sur les fonds généraux des frais de justice criminelle, par le receveur de l'enregistrement au bureau d

N° 605. — *Si la partie civile a justifié de son indigence,* — la taxe est ainsi conçue :

Attendu que la partie civile a justifié de son indigence, nous ordonnons que cette somme soit payée, sur les fonds généraux des frais de justice criminelle, par le receveur de l'enregistrement au bureau d

N° 606. — *S'il y a en cause une commune, etc.,* — la taxe est ainsi conçue :

Attendu que *(désigner la commune, l'administration ou établissement public)* est en cause, nous ordonnons que cette somme soit payée, par le receveur de l'enregistrement au bureau d              ,
pour le compte de cet    *(commune, administration, ou établissement public).*

N° 607. — *Déclaration que le témoin sait ou ne sait pas signer.* — La taxe du témoin doit toujours indiquer s'il sait ou s'il ne sait pas signer.

N° 608. — *Formule générale pour la taxe de tous les témoins.*

— Ordinairement, pour citer les témoins, les huissiers emploient des imprimés qui portent au verso une formule pour la taxe de ces témoins. Cette formule peut être ainsi conçue :

Taxé, sur sa réquisition, à *(désigner le témoin — V. n° 596)*, témoin entendu à l'occasion d *(désigner le crime ou le délit — V. n° 600)*, la somme de ;

En vertu de *(citer les articles de la loi qui fixent la taxe — V. n° 602)*;

Attendu *(qu'il n'y a pas de partie civile en cause)*, ou *(que la partie civile a justifié de son indigence)*, ou *(que la commune d ou l'administration d )* est en cause, nous ordonnons que cette somme, déduction-faite de l'à-compte d , qui a été perçu par le témoin, soit payée par le receveur de l'enregistrement au bureau d . — V. n° 603.

Le témoin à déclaré *(ne)* savoir signer.

A , le 183 .

N°ˢ 609, 610, 611, 612, 613 et 614. — Ces notes ont été supprimées.

N° 615. — *Avances au témoin.* — Lorsqu'un témoin dont la taxe est payable sur la caisse de l'enregistrement se trouve hors d'état de fournir aux frais de son déplacement, le président de la cour ou du tribunal du lieu de sa résidence, et, à leur défaut, le juge de paix, lui délivre un mandat pour qu'il reçoive un à-compte sur l'indemnité qui doit lui être allouée. (*Réglement,* art. 135.) Cet à-compte n'excédera pas la moitié de la taxe entière qui revient au témoin. La position du témoin doit être constatée par un certificat du maire. Ce certificat est écrit sur papier libre.

Ce mandat est ainsi conçu :

Nous, président de la cour *(ou du tribunal)* séant à , département d , *(ou juge de paix d* , *arrondissement d*                    , *département d*                    ),

Vu la copie de l'exploit de citation délivrée à *N.*                    pour comparaître en témoignage devant la cour *(ou le tribunal)* séant à                    , département d                    ;

Vu le certificat ci-joint délivré par le maire de la commune d                    , constatant l'impossibilité où se trouve le témoin de pourvoir à son déplacement ;

Mandons au receveur de l'enregistrement établi à                    de payer audit *N.*                    la somme de                    .

A                    , le                    183   .

Le receveur de l'enregistrement qui acquitte ce mandat doit, en marge ou au bas de la copie de citation, faire mention expresse de la somme qu'il a payée.

N° 616. — *Témoins malades.* — Les témoins qui comparaissent en justice dans un état de maladie ou d'infirmité n'obtiennent plus la double taxe que leur attribuait l'article 29 du Réglement. Ils n'ont droit qu'à la taxe ordinaire accordée aux témoins valides. (*Décret du 7 avril* 1813, art. 1er.)

Néanmoins, s'il est indispensable d'appeler hors de son domicile un témoin infirme ou malade, et si ce témoin ne peut se transporter devant le juge sans dépenser une somme plus forte que celle qu'il doit obtenir pour sa déposition, on doit considérer les frais de ce voyage comme une dépense extraordinaire, et faire application des dispositions de l'art. 136 du Réglement. — V. n° 165.

N° 617. — *Par qui doit être écrite la taxe des témoins ?* — C'est par le greffier ou par ses commis assermentés. (*Instruction générale,* page 41.) Il n'en résulte pour le greffier aucun émolument : c'est le juge signataire de la taxe qui en demeure responsable.

N° 618. — *Par qui et à qui doit être payée la taxe du té-*

moin? — Le témoin, s'il est cité à la requête soit de l'inculpé, soit d'une partie civile proprement dite qui n'a pas consigné, doit demander son paiement à la partie qui l'a fait assigner. ( *Réglement*, art. 34. )

Lorsque la partie civile a consigné, la taxe est payée aux témoins qu'elle a fait citer par le greffier qui a reçu la consignation.

Lorsque l'administration des contributions indirectes, ou celle des postes s'il s'agit du transport frauduleux des dépêches, est en cause, c'est aux employés de ces administrations que le témoin demande le paiement de sa taxe.

Dans les autres cas le paiement des témoins est fait par le receveur de l'enregistrement. Les taxes doivent être payées par les receveurs à tout instant, et tous les jours, depuis une heure avant le lever et jusqu'à une heure après le coucher du soleil. ( *Instruction générale*, page 41. ) La taxe du témoin doit être payée par le receveur de l'enregistrement dans l'étendue du bureau duquel le témoin a été entendu.

La taxe doit être payée au témoin lui-même. Si le témoin sait signer, le receveur de l'enregistrement doit exiger qu'il signe en sa présence l'acquit de sa taxe.

N⁰ 619. — *Témoins cités par l'inculpé ou par la partie civile proprement dite.* — Ces témoins sont taxés au même prix que s'ils avaient été cités à la requête du ministère public. ( *Réglement*, art. 34. )

## TIMBRE.

Actes soumis au timbre. — V. n⁰ 620.
Visa pour timbre. — V. n⁰ 621.

N⁰ 620. — *Actes soumis au timbre.* — Aux notes qui concernent les divers actes des procédures criminelles on trouve l'indication des droits de timbre auxquels ces actes sont soumis.

**N° 621.** — *Visa pour timbre.* — Lorsque les frais d'un acte doivent être avancés par l'administration de l'enregistrement, cet acte, au lieu d'être écrit sur papier timbré, est écrit sur papier visé pour timbre.

La relation du visa pour timbre doit indiquer le prix qu'aurait coûté le papier s'il avait été réellement timbré. Ce prix est porté dans la liquidation des frais.

## TRADUCTIONS

Verbales. — V. *Interprête*, n° 360.

> Par écrit :

Calcul du nombre des rôles. — V. n° 623.

Cas où l'émolument doit être calculé par rôles ou par vacations. — V. n° 622.

Emolument pour chaque rôle. — V. n° 623.

> Pour chaque vacation. — V. n° 627.

Enregistrement. — V. n° 625.

Modèle de mémoire. — V. n° 626.

Séjour. — V. n° 624.

Timbre. — V. n° 625.

Vacations. — V. n° 627.

Voyage. — V. n° 624.

**N° 622.** — *Cas où l'émolument du traducteur est calculé par rôles ou par vacations.* — Lorsque l'écrit à traduire est confié au traducteur pour qu'il s'en occupe à son loisir, l'émolument est calculé par rôles. — V. n° 623. — Si le traducteur se livre à ce travail en présence du magistrat, son émolument doit être calculé par vacations. — V. n° 627.

**N° 623.** — *Calcul du nombre des rôles; émolument pour*

*chaque rôle.* — Chaque rôle doit contenir trente lignes à la page, et de seize à dix-huit syllabes à la ligne. (*Réglement,* art. 23.) Le rôle doit donc contenir au moins neuf cent soixante syllabes.

Il est alloué au traducteur pour chaque rôle. (*Réglement,* art. 23):

A Paris. . . . . . . . . . . . . . . . . . . . . 1 25
Dans les villes de 40,000 habitans et au-dessus 1   »
Dans les autres villes et communes. . . . . . . . » 75

Nᵉ 624. — *Voyage, séjour.* — Le traducteur dont l'émolument est fixé par rôles doit obtenir les mêmes indemnités de voyage et de séjour forcé en route que les experts. — V. nᵉˢ 229 et suiv. — Quant à l'indemnité de séjour dans la ville où se fait l'instruction, elle ne peut être allouée pour les jours où le traducteur a pu se livrer au travail qui lui est confié.

Nᵉ 625. — *Timbre, enregistrement.* — La traduction doit être écrite sur papier libre ; elle est exempte d'enregistrement.

Nᵉ 626. — *Mémoire.* — Lorsque le prix de la traduction est calculé sur le nombre des rôles, le mémoire du traducteur doit être conforme au tableau nᵒ 16 qui se trouve à la fin de ce volume.

Ce mémoire est rédigé par triple expédition. L'une des copies est faite sur papier timbré. (*Réglement,* art. 145.) Néanmoins, si le mémoire n'excède pas 10 fr., les trois copies sont faites sur papier libre. (*Réglement,* art. 146.)

Nᵉ 627. — *Vacations.* — Lorsque la traduction est faite en présence du juge d'instruction, l'émolument du traducteur est calculé par vacation. Le traducteur est entièrement assimilé à un expert, tant pour ses vacations que pour les voyages et séjours. ( *Réglement*, art. 22. ) Son mémoire doit être rédigé dans la même forme que celui des experts. Ainsi — V. nᵉ 234.

**TRANSPORT** DES ACCUSÉS OU PRÉVENUS, DES PROCÉDURES, DES PIÈCES DE CONVICTION.

Par les convois militaires. — V. nᵉ 144.
Par les messageries. — V. nᵉ 429.
Par la poste. — V. nᵉ 628.
Par toute autre voie. — V. nᵉ 629.

Nᵉ 628. — *Transport en poste.* — Lorsque les prévenus ou accusés, en vertu d'ordres supérieurs ou sur leur propre demande, sont transférés en poste, — V. nᵉ 281.

Le transport des procédures est ordinairement effectué par la poste, à moins que leur poids et leur volume n'y mettent obstacle. Il en est de même des pièces servant à conviction ou à décharge lorsqu'elles ne sont pas transportées par les gendarmes chargés de la translation des prévenus. — V. nᵉ 475.

Nᵉ 629. — *Transport par toute autre voie que la poste, les messageries et les convois militaires.*

Moyens de transport. — V. nᵉ 630.
Modèle de mémoire. — V. nᵉ 631.

Nᵉ 630. — Dans les localités où le service des transports militaires n'est pas organisé les officiers municipaux sont chargés de pourvoir au transport des individus et des procédures ou pièces de conviction par les moyens ordinaires, et au prix le plus modéré. ( *Réglement*, art. 6.)

Nᵉ 631. — *Modèle de mémoire.* — Le mémoire pour obtenir le paiement du prix de ce transport doit être conforme au modèle qui se trouve à la note 475.

**VACATIONS.**

Leur durée. — V. n<sup>e</sup> 632.

Leur nombre pour chaque jour. — **V.** n<sup>e</sup> 633.

Vacations de nuit. — V. n<sup>e</sup> 634.

N<sup>e</sup> 632. — *Durée des vacations.* — Chaque vacation doit durer trois heures. (*Réglement*, art. 22.) La durée et le nombre des vacations doivent être exactement constatés par les procès-verbaux des magistrats ou officiers de police judiciaire qui président à l'opération. Le procès-verbal sert ensuite de base à la taxe ; il doit, autant que possible, être joint au mémoire. (*Instruction générale*, page 39.)

Le temps employé pour se rendre au lieu de l'opération et pour en venir ne compte pas dans la durée des vacations.

N<sup>e</sup> 633. — *Nombre des vacations pour chaque jour.* — Il ne peut être admis en taxe, pour chaque journée, que deux vacations de jour et une de nuit. (*Réglement*, art. 22.)

N<sup>e</sup> 634. — *Vacations de nuit.* — Elles sont payées moitié en sus du prix fixé pour les vacations ordinaires. (*Réglement*, même article.)

**VÉRIFICATION** d'écritures.

A l'audience. — V. n<sup>e</sup> 635.

Au cabinet du juge d'instruction. — V. n<sup>e</sup> 636.

N<sup>e</sup> 635. — *Vérification d'écritures à l'audience.* — Les frais de cette opération sont :

Citation aux dépositaires de pièces. — **V.** n<sup>e</sup> 102.

Taxe aux dépositaires de pièces. — V. n<sup>es</sup> 170 et suiv.

Taxe aux experts. — V. n<sup>es</sup> 227 et suiv.

N<sup>e</sup> 636. — *Vérification d'écritures au cabinet du juge d'in-*

*struction*. — Les frais sont comme à la note précédente : Citation aux dépositaires, taxe aux dépositaires et aux experts : le procès-verbal que doit rédiger le juge est exempt de timbre et d'enregistrement.

## VÉRIFICATION DES REGISTRES DE L'ÉTAT CIVIL.

N° 637. — Le membre du parquet qui se transporte à plus de cinq kilomètres de son domicile pour vérifier la tenue des registres de l'état civil obtient l'indemnité de voyage fixée par l'article 88 du Réglement du 18 juin 1811. — V. n° 456.

## VISA

Du directeur de l'enregistrement. — V. n° 422.
Du préfet. — V. n° 421.

## VISITES

Des médecins. — V. n° 402.
Des sages-femmes. — V. n° 558.

## VOYAGE DES EXPERTS, MÉDECINS, TÉMOINS, ETC.

V. aux mots *Experts, Médecins, Témoins, etc.*

FIN.

# 1ᵉʳ TABLEAU.

(NOTES 17 ET 92.)

FRAIS
e justice criminelle.

___

MOIS D
de l'an 183 .

—

. ( sa qualité. )

MÉMOIRE *des frais de capture dus, en vertu de l'article* 77 *du Réglement du* 18 *juin* 1811, *à* N. ,
*gendarme* ( ou agent de police ) *à la résidence d*
, *département d* .

| Nº D'ORDRE. | DATES des CAPTURES. | NATURE des crimes, délits ou contraventions. | AUTORITÉS qui ont requis les captures. | DÉSIGNATION DES ACTES en vertu desquels les captures ont eu lieu. | PRIX des captures. |
|---|---|---|---|---|---|
| | | | | | |
| | | | | TOTAL. . . . | |

Je, soussigné (*la qualité*), certifie véritable le présent mémoire.

A , le 183 .

# RÉQUISITOIRE.

Nous (*indiquer l'officier du ministère public*),

Vu les articles 77 du Réglement du 18 juin 1811 , 6 du décret du 7 avril 1813, et 1er de l'ordonnance du 6 août 1823 ;

Attendu que les captures ont été faites hors la présence des huissiers, requérons, conformément à l'art. 140 du Réglement précité, qu'il soit délivré exécutoire par (*indi— quer la qualité du magistrat qui doit délivrer cet exécutoire*), sur la caisse de l'administration de l'enregistrement, pour le paiement de la somme de

A                    , le                    183  .

# EXÉCUTOIRE.

Nous (*indiquer la qualité du juge taxateur*),

Vu le réquisitoire ci-dessus ,

Avons arrêté et rendu exécutoire le présent mémoire pour la somme de                    , montant de la taxe que nous en avons faite , et ordonnons que ladite somme sera payée à *N.*                    par le receveur de l'enregistre— ment au bureau d

A                    , le                    183  .

# VISA.

Nous , préfet du département d                                    ,

Vu l'article 152 du Réglement du 18 juin 1811 ,

Avons vérifié le présent mémoire , et l'avons réglé à la somme de

A                    , le                    183  .

S D

de l'année 183 .

MUNICIPALITÉ

## 2<sup>e</sup> TABLEAU.

(NOTE 20.)

*ÉTAT des sommes dues à la municipalité d*     *pour*
*remboursement des fournitures qu'elle a faites aux prisonniers de*
*passage pendant le mois d*

| RO re. | NOMS des prisonniers. | CAUSE DE LA DÉTENTION. | DATE | | NOMBRE DE | | | DÉSIGNATION des fournitures autres que le pain et la paille. | MONTANT. |
|---|---|---|---|---|---|---|---|---|---|
| | | | de l'arrivée. | du départ. | jours de séjour. | rations de pain. | bottes de paille. | | |
| | | | | | | | | | |
| | | TOTAUX. . . . . . | | | | | | | |

| RÉCAPITULATION. | NOMBRE. | PRIX. | MONT<sup>t</sup>. | ARTICLES du Réglement. | TAXE du juge. | RÉGLEM<sup>t</sup> du préfet. | OBSERVATIONS. |
|---|---|---|---|---|---|---|---|
| ons de pain du poids de | | | | 10 | | | Les juges et le préfet ne doivent jamais omettre de remplir, par leurs taxe et réglement, les deux dernières colonnes, même lorsqu'il n'y a aucune réduction à faire. |
| logrammes chacun. . . . . . | | | | 10 | | | |
| es de paille. . . . . . . . . . | | | | | | | Ils ne doivent pas non plus oublier d'indiquer ici les articles de l'état sur lesquels portent les réductions, et les motifs des réductions. |
| es fournitures. . . . . . . . | | | | 10 | | | |
| TOTAUX. . . . . | | | | | | | |

*Je, soussigné, maire, certifie véritable le présent état pour la somme d*

A      , le      183 .

( Joindre, à l'appui de chaque espèce de fourniture, une quittance
u fournisseur indiquant la somme payée, l'espèce, le nombre et
prix des objets fournis. )

## RÉQUISITOIRE.

—

Nous (*indiquer l'officier du ministère public*),

Vu l'article 10 du Réglement du 18 juin 1811, requérons, conformément à l'article 140 du même Réglement, qu'il soit délivré exécutoire par (*indiquer ici la qualité du magistrat qui doit délivrer l'exécutoire*), sur la caisse de l'administration de l'enregistrement et des domaines, pour le paiement de la somme d

A               , le             183 .

## EXÉCUTOIRE.

—

Nous, président de la cour (*ou du tribunal de première instance*) séant à                         , département d

Vu le réquisitoire ci-dessus,

Avons arrêté et rendu exécutoire ledit mémoire pour la somme de                         , montant de la taxe que nous en avons faite, et ordonnons que cette somme soit payée à                         , maire, par le receveur de l'enregistrement au bureau d                         .

A               , le             183 .

## VISA.

—

Nous, préfet du département d                         ,

Vu l'article 152 du Réglement du 18 juin 1811,

Avons vérifié le présent mémoire, et l'avons réglé à la somme d

A               , le             183 .

# 3ᵉ TABLEAU.

(NOTE 145.)

| NUMÉRO D'ORDRE. | DATE de la translation | LIEU du DÉPART. | LIEU de L'ARRIVÉE. | NOMS ET PRÉNOMS des prévenus et accusés. | NATURE de la prévention ou de l'accusation. | DÉSIGNATION des objets de conviction. | AUTORITÉS qui ont requis le transport. | COURS ET TRIBUNAUX devant lesquels sont traduits les prévenus ou accusés. | CHEVAUX de selle. | VOITURES à 1 collier. | VOITURES à 2 colliers. | VOITURES à 3 colliers. |
|---|---|---|---|---|---|---|---|---|---|---|---|---|
|  |  |  |  |  |  |  |  |  |  |  |  |  |

| RÉCAPITULATION. | NOMBRE. | PRIX du marché. | MONTANT. | TAXE du juge. | RÈGLEMENT du préfet. | OBSERVATIONS. |
|---|---|---|---|---|---|---|
| Chevaux de selle. . . . . |  |  |  |  |  |  |
| Voitures à   1 collier. . |  |  |  |  |  |  |
| Voitures à   2 colliers. . |  |  |  |  |  |  |
| Voitures à   3 colliers. . |  |  |  |  |  |  |
| Totaux. . . . |  |  |  |  |  |  |

# RÉQUISITOIRE.

Nous (*indiquer l'officier du ministère public*),

Vu l'article 136 du Réglement du 18 juin 1811, et les pièces jointes au présent mémoire, requérons, conformément à l'article 140 de ce Réglement, qu'il soit délivré exécutoire par (*désigner ici la qualité du magistrat qui doit délivrer cet exécutoire*) sur la caisse de l'administration de l'enregistrement pour la somme de               .

A               , le               183 .


# EXÉCUTOIRE.

Nous (*indiquer la qualité du juge taxateur*),

Vu le réquisitoire ci-dessus et les pièces jointes au présent mémoire,

Avons arrêté et rendu exécutoire ledit mémoire pour la somme de               , montant de la taxe que nous en avons faite, et ordonnons que cette somme sera payée par le receveur de l'enregistrement au bureau d       .

A               , le               183 .


# VISA.

Nous, préfet du département d               ,

Vu l'article 152 du Réglement du 18 juin 1811,

Avons vérifié le présent mémoire, et l'avons réglé à la somme de               .

A               , le               183 .

# 5ᵉ TABLEAU.

( NOTE 199. )



*MÉMOIRE des expéditions d'actes d'écrou délivrés, en conformité de l'art. 421 du Code d'instruction criminelle, par N.          , concierge de la maison de détention d          , département d          , pendant le mois d          183 .*

| DATE de la remise des expéditions | NOMS et prénoms des détenus. | NATURE des crimes, délits ou contravent<sup>s</sup>. | DÉSIGNATION, d'après le registre, de l'acte en vertu duquel l'écrou a été fait. | DESTINATION des expéditions. | NOMBRE des expéditions. |
|---|---|---|---|---|---|
|  |  |  |  |  |  |
|  |  |  |  | TOTAL. . |  |

Je, soussigné, concierge, certifie avoir délivré les ( *nombre* ) expéditions comprises au présent mémoire, lesquelles, à raison de soixante centimes chacune, taux fixé par les articles 46 et 50 du Réglement du 18 juin 1811, produisent la somme de          .

A          , le          183 .

18

# REQUISITOIRE.

—

Nous (*indiquer l'officier du ministère public*),

Vu l'article 46 du Réglement du 18 juin 1811, et attendu qu'il y a eu pourvoi en cassation, requérons, conformément à l'article 140 du même Réglement, qu'il soit délivré exécutoire par (*indiquer ici la qualité du magistrat qui doit délivrer cet exécutoire*), sur la caisse de l'administration de l'enregistrement, pour le paiement de la somme de          .

A          , le          183  .

# EXÉCUTOIRE.

—

Nous (*indiquer la qualité du juge taxateur*),

Vu le réquisitoire ci-dessus,

Avons arrêté et rendu exécutoire le présent mémoire pour la somme de          , montant de la taxe que nous en avons faite ; et, attendu qu'il n'y a pas de parties civiles en cause (*ou qu'elles ont justifié de leur indigence par le certificat ci-joint*), ordonnons que ladite somme sera payée à N.          par le receveur de l'enregistrement au bureau d

A          , le          183  .

# VISA.

—

Nous, préfet du département d          ,

Vu l'article 152 du Réglement du 18 juin 1811,

Avons vérifié le présent mémoire, et l'avons réglé à la somme de          .

A          , le          183  .

# 6ᵉ TABLEAU.

(NOTES 234 ET 360.)

*MÉMOIRE des Vacations dues à* N.                    , *expert*
(ou *interprète de langue*              ) *près la cour* (ou *le
tribunal*) *séant à*              , *pendant le*              183   .

| ÉROS rdre. | DATES des VACATIONS. | NATURE des CRIMES, DÉLITS ou contraventions. | AUTORITÉS qui ont requis les opérations. | NATURE des OPÉRATIONS. | VACATIONS DE jour. | VACATIONS DE nuit. | myriamètres parcourus. | JOURS de séjour. |
|---|---|---|---|---|---|---|---|---|
|  |  |  |  |  |  |  |  |  |
|  |  |  |  | TOTAUX. . . . . . |  |  |  |  |

| RÉCAPITULATION. | NOMBRE. | PRIX. | MONT.ᵗ | ARTICLES du Réglement. | TAXE du juge. | RÉGLEM.ᵗ du préfet. | OBSERVATIONS. |
|---|---|---|---|---|---|---|---|
| acations de jour. . . . . . . . |  |  |  |  |  |  |  |
| acations de nuit. . . . . . . . . |  |  |  |  |  |  |  |
| yriamètres parcourus. . . . . . |  |  |  |  |  |  |  |
| ours de séjour. . . . . . . . . . |  |  |  |  |  |  |  |
| urnitures de drogues employées pour l'expertise, suivant la note jointe. . . . . . . . . . . . . . . . |  |  |  |  |  |  |  |
| TOTAUX. . . . . . . . . . . | . . . . . . . . . . |  |  |  |  |  |  |

*Je, soussigné, expert* (ou *interprète*), *certifie le présent mémoire pour la somme de*

*A*                    , *le*                    183   .

# RÉQUISITOIRE.

Nous (*indiquer l'officier du ministère public*),
Vu l'article 10 du Réglement du 18 juin 1811, requérons, conformément à l'article 140 du même Réglement, qu'il soit délivré exécutoire par (*indiquer ici la qualité du magistrat qui doit délivrer l'exécutoire*), sur la caisse de l'administration de l'enregistrement et des domaines, pour le paiement de la somme d

A, le 183 .

# EXÉCUTOIRE.

Nous, président de la cour ( *ou du tribunal de première instance* ) séant à
département d
Vu le réquisitoire ci-dessus,
Avons arrêté et rendu exécutoire ledit mémoire pour la somme de
montant de la taxe que nous en avons faite, et ordonnons que cette somme soit payée à
, maire, par le receveur de l'enregistrement au bureau d .

A , le 183 .

# VISA.

Nous, préfet du département d ,
Vu l'article 152 du Réglement du 18 juin 1811,
Avons vérifié le présent mémoire, et l'avons réglé à la somme d

A , le 183 .

# 3ᵉ TABLEAU.

## (NOTE 145.)

| NUMÉRO D'ORDRE. | DATE de la translation | LIEU du DÉPART. | LIEU de L'ARRIVÉE. | NOMS ET PRÉNOMS des prévenus et accusés. | NATURE de la prévention ou de l'accusation. | DÉSIGNATION des objets de conviction. | AUTORITÉS qui ont requis le transport. | COURS ET TRIBUNAUX devant lesquels sont traduits les prévenus ou accusés. | CHEVAUX de selle. | VOITURES à 1 collier. | VOITURES à 2 colliers. | VOITURES à 3 colliers. |
|---|---|---|---|---|---|---|---|---|---|---|---|---|
|  |  |  |  |  |  |  |  |  |  |  |  |  |

| RÉCAPITULATION. | NOMBRE. | PRIX du marché. | MONTANT. | TAXE du juge. | RÉGLEMENT du préfet. | OBSERVATIONS. |
|---|---|---|---|---|---|---|
| Chevaux de selle. . . . . |  |  |  |  |  |  |
| Voitures à 1 collier. . |  |  |  |  |  |  |
| Voitures à 2 colliers. . |  |  |  |  |  |  |
| Voitures à 3 colliers. . |  |  |  |  |  |  |
| Totaux. . . . |  |  |  |  |  |  |

# RÉQUISITOIRE.

—

Nous (*indiquer l'officier du ministère public*),

Vu l'article 136 du Réglement du 18 juin 1811, et les pièces jointes au présent mémoire, requérons, conformément à l'article 140 de ce Réglement, qu'il soit délivré exécutoire par (*désigner ici la qualité du magistrat qui doit délivrer cet exécutoire*) sur la caisse de l'administration de l'enregistrement pour la somme de .

A            , le              183 .


# EXÉCUTOIRE.

—

Nous (*indiquer la qualité du juge taxateur*),

Vu le réquisitoire ci-dessus et les pièces jointes au présent mémoire,

Avons arrêté et rendu exécutoire ledit mémoire pour la somme de            , montant de la taxe que nous en avons faite, et ordonnons que cette somme sera payée par le receveur de l'enregistrement au bureau d    .

A            , le              183 .


# VISA.

—

Nous, préfet du département d                   ,
Vu l'article 152 du Réglement du 18 juin 1811,
Avons vérifié le présent mémoire, et l'avons réglé à la somme de  ·            .

A                , le              183 .

# 5ᵉ TABLEAU.

( NOTE 199. )



*MÉMOIRE des expéditions d'actes d'écrou délivrés, en conformité de l'art. 421 du Code d'instruction criminelle, par N. , concierge de la maison de détention d , département d , pendant le mois d 183 .*

| DATE de la remise des expéditions | NOMS et prénoms des détenus. | NATURE des crimes, délits ou contravent<sup>s</sup>. | DÉSIGNATION, d'après le registre, de l'acte en vertu duquel l'écrou a été fait. | DESTINATION des expéditions. | NOMBRE des expéditions. |
|---|---|---|---|---|---|
|  |  |  |  |  |  |
|  |  |  |  | TOTAL. . |  |

Je, soussigné, concierge, certifie avoir délivré les (*nombre*) expéditions comprises au présent mémoire, lesquelles, à raison de soixante centimes chacune, taux fixé par les articles 46 et 50 du Réglement du 18 juin 1811, produisent la somme de

A , le 183 .

# REQUISITOIRE.

—

Nous (*indiquer l'officier du ministère public*),

Vu l'article 46 du Réglement du 18 juin 1811, et attendu qu'il y a eu pourvoi en cassation, requérons, conformément à l'article 140 du même Réglement, qu'il soit délivré exécutoire par (*indiquer ici la qualité du magistrat qui doit délivrer cet exécutoire*), sur la caisse de l'administration de l'enregistrement, pour le paiement de la somme de        .

A        ,        , le        183   .

# EXÉCUTOIRE.

—

Nous (*indiquer la qualité du juge taxateur*),

Vu le réquisitoire ci-dessus,

Avons arrêté et rendu exécutoire le présent mémoire pour la somme de                    , montant de la taxe que nous en avons faite ; et, attendu qu'il n'y a pas de parties civiles en cause (*ou qu'elles ont justifié de leur indigence par le certificat ci-joint*), ordonnons que ladite somme sera payée à N.                    par le receveur de l'enregistrement au bureau d                    .

A                    , le                    183   .

# VISA.

—

Nous, préfet du département d                    ;

Vu l'article 152 du Réglement du 18 juin 1811,

Avons vérifié le présent mémoire, et l'avons réglé à la somme de        .

A                    , le                    183   .

# 6ᵉ TABLEAU.

( NOTES 234 ET 360. )

*MÉMOIRE des Vacations dues à N.* , expert
( ou *interprète de langue* ) *près la cour* ( ou *le*
*tribunal*) *séant à* , *pendant le* 183 .

| NOS | DATES des VACATIONS. | NATURE des CRIMES, DÉLITS ou contraventions. | AUTORITÉS qui ont requis les opérations. | NATURE des OPÉRATIONS. | NOMBRE DE | | | |
|---|---|---|---|---|---|---|---|---|
| | | | | | VACATIONS DE jour. | VACATIONS DE nuit. | myria-mètres parcou-rus. | JOURS de séjour. |
| | | | | TOTAUX. . . . . . | | | | |

| RÉCAPITULATION. | NOMBRE. | PRIX. | MONTᵗ. | ARTICLES du Réglement. | TAXE du juge. | RÉGLEMᵗ du préfet. | OBSERVATIONS. |
|---|---|---|---|---|---|---|---|
| tions de jour. . . . . . . . | | | | | | | |
| tions de nuit. . . . . . . . . | | | | | | | |
| amètres parcourus. . . . . . | | | | | | | |
| s de séjour. . . . . . . . . | | | | | | | |
| nitures de drogues employées pour l'expertise, suivant la note jointe. . . . . . . . . . . . . . . | | | | | | | |
| TOTAUX. . . . . . . . . . | | | . . . . . . . . . | | | | |

*Je, soussigné, expert* ( ou *interprète* ), *certifie le présent mémoire pour la somme de*

A , *le* 183 .

# RÉQUISITOIRE.

Nous ( *indiquer l'officier du ministère public* ),

Vu les articles 16 , 22 et 24 du Réglement du 18 juin 1811, et les pièces jointes au présent mémoire , requérons , conformément à l'article 140 du même Réglement , qu'il soit délivré exécutoire par ( *indiquer ici la qualité du magistrat qui doit délivrer cet executoire* ), sur la caisse de l'administration de l'enregistrement et des domaines , pour la somme de

A                                             , le                                    183  .


# EXÉCUTOIRE.

Nous , président de la cour ( ou *du tribunal de première instance*, ou *juge de paix du canton* d                    , *arrondissement d*                   , ) de                              ,

Vu le réquisitoire ci-dessus et les pièces jointes au mémoire ,

Avons arrêté et rendu exécutoire ledit mémoire pour la somme de                                ,

montant de la taxe que nous en avons faite ; et , attendu qu'il n'y a pas de partie civile en cause ( ou *qu'elle a justifié de son indigence* ), ordonnons que cette somme sera payée au sieur N.                              ( *sa qualité* ) par le receveur de l'enregistrement au bureau d

A                                             , le                                    183  .


# VISA.

Nous , préfet du département d                              ,

Vu l'article 152 du Réglement du 18 juin 1811 ,

Avons vérifié le présent mémoire , et l'avons réglé à la somme de

A                                             , le                                    183  .

**7ᵉ TABLEAU.**

(NOTE 281.)

MOIS D

de l'an 183 .

N. , gendarme.

*ÉTAT des frais faits par* N. *, gendarme à*
*, pour avoir conduit* N. *en poste, depuis*
N. *jusqu'à* N. *, chef-lieu de la cour*
*d'assises du département de* *, par ordre de* .

| NUMÉROS D'ORDRE. | ÉPOQUE à laquelle LES FRAIS ont eu lieu. | NATURE DES FRAIS. | NOMBRE de postes. | PRIX PAR POSTE, y compris la voiture fournie par le maître de poste. | MONTANT. |
|---|---|---|---|---|---|
| | | Payé au maître de poste de *N.* , suivant quittance ci jointe. . . . . . . . . . . . . | | | |
| | | Nourriture par jour, tant pour le prisonnier que pour le gendarme. . . . . . . . . . . . . . | . . . . . | . . . . . . . . . | |
| | | TOTAL. . . . . . . | | | |
| | | Sur cette somme le soussigné a reçu une avance de du receveur de l'enregistrement de *N.* , ainsi qu'il est constaté au pied de la réquisition ci-jointe (1). . . . . . | . . . . . | . . . . . . . . . | |
| | | RESTE à payer. . . | . . . . . . | . . . . . . . . . | |

*Je, soussigné, gendarme, certifie véritable le présent état pour la somme de* *, sur laquelle*
*j'ai déjà reçu celle de* *à compte.*

A , le 183 .

(1) Pour l'ordre de la comptabilité il est nécessaire que le mandat d'à-compte soit adressé par l'administration de l'enregistrement au préposé de cette administration qui doit acquitter le reste du mémoire, afin que ce mandat soit joint à l'exécutoire qui devra être décerné pour le montant total de l'état. Ce mandat est encore nécessaire pour s'assurer du montant de l'avance faite au gendarme dans le cas où le réquisitoire n'en ferait pas mention, ou en cas de perte de ce réquisitoire.

Si l'avance est plus forte que le montant de l'état, le gendarme est tenu de faire le versement de l'excédant dans la caisse du préposé de l'enregistrement du lieu de la destination du prisonnier; et le préposé doit certifier, au bas de l'exécutoire, qu'il a reçu cet excédant.

## RÉQUISITOIRE.

Nous (*indiquer l'officier du ministère public*),

Vu l'article 12 du Réglement du 18 juin 1811 et la réquisition jointe au présent état, re-quérons, conformément à l'article 140 du même Réglement, qu'il soit délivré exécutoire par (*indiquer ici la qualité du magistrat qui doit délivrer cet exécutoire*), sur la caisse de l'administra-tion de l'enregistrement et des domaines, pour le paiement de la somme de

A , le 183 .

## EXÉCUTOIRE.

Nous, président de la cour (*ou* du tribunal de première instance) séant à département d ,

Vu le réquisitoire ci-dessus,

Avons arrêté et rendu exécutoire le présent état pour la somme de ,
montant de la taxe que nous en avons faite, et ordonnons que cette somme sera payée à N. , gendarme, par le receveur de l'enregistrement au bureau d

A , le 183 .

## VISA.

Nous, préfet du département d ,
Vu l'article 152 du Réglement du 18 juin 1811,
Avons vérifié le présent état, et l'avons réglé à la somme de

A , le 183 .

## *OBSERVATION.*

Si la destination du prisonnier n'est pas un chef-lieu de préfecture, le solde de l'état pourra être fait sur l'exécutoire sans qu'il soit visé par le préfet, afin de ne pas retarder le re-tour du gendarme.

MOIS D

de l'an 183  .

N.                              , *greffier.*


# 8<sup>e</sup> TABLEAU.

(NOTE 299.)


# MÉMOIRE

*Des droits et indemnités dus à* N.                              , *greffier de la*

*cour (ou du tribunal, ou de la justice de paix) d*                              ,

*département d*                              , *pendant le*

*de l'an* 183  .

| N.os d'ordre. | DÉNOMINATION des PIÈCES DÉLIVRÉES. —— Désigner si c'est une expédition, extrait, copie, état sommaire, procès-verbal, etc. | DATE DE LA REMISE des pièces. | NATURE DES CRIMES, DÉLITS ou CONTRAVENTIONS. —— Les désigner d'une manière spéciale avec leurs circonstances. | DÉSIGNATION DES ACTES et ANALYSE SOMMAIRE DE LEUR CONTENU. —— Indiquer ce que prononce l'arrêt ou le jugement, et la cour ou le tribunal d'où il émane. |
|---|---|---|---|---|
| | | | | |

# 9<sup>e</sup> TABLEAU.

(NOTE 334.)

## MÉMOIRE

*Des actes et diligences faits par N.                      , huissier à
                    , arrondissement d                              ,
département d                        , pendant le mois (ou les mois )
de                        de l'an              .*

| NUMÉROS d'ordre. | DATE des ACTES et diligences. | NATURE des CRIMES, DÉLITS ou contraventions. *(Les désigner d'une manière spéciale et avec leurs circonstances.)* | DÉNOMINATION des ACTES et diligences. *(Indiquer si les significations ont été faites sur minute ou expédition.)* | LIBELLÉ.<br><br>S'il s'agit d'arrêts, jugemens, délibérations ou donnauces, désigner, suivant les cas, la cour ou tribunal qui les a rendus, la peine prononcée ou autres dispositions; s'ils sont en premier ou dernier ressort, contradictoires ou par défaut. |
|---|---|---|---|---|
|  |  |  |  |  |

# 10ᶜ TABLEAU.

## ( NOTE 342. )

*MÉMOIRE des impressions dues à N.              , im-
primeur de la cour royale ( ou du tribunal de première
instance ) séant à                      , département
d                   , pendant le mois d*

| N°ˢ D'ORDRE. | DATE de la remise des impressions. | DÉSIGNATION des ACTES IMPRIMÉS. | MODE des impressions. (*) | NOMBRE d'exemplaires fixé par M. le procureur général. | PRIX suivant le marché | MONTANT. |
|---|---|---|---|---|---|---|
|  |  |  |  |  |  |  |
|  |  | TOTAL. . . . . . . . . . . . . . . . . . . . . |  |  |  |  |

Je , soussigné , imprimeur , certifie le présent mémoire
conforme à mon marché en date du              .

     A                   , le              183 .

( Joindre , sous peine de rejet du mémoire , un exem-
plaire de chaque objet imprimé. )

(*) Indiquer si les actes sont imprimés en entier , par
extrait, ou en état sommaire.

# RÉQUISITOIRE.

—

Nous , procureur général près la cour royale ( *ou* procureur du roi près le tribunal de première instance ) d           ,

Vu les articles 104 à 112 du Réglement du 18 juin 1811 , les pièces jointes au présent mémoire , la loi ( l'ordonnance *ou* la décision de son excellence le ministre de la justice ) en vertu de laquelle les impressions ont eu lieu ; et , attendu que la correction prescrite par l'article 109 a été faite au parquet , requérons , conformément à l'article 140 du Réglement précité , qu'il soit délivré exécutoire par M. le premier président ( *ou* par M. le président ) , sur la caisse de l'administration de l'enregistrement , pour le paiement de la somme de

    A                   , le                   183  .

## EXÉCUTOIRE.

—

Nous , premier président de la cour royale ( *ou* président du tribunal de première instance ) séant à           ,

Vu le réquisitoire ci-dessus ,

Avons arrêté et rendu exécutoire le présent mémoire pour la somme de                   , montant de la taxe que nous en avons faite , et ordonnons que ladite somme sera payée par le receveur de l'enregistrement au bureau d

    A                   , le                   183  .

## VISA.

—

Nous , préfet du département d                   ,

Vu l'article 152 du Réglement du 18 juin 1811 ,

Avons vérifié le présent mémoire , et l'avons réglé à la somme de

    A                   , le                   183  .

# 11e TABLEAU.

### (NOTE 364.)

Mois d

de l'an 183 .

N. procureur du Roi.
N. juge d'instruction.
N. juge de paix.
N. greffier ( *ou commis*).

# MEMOIRE

*Des indemnités de transport dues à* N. ,
*procureur du roi,* N. , *juge*
*d'instruction, et à* N. , *greffier*
(ou commis) *près le tribunal de première*
*instance séant à* , *département*
*d* , *pendant le mois d*
*de l'an* ;
Ou *à* N. , *juge de paix du*
*canton d* , *arrondissement*
*d* , *département d* ,
*et à* N. , *greffier de la même*
*justice de paix.*

| NUMÉROS d'ordre. | DATES ET ARTICLES DES LOIS, décrets, ordonnances ou délégations en vertu desquels le transport a eu lieu. | CAUSE DU TRANSPORT ET DÉSIGNATION DES OPÉRATIONS. | LIE d TRANS |
|---|---|---|---|
| | | | |

Nous, soussignés, certifions ᵛ

A          , le

N.                N.

Procureur du roi.             Juge d'instruction *(ou juge d*

*Nota.* Le procureur du roi, le juge d'instruction et le juge de paix ne peuvent ni requérir ni ᵉ

soit décerné par le président du tribunal, sur la réquisition du substitut du procureur du roi

Lorsque le procureur du roi, le juge d'instruction et le greffier, ou le juge de paix et le

il est nécessaire d'indiquer que tel a renoncé à l'indemnité, ou qu'il a été payé séparément.

| ℬ ET DURÉE du TRANSPORT. | | DISTANCE du lieu du transport. | PRIX fixé par le réglem<sup>t</sup>. ARTICLES | | SOMMES DUES au | | | TOTAL. |
|---|---|---|---|---|---|---|---|---|
| | Jours. | | 88. | 89. | procureur du roi. | juge d'instruction ou juge de paix. | greffier ou commis greffier. | |
| | | | | | | | | |
| TOTAUX............. | | | | | | | | |



183 .

N.

*Greffier (ou commis greffiers).*

...itoires pour raison des indemnités qui leur sont dues ; il faut, dans ce cas, que l'exécutoire

...mplissant les fonctions du ministère public.

...transportés ensemble, ils doivent rédiger collectivement leurs mémoires ; dans le cas contraire

# RÉQUISITOIRE.

—

Nous (*indiquer l'officier du ministère public*),

Vu les articles 88 et 89 du Réglement du 18 juin 1811, les ordonnances royales des 4 août 1824 et 10 mars 1825, et le tableau des distances dressé en exécution de l'article 93 dudit Réglement, requérons, conformément à l'article 140 suivant, qu'il soit délivré exécutoire par (*indiquer ici la qualité du magistrat qui doit délivrer cet exécutoire*), sur la caisse de l'administration de l'enregistrement, pour le paiement de la somme de

A                , le                183 . . .


# EXÉCUTOIRE.

—

Nous (*indiquer la qualité du juge taxateur*),

Vu le réquisitoire ci-dessus, avons arrêté et rendu exécutoire le présent mémoire pour la somme de                ,
montant de la taxe que nous en avons faite ; et (*quand il y aura lieu, attendu qu'il n'y a pas de partie civile en cause, ou qu'elle a justifié de son indigence par le certificat ci-joint*), ordonnons que ladite somme sera payée par le receveur de l'enregistrement au bureau d

A                , le                183 .


# VISA.

—

Nous, préfet du département d                ,

Vu l'article 152 du Réglement du 18 juin 1811,

Avons vérifié le présent mémoire, et l'avons réglé à la somme de

A                , le                183 .

# 12ᵉ TABLEAU.

(NOTE 395.)



**FRAIS**

de justice criminelle.

*LIQUIDATION.*

*ÉTAT de liquidation des frais et dépens de la procédure
(criminelle, correctionnelle ou de simple police), in-
struite (à la requête du ministère public, ou sur la
plainte rendue par* N. *)contre* N.
*( condamné, absous, acquitté ou renvoyé par
arrêt, jugement ou ordonnance en date du* *).*

N. *, partie civile.*

N. *, civilement responsable.*

| AUTORITÉS devant lesquelles LES FRAIS ONT ÉTÉ FAITS. | NATURE DES FRAIS. | | MONTANT. | OBSERVATIONS. |
|---|---|---|---|---|
| | TIMB. ENR. | AUTR. DROITS. | | |
| | | | | |
| | TOTAL. . . | | | |

*MODÈLE d'exécutoire pour le cas où la liquidation n'aura pu être
insérée soit dans l'ordonnance de mise en liberté, soit dans
l'arrêt ou le jugement de condamnation, d'absolution ou d'acquittement.*

Nous ,

Nous , président (*ou* juge d'instruction , *ou* juge du tribunal de police ) d                                , sur les réquisitions
d                                , avons arrêté le présent état
à la somme de                                ( *en toutes lettres* );
ordonnons que , en exécution de l'article 174 du Réglement
du 18 juin 1811 , le recouvrement de ladite somme sera
poursuivi par toutes voies de droit, et même par celle de la
contrainte par corps , à la diligence de l'administration de
l'enregistrement et des domaines , contre N.                      ,
condamné ( *seul* ), n'y ayant point eu de partie civile en
cause , ni personne civilement responsable ( *ou bien* solidairement contre , etc. ).

# 13ᶜ TABLEAU.

(NOTE 413.)

MOIS D

de l'an     183 .

N.          (sa qualité).

*MÉMOIRE des honoraires dus à N.* , (médecin ou
chirurgien) à          , canton d          , arrondissement
d          , pendant le

| NUMÉRO d'ordre. | DATE des opérations. | ESPÈCE des crimes ou délits. | AUTORITÉS qui ont requis les visites et opérations. | NATURE DES OPÉRATIONS. | NOMBRE DE | | | |
|---|---|---|---|---|---|---|---|---|
| | | | | | Visites. | opérat⁹ plus difficiles que la simple visite. | myria- mètres parcour. | jours de séjour. |
| | | | | | | | | |

| RÉCAPITULATION. | NOMBRE. | PRIX. | MONT¹. | ARTICLES du Réglement. | TAXE du juge. | RÉGLEM¹ du préfet. | OBSERVATIONS. |
|---|---|---|---|---|---|---|---|
| Visites. . . . . . . . . . . . . | | | | 17 | | | Les juges et le préfet ne doivent jamais omettre de remplir, par leurs taxe et réglement, les deux dernières colonnes, même lorsqu'il n'y a aucune réduction à faire. |
| Opérations plus difficiles. . . . . | | | | 17 | | | |
| Myriamètres parcourus. . . . . . | | | | 91 · | | | Ils ne doivent pas non plus oublier d'indiquer ici les articles du mémoire sur lesquels portent les réductions, et les motifs des réductions. |
| Jours de séjour. . . . . . . . . . | | | | | | | |
| Médicamens fournis suivant la note ci-jointe sous les nᵒˢ | | | | | | | |
| TOTAUX. . . . . | | | | | | | |

Je soussigné (chirurgien ou médecin), *certifie véritable le présent mémoire pour la somme de*

A          , le          183 .

( Joindre à l'appui de chaque opération la réquisition qui y a donné lieu.
Lorsqu'il s'agit de rembourser au chirurgien des fournitures qu'il a ache-
tées à des tiers, le chirurgien ( *ou médecin* ) doit joindre à son mémoire un
état détaillé des fournitures, etc.

# RÉQUISITOIRE.

Nous ( *indiquer l'officier du ministère public* ),

Vu les articles 16, 17, 19 et 24 du Réglement du 18 juin 1811, et les pièces jointes au présent mémoire, requérons, conformément à l'article 140 du même Réglement, qu'il soit délivré exécutoire par ( *indiquer ici la qualité du magistrat qui doit délivrer cet exécutoire* ), sur la caisse de l'administration de l'enregistrement et des domaines, pour le paiement de la somme de .

    A                        , le                    183 .

# EXÉCUTOIRE.

Nous, président de la cour ( ou *du tribunal de première instance*, ou *juge de paix du canton* d              , *arrondissement d*          ) de           ,

Vu le réquisitoire ci-dessus et les pièces jointes au mémoire,

Avons arrêté et rendu exécutoire ledit mémoire pour la somme de         ,

montant de la taxe que nous en avons faite ; et, attendu qu'il n'y a pas de partie civile en cause ( ou *qu'elle a justifié de son indigence* ), ordonnons que cette somme soit payée au sieur N.           ( *sa qualité* ) par le receveur de l'enregistrement au bureau d

    A                        , le                    183 .

# VISA.

Nous, préfet du département d          ,

Vu l'article 152 du Réglement du 18 juin 1811,

Avons vérifié le présent mémoire, et l'avons réglé à la somme de         .

    A                        , le                    183 .

# 14ᵉ TABLEAU.

(NOTE 428.)

MOIS D       de l'an

N.                , messager.

*MÉMOIRE des sommes dues à N.                , messager de
la voiture publique de N.                à N.                , pour
transport d'objets pouvant servir à conviction pendant le mois d   .*

| NUMÉROS D'ORDRE. | DATE du TRANSPORT. | AUTORITÉS qui ont requis le transport. | DÉSIGNATIONS DES OBJETS POUVANT SERVIR A CONVICTION. | PRIX du TRANSPORT. |
|---|---|---|---|---|
| | | | Objets saisis dans l'affaire de *N.*                , prévenu de vol avec effraction. Marqué W , une malle nᵒ 1ᵉʳ, pesant                kilogrammes. | |
| | | | *Idem* une *idem* nᵒ 2. . . . . . | |
| | | | TOTAL. . . . . . | |
| | | | Les 160 kilogrammes , à raison de                le kilogramme, produisent (1). . . . . . . . . . . . . . . . | |
| | | | Un petit paquet de toile , marqué M. V. , saisi , dans l'affaire de *N.*                , prévenu de vol , pesant                kilogrammes , à raison de                pour les objets dont le poids est au-dessous de                kilogrammes. . . . . . . . . . . . . . . . . . . . | |
| | | | TOTAL. . . . . . . . . | |

*Je, soussigné, certifie véritable le présent mémoire pour la somme de*

*A*                , *le*                183  .

(1) Joindre les réquisitions à l'appui de chaque article , *sous peine du rejet du mémoire.*

# RÉQUISITOIRE.

Nous (*indiquer l'officier du ministère public*),

Vu l'article 9 du Réglement du 18 juin 1811 et les pièces jointes au présent mémoire, re-quérons, conformément à l'article 140 du même Réglement, qu'il soit délivré exécutoire par (*indiquer ici la qualité du magistrat qui doit délivrer cet exécutoire*), sur la caisse de l'administra-tion de l'enregistrement et des domaines, pour le paiement de la somme de             .

A                     , le                         183  .

# EXÉCUTOIRE.

Nous, président de la cour (*ou* du tribunal de première instance) séant à                    ,
département d                      ,

Vu le réquisitoire ci-dessus et les pièces jointes au mémoire ;

Avons arrêté et rendu exécutoire ledit mémoire pour la somme de                       ,
montant de la taxe que nous en avons faite ; et attendu qu'il n'y a pas de partie civile en cause (*ou qu'elle a justifié de son indigence*), ordonnons que cette somme sera payée à
N.                        , messager, par le receveur de l'enregistrement au bureau d             .

A                     , le                         183  .

# VISA.

Nous, préfet du département d                        ,
Vu l'article 152 du Réglement du 18 juin 1811,
Avons vérifié le présent mémoire, et l'avons réglé à la somme de                 .

A                     , le                         183  .

# 15ᵉ TABLEAU.

( NOTE 564. )

*MÉMOIRE des honoraires dus à N.*     , sage-femme
à     , canton d     , arrondissement
d     , pendant le     183 .

| NUMÉROS D'ORDRE. | DATES des OPÉRATIONS. | ESPÈCE des CRIMES. | AUTORITÉS qui ont requis les VISITES. | NATURE des OPÉRATIONS. | NOMBRE DE | | |
|---|---|---|---|---|---|---|---|
| | | | | | visites. | myriamètres parcourus. | jours de séjour. |
| | | | | | | | |

| RÉCAPITULATION. | NOMBRE. | PRIX. | MONT¹. | ARTICLES du Réglement. | TAXE du juge. | RÉGLEM¹ du préfet. | OBSERVATIONS. |
|---|---|---|---|---|---|---|---|
| Visites. . . . . . . . . . . . . . | | | | | | | Joindre à l'appui du mémoire, sous peine de rejet, la réquisition en vertu de laquelle la visite a eu lieu. |
| Myriamètres parcourus. . . . . . . | | | | | | | Le juge et le préfet doivent toujours remplir, par leurs taxe et réglement, les deux dernières colonnes, même lorsqu'il n'y a aucune réduction à faire. |
| Jours de séjour. . . . . . . . . . | | | | | | | Ils ne doivent pas oublier d'indiquer ici les articles du mémoire sur lesquels portent les réductions et les motifs des réductions. |
| TOTAUX. . . . . . . . . . . | | | | | | | |

*Je, soussignée, sage-femme, certifie véritable le présent mémoire pour la somme de*

A         , le         183 .

# RÉQUISITOIRE.

Nous (*indiquer l'officier du ministère public*),

Vu les articles 16, 18 et 24 du Réglement du 18 juin 1811, et les pièces jointes au présent mémoire, requérons, conformément à l'article 140 du même Réglement, qu'il soit délivré exécutoire par (*indiquer ici la qualité du magistrat qui doit délivrer cet exécutoire*), sur la caisse de l'administration de l'enregistrement et des domaines, pour la somme de

A , le 183 .

# EXÉCUTOIRE.

Nous, président de la cour (ou *du tribunal de première instance*, ou *juge de paix du canton*
d , *arrondissement d* ), de ,
Vu le réquisitoire ci-dessus et les pièces jointes au mémoire,
Avons arrêté et rendu exécutoire ledit mémoire pour la somme de ,
montant de la taxe que nous en avons faite ; et, attendu qu'il n'y a pas de partie civile en cause
(ou *qu'elle a justifié de son indigence*), ordonnons que cette somme sera payée à *N.*
, sage-femme, par le receveur de l'enregistrement au bureau d .

A , le 183 .

# VISA.

Nous, préfet du département d ,
Vu l'article 152 du Réglement du 18 juin 1811,
Avons vérifié le présent mémoire, et l'avons réglé à la somme de

A , le 183 .

# 16ᵉ TABLEAU.

(NOTE 626.)

*MÉMOIRE des honoraires dus à* N.                    , *traducteur*
*de langue*                    (désigner ici la langue) *près la cour*
(ou *le tribunal*) *de*                    *pendant le*                    .

| NUMÉROS d'ordre. | DATE de la remise des traductions. | NATURE des crimes, délits ou contraventions. | AUTORITÉS qui ont requis les traductions. | NATURE DES TRADUCTIONS. | NOMBRE de RÔLES. |
|---|---|---|---|---|---|
|  |  |  |  |  |  |
|  |  |  |  | TOTAL. . . . . . . . |  |

( Joindre à l'appui de chaque article, sous peine de rejet, le réquisitoire qui a donné lieu aux traductions. )

*Je, souss gné, interprète, certifie véritable le présent mémoire pour*                    *rôles, lesquels, à raison de*
*chacun, d'après l'article 92 du Règlement du 18 juin 1811, à la somme de*

# RÉQUISITOIRE.

———

Nous (*indiquer l'officier du ministère public*),

Vu l'article 23 du Réglement du 18 juin 1811, et, après nous être assuré que les traductions contiennent le nombre de lignes et de syllabes exigé, requérons, conformément à l'article 140 du même Réglement, qu'il soit délivré exécutoire par (*indiquer ici la qualité du magistrat qui doit délivrer cet exécutoire*), sur la caisse de l'administration de l'enregistrement et des domaines, pour de la somme de

A , le 183 .


# EXÉCUTOIRE.

———

Nous, président de la cour royale (*ou du tribunal de première instance*) séant à ,

Vu le réquisitoire ci-dessus et les pièces jointes au mémoire,

Avons arrêté et rendu exécutoire ledit mémoire pour la somme de ,

montant de la taxe que nous en avons faite; et, attendu qu'il n'y a pas de partie civile en cause (*ou qu'elle a justifié de son indigence*), ordonnons que cette somme sera payée à N. , traducteur, par le receveur de l'enregistrement au bureau d .

A , le 183 .


# VISA.

———

Nous, préfet du département d ,

Vu l'article 152 du Réglement du 18 juin 1811,

Avons vérifié le présent mémoire, et l'avons réglé à la somme de

A , le 183 .

# 17ᵉ TABLEAU.

(NOTE 275.)



*MÉMOIRE de l'indemnité due à* N.                    *, établi*
*par*              (désigner l'autorité qui a nommé le
gardien) *pour garder les scellés apposés sur*
(indiquer la nature des objets mis sous les scellés) *de*
N.          , *prévenu de*                    ;

SAVOIR :

Du          au                    inclus (*nombre*) jours,
lesquels, à raison d                    pour chaque jour,
d'après l'article 37 du Réglement du 18 juin 1811, produisent la somme de                    (*en chiffres*).

*Je, soussigné, gardien, certifie véritable le présent mémoire*
*pour la somme de*              (en toutes lettres).

A              , le              183 .

## RÉQUISITOIRE.

Nous (*indiquer l'officier du ministère public*),
Vu l'article 37 du Réglement du 18 juin 1811 et l'ordonnance de nomination du gardien, requérons, conformément à l'article 140 du même Réglement, qu'il soit
délivré exécutoire par (*indiquer ici la qualité du magistrat qui*
*doit délivrer cet exécutoire*), sur la caisse de l'administration
de l'enregistrement et des domaines, pour le paiement de
la somme de                    , montant dudit mémoire.

A              , le              183 .

# EXÉCUTOIRE.

—

Nous, président de la cour (*ou du tribunal*) séant à          ,
département d                          ,

Vu le réquisitoire ci-dessus et la copie de l'ordonnance
ci-jointe,

Avons arrêté et rendu exécutoire le présent mémoire
pour la somme de                        , montant de la taxe que
nous en avons faite ; et, attendu qu'il n'y a pas de partie
civile en cause (*ou qu'elle a justifié de son indigence*), ordonnons que ladite somme sera payée par le receveur de
l'enregistrement au bureau de                        .

A                        , le                        183 .

## VISA.

—

Nous, préfet du département d                          ,

Vu l'article 152 du Réglement du 18 juin 1811,

Avons vérifié le présent mémoire, et l'avons réglé à la
somme de                        .

A                        , le                        183 .

**FRAIS URGENS.**

ROLE DE RESTITUTION.

DÉPARTEMENT

d

Mois d                183 .

# 18ᵉ TABLEAU.

( NOTE 514.)

# · ROLE

*De restitution dressé par le préfet du départe-*
*ment d                    en exécution de*
*l'article 173 du Décret du 18 juin 1811, pour*
*abus ou surtaxe dans les frais de justice ur-*
*gens payés pendant le trimestre d                .*

| NOMS, QUALITÉS ET DEMEURES | | DATE de l'exécutoire dans lequel la taxe est portée. | NUMÉRO d'ordre de la taxe (1) | DATE de la taxe. | MONT d la t |
|---|---|---|---|---|---|
| DES JUGES TAXATEURS. | DES PARTIES PRENANTES. | | | | |
| | | | | | |

(1) Le numéro d'ordre doit être celui sous lequel le receveur de l'enregi
ment indique le rang que la taxe occupe dans son état.

Le préfet aura soin d'exiger que toutes les taxes comprises dans un même
soient rigoureusement cotées par première et dernière, et que les numéros
dre soient de même rapportés sur l'état.

| ...RITÉS ...requis ...actes ...et ...nces. | ARTICLES des codes, lois ou ordonnances en vertu desquels les actes ont été faits. | CITATIONS, MANDATS de comparut., notifications ou significations. | | MANDATS | | Mandats d'amener suivis de mandats de dépôt dans les mêmes 24 heur. | CAPT{res} en exécution de mandats d'arrêts, d'ordonnances de prise de corps, d'arrêts et de jugem{ts} de condamnation. | EXTRACTION. | PROCÈS-VERB. de perquisition. | PUBLICATION et affiches des ordonnances contre les contumaces. | LECTURE des arrêts de condamnation à mort contre lesparricides | RÔLES de copie, déduction faite du premier rôle. | ASSISTANCES aux inscriptions, et radiations d'ecroux. | MYRIAMÈTRES parcourus, y compris le retour. | JOURS de séjour forcé en route |
|---|---|---|---|---|---|---|---|---|---|---|---|---|---|---|---|
| | | Originaux. | Copies. | d'amener. | de dépôt. | | | | | | | | | | |
| | | | | | | | | | | | | | | | |
| TOTAUX . . | | | | | | | | | | | | | | | |

| RÉCAPITULATION. | NOMBRE. | PRIX. | MONTANT. | ARTICLES ET DATES des réglemens ou ordonnances. | TAXE du juge. | RÈGLEM<sup>t</sup>. du préfet. | OBSERVATIONS |
|---|---|---|---|---|---|---|---|
| Originaux de citations, etc. . . . . . . . . . . | | | | | | | Les juges et préfets ne doiv jamais omettre remplir les d dernières col nes, et ils doiv encore indiquer articles du m moire qu'ils ont duits, et les mo des réductions. |
| Copie de citations, etc. . . . . . . . . . . . . | | | | | | | |
| Mandats d'amener. . . . . . . . . . . . . . . . | | | | | | | |
| Mandats de dépôt. . . . . . . . . . . . . . . . | | | | | | | |
| Mandats d'amener suivis de mandats de dépôt. . . . | | | | | | | |
| Captures { en exécution d'un jugement de simple police. . . . . . . . . . . . . . . | | | | | | | |
| en exécution d'un mandat d'arrêt, ou d'un jugement correctionnel condamnant à plus de cinq jours d'emprisonnement. . . . . . . . . . . | | | | | | | |
| en exécution d'un jugement correctionnel condamnant à un emprisonnement de cinq jours et au-dessous. . . . . . | | | | | | | |
| en exécution d'une ordonnance de prise de corps ou arrêt portant peine de reclusion. . . . . . . . . . . . . . | | | | | | | |
| en exécution d'un arrêt de condamnation aux travaux forcés ou à une peine plus forte. . . . . . . . . . . . . | | | | | | | |
| Extraction, etc. . . . . . . . . . . . . . . . . | | | | | | | |
| Procès-verbaux de perquisition. . . . . . . . . . | | | | | | | |
| Publications et affiches, etc. . . . . . . . . . | | | | | | | |
| Lecture des arrêts de condamnation à mort. . . . . | | | | | | | |
| Rôles de copie, déduction faite du premier rôle, conformément à l'article 71, n° 10, du Règlement du 18 juin 1811. . . . . . . . . . . . | | | | | | | |
| Assistance aux inscriptions d'écroux, etc. . . . . . | | | | | | | |
| Myriamètres parcourus. . . . . . . . . . . . . . . | | | | | | | |
| Jours de séjour forcé. . . . . . . . . . . . . . . | | | | | | | |
| TOTAUX. . . . . . . . . . | | | | | | | |

*Je, soussigné, déclare avoir fait tous les actes et diligences compris au présent mémoire.*

A  , le .  183 .

## RÉQUISITOIRE.

Nous (*indiquer l'officier du ministère public*),

Vu les articles 70 à 84 du Règlement du 18 juin 1811, les articles 5 et 6 du décret du 7 avril 1813, l'article 1<sup>er</sup> de donnance royale en date du 6 août 1823; et, attendu que tous les actes et les diligences compris audit mémoire portés sur le registre tenu en exécution de l'article 83 du Règlement précité, requérons qu'il soit délivré exécutoire (*Le surplus du réquisitoire ainsi que l'exécutoire et le visa comme au 6<sup>e</sup> tableau.*)

| AUTORITÉS QUI ONT REQUIS la délivrance des copies, extraits, etc. | DÉSIGNATION DES PIÈCES, et articles des codes et des lois ou ordonnances en vertu desquels elles ont été délivrées. | RÔLES. | EXTRAITS à | | ARTICLES du REGISTRE des condamnés et des mises en surveillance. | ASSISTANCES aux | |
|---|---|---|---|---|---|---|---|
| | | | 25 centimes. | 60 centimes. | | Exécutions à mort | Expositions et exécutions par effigie. |
| | TOTAUX. . . . | | | | | | |

| RÉCAPITULATION. | NOMBRE. | PRIX. | MONT<sup>t</sup>. | ARTICLES et date des réglemens. | TAXE du juge. | Réglement du préfet. | OBSERVATIONS. |
|---|---|---|---|---|---|---|---|
| Rôles d'expéditions ou de copies. . . . . . . . | | | | | | | Les juges et le préfet ne doivent jamais omettre de remplir les deux dernières colonnes, et ils doivent encore indiquer les articles du mémoire qu'ils ont réduits, et les motifs des réductions. |
| Extraits { à 25 centimes. . . . . . . . . . . . | | | | | | | |
| à 60 centimes. . . . . . . . . . . | | | | | | | |
| Articles du registre des condamnés et des mises en surveillance. . . . . . . . . . . . . . . . . . | | | | | | | |
| Assistances aux exécutions à mort. . . . . . . . | | | | | | | |
| aux expositions et aux exécutions par effigie. . . . . . . . . . . . . . . . . . . . | | | | | | | |
| Totaux. . . . . | | | . . . . . . . . . | | | |

*Je, soussigné, certifie avoir délivré toutes les pièces portées au présent mémoire, après les avoir soumises à M. le*
*, et fait viser par lui, conformément à l'article 57 du Réglement du 18 juin 1811 (ou à l'article 1<sup>er</sup> de l'ordonnance du 17 juillet 1825).*

A             , le           183  .

## RÉQUISITOIRE.

Nous *( indiquer l'officier du ministère public )*,

Vu les articles 41 à 64 du Réglement du 18 juin 1811; considérant que les expéditions, copies, extraits, compris au mémoire ont été visés, et portés sur le registre dont la tenue est prescrite par l'article 57 *(ou par l'art. 2 de l'ordonnance royale du 17 juillet 1825)*; que les expéditions ont été faites d'après la règle établie par l'article 48, requérons, conformément à l'art. 140 du même Réglement, qu'il soit délivré exécutoire par *(indiquer ici la qualité du magistrat qui doit délivrer cet exécutoire)*, sur la caisse de l'administration de l'enregistrement, pour le paiement de la somme de    , montant dudit mémoire.

A            , le          183  .

## EXÉCUTOIRE.

Nous *( indiquer la qualité du juge taxateur )*,

Vu le réquisitoire ci-dessus, avons arrêté et rendu exécutoire le présent mémoire pour la somme de montant de la taxe que nous en avons faite; et, attendu qu'il n'y a pas de parties civiles en cause *(ou qu'elles ont justifié de leur indigence par le certificat ci-joint)*, ordonnons que ladite somme sera payée à N.      par le receveur de l'enregistrement au bureau d

A            , le          183  .

## VISA.

Nous, préfet du département d       ,

Vu l'article 152 du Réglement du 18 juin 1811,

Avons vérifié le présent mémoire, et l'avons réglé à la somme de

A            , le          183  .

| NATURE des FRAIS TAXÉS. | ARTICLES des réglemens en vertu desquels les frais ont été taxés. | MOTIFS des RÉDUCTIONS. | ARTICLES des réglemens qui ont servi de base à la réduction. | SOMMES | | | TOTAL des recouvremens. |
|---|---|---|---|---|---|---|---|
| | | | | payées. | allouées. | à recouvrer. | |
| . . . . . | | TOTAL. . . | . . . . | . . . | . . . | . . . | |

ARRÊTÉ le présent rôle de restitution à la somme de

A                   , le         183 .

Le préfet du département d         ,

## OBSERVATION.

Les rôles de restitution seront faits en double expédition, et seront adressés au ministre de la justice, avec l'état mensuel dont il est parlé à l'article 166 du règlement du 18 juin 1811.

# TABLE.


Acompte pour frais de voyage.

Aux gendarmes, V. n⁰ 283, page 121.

Aux témoins, n⁰ 615, p. 259.

Actes de l'état civil.

Rectification, p. 232.

Vérification, n⁰ 637.

Actes d'huissiers. — Citations, p. 34.

Huissiers, p. 132.

Administration des contributions indirectes, p. 52.

Des postes, p. 216.

Administrations assimilées aux parties civiles, p. 198.

Affiches, p. 1.

Agens de police, p. 3.

Alimens aux détenus, p. 6.

Amendes. — Recouvrement, n⁰ 543, p. 230.

Solidarité, n⁰ 579, p. 243.

Amener (mandat d'), p. 8.

Appel de causes, p. 11.

De jugement, p. 11.

Arrêt de la chambre d'accusation, p. 15.

De cours d'assises, n⁰ 43, p. 15.

De cour royale, n⁰ 50, p. 17.

Arrêt (mandat d'), p. 19.

Assistance des avoués aux débats, n⁰ 79, p. 26.

Des greffiers aux exécutions, n⁰ 63, p. 26.

**312**       **TABLE.**

Avances des frais de poursuites.

     En matière criminelle, ne 68, p. 23.

        Correctionnelle, ne 71, p. 24.

        De simple police, ne 76, p. 25.

Avertissemens aux experts, médecins, etc., ne 77, p. 25.

      Aux parties, aux témoins, ne 78, p. 26.

Avocats, V. *Défenseurs*, ne 158, p. 63.

Avoués, p. 26.

Caisse des invalides de la marine, ne 86, p. 29.

Capture, p. 29, V. *aussi le* 1er *erratum*.

Cassation, V. *Pourvoi*, p. 220.

Cautionnement.

    Pour obtenir provisoirement la liberté, p. 159.

    Pour suspendre la contrainte par corps, ne 125, p. 49.

Cédules, ne 93, p. 33.

Certificats d'indigence, ne 94, p. 33.

     De maladie, ne 95, p. 33.

Chirurgiens, V. *Médecins*, p. 168.

Citations, p. 34.

Commandement, ne 105, p. 39.

Commis greffiers, ne 294, p. 126.

Commissaires de police, p. 39.

Commissions rogatoires, ne 108, p. 40.

Communes assimilées aux parties civiles, p. 40.

Communication de pièces, ne 112, p. 41.

Comparution (mandat de), p. 42.

Comparution volontaire, ne 115, p. 42.

Compensation de dépens, ne 163, p. 65.

Conseillers, p. 43.

Conseillers auditeurs, p. 43.

Consignation d'amende, ne 516, p. 221.

      De deniers pour cautionnement, ne 386, p. 162.

# TABLE. 313

Consignation de deniers pour avances de frais, nᵉ 462, p. 195.

Contrainte par corps, p. 47.

Contre-seing pour franchise de lettres, nᵉ 483, p. 205.

Contributions indirectes (administration des), p. 52.

Contumace, p. 54.

Convois militaires, p. 56.

Copies de pièces, p. 57.

Correspondance, V. *Port de lettres*, p. 204.

Débet (enregistrement en), nᵉ 150, p. 60.

Déboursés dans les actes des greffiers, nᵉ 151, p. 61.

Des huissiers, nᵉ 152, p. 61.

Décharge d'un dépôt, nᵉ 153, p. 61.

Décime par franc, nᵉ 154, p. 61.

Déclarations d'un condamné, nᵉ 155, p. 62.

Du jury, nᵉ 156, p. 62.

De se porter partie civile, nᵉ 460, p. 194.

Défaut (arrêts, jugemens par), nᵉ 157, p. 63.

Défenseurs. — Honoraires, nᵉ 158, p. 63.

Privilége, nᵉ 159, p. 64.

Délibération du conseil de famille, p. 64.

Demi-rôles, nᵉ 221, p. 93.

Dépens (compensation des), nᵉ 163, p. 65.

Dépenses extraordinaires, p. 66.

Dépositaire de pièces arguées de faux ou de pièces de comparaison. — Avoués, nᵉ 82, p. 27.

Greffiers, nᵉ 303, p. 129.

Huissiers, nᵉ 320, p. 138.

Notaires, nᵉ 434, p. 184.

Simples particuliers, nᵉ 172, p. 69, et 2ᵉ *erratum*.

Dépôt (acte de), nᵉ 174, p. 71.

Dépôt (mandat de), p. 71.

Déserteurs, nᵉ 179, p. 73.

Désistement d'appel, nᵉ 39, p. 14.

       De la plainte, p. 73.

Diligences, V. *Messageries*, nᵉ 428, p. 181.

Distances, p. 74.

Domicile (élection de), nᵉ 187, p. 77.

Dommages-intérêts, p. 77.

Douanes, nᵉ 192, p. 78.

Double taxe, p. 79.

Droits d'enregistrement, nᵉ 208, p. 85.

      De greffe, nᵉ 289, p. 123.

      De timbre, nᵉ 620, p. 261.

Ecritures. — Des gendarmes, nᵉ 279, p. 119.

      Des greffiers, nᵉ 218, p. 91.

      Des huissiers, nᵉ 146, p. 57.

      Des scribes, nᵉ 569, p. 239.

Ecrou, p. 81.

Enfans appelés en témoignage, p. 82.

      Filles, p. 104.

      Garçons, p. 112.

Enquête. — A l'audience, nᵉ 203, p. 84.

      Au cabinet d'instruction, nᵉ 205, p. 84.

      Par commission rogatoire, nᵉ 205, p. 84.

      En interdiction d'office, nᵉ 354, p. 150.

Enregistrement (droits d'), nᵉ 208, p. 85.

      Au comptant, nᵉ 209, p. 87.

      En débet, nᵉ 150, p. 60.

Epreuves des impressions, nᵉ 210, p. 87.

Etats de frais, p. 87.

Evasion des détenus, nᵉ 211, p. 88.

Exécution d'arrêts et jugemens (frais de l') en matière criminelle, nᵉ 212, p. 88.

      En police simple ou correctionnelle, nᵉ 213, p. 88.

Exécutoires, p. 89.

Exhumations, p. 90.

Exoine , V. *Certificats de maladie*, p. 33.

Expédition des concierges , n° 199 , p. 82.

     Des greffiers , p. 91.

Experts , p. 96.

Extraction , n° 236 , p. 100.

Extraits d'arrêts ou jugemens , p. 100.

     A 25 centimes , n° 238 , p. 101.

     A 60 centimes , n° 239 , p. 101.

Femmes mariées ou veuves appelées en témoignage.

     Dans le lieu de leur résidence , n° 242 , p. 102.

     Hors du lieu de leur résidence , n° 243 , p. 102.

Feuille d'audience , p. 103.

Filles appelées en témoignage âgées de moins de 21 ans , n° 193 , p. 79.

     De plus de 21 ans , n° 247 , p. 104.

Forestière (administration) , n° 248 , p. 104.

Fournitures , n° 249 , p. 104.

Fourrière , p. 105.

Frais de justice. — *Extraordinaires* , n° 164 , p. 66.

     *Ordinaires* , n° 255 , p. 109.

     *Urgens* , n° 255 , p. 109.

Frais à la charge des condamnés , n° 258 , p. 111.

     De l'état , n° 256 , p. 109.

     De la partie civile , n° 257 , p. 110.

Franchise des lettres et paquets , n° 478 , p. 204.

Garçons appelés en témoignage. — Agés de moins de 15 ans , n° 252 , p. 112.

     De plus de 15 ans , n° 261 , p. 112.

Gardes champêtres , p. 113 , et 3° *erratum*.

Gardes forestiers , p. 115.

Gardes pêche , n° 272 , p. 116.

Gardes scellés , p. 116.

Gendarmes, p. 117.

Greffe (droits de), nᵉ 289, p. 123.

Greffes. — Inventaire, nᵉ 290, p. 123.

       Transport, nᵉ 291, p. 123.

Greffiers, p. 124.

Haute police, nᵉ 308, p. 131.

Honoraires des défenseurs, nᵉ 158, p. 63.

Hospices, p. 131.

Huissiers, p. 132.

Identité (reconnaissance de l'), nᵉ 335, p. 143.

Impressions, p. 144.

Indigence (certificats d'), nᵉ 94, p. 33.

Informations, V. *Enquêtes.*

Inhumations, nᵉ 343, p. 146.

Inscriptions hypothécaires, p. 147.

Interdiction d'office, p. 147.

Interprêtes, nᵉ 360, p. 151.

Inventaire des greffes, nᵉ 290, p. 123.

       Des pièces de conviction, nᵉ 361, p. 152.

Journal, nᵉ 362, p. 152.

Journées de déposition, nᵉ 587, p. 247.

       De séjour en route, nᵉ 571, p. 240.

       De séjour dans la ville où se fait l'instruction, nᵉ 575, p. 241.

Juge d'instruction, p. 153.

Juge de paix, nᵉ 365, p. 153.

Jugemens, p. 154.

Jurés. — Amendes, nᵉ 373, p. 157.

       Indemnité de voyage, nᵉ 375, p. 158.

       Séjour en route, nᵉ 376, p. 158.

       Séjour dans la ville des assises, nᵉ 377, p. 158.

Lecture d'arrêt contre un parricide, nᵉ 323, p. 138.

Lettres (port de), nᵉ 478, p. 204.

# TABLE. 317

Liberté provisoire sous caution, p. 159.

Liquidation de frais, p. 164.

Liste des jurés, etc., n° 397, p. 166.

Magistrats, n° 398, p. 167.

Mandats d'amener, p. 8.

       D'arrêt, p. 19.

       De comparution, p. 42.

       De dépôt, p. 71.

       De dépôt après mandat d'amener, n° 25, p. 9.

Mandement exprès, p. 167.

Médecins, p. 168.

Mémoires pour le paiement des frais, p. 175.

Mendians, p. 181.

Messageries, p. 181.

Militaires appelés en témoignage, p. 182.

Minutes, n° 295, p. 126.

Modèle de mémoire à fournir par les agens de police, V.
1er tableau.

       Concierges, 5e tableau.

       Conseillers, p. 44 et 45.

       Convois militaires (entrepreneur des), 3e tableau.

       Dépositaires de pièces de comparaison, p. 70.

       Experts, 6e tableau.

       Gardes scellés, 17e tableau.

       Gendarmes, 1er et 7e tableaux.

       Greffiers, 8e tableau.

       Huissiers, 9e tableau.

       Imprimeurs, 10e tableau.

       Interprêtes, 6e tableau.

       Journalistes, 10e tableau.

       Juges, 11e tableau.

       Maires, 2e tableau.

Médecins, 13e tableau.

Messageries ( directeurs des ), 14e tableau.

Procureurs généraux, procureurs du roi et leurs substituts, 11e tableau.

Sages-femmes, 15e tableau.

Traducteurs de langues, 16e tableau.

Notaires dépositaires de pièces, ne 434, p. 184.

Experts, ne 440, p. 186.

Témoins, ne 440, p. 186.

Notariat (poursuites d'offices, etc. ), ne 507.

Notes des dépositions, nes 203 et 204, p. 84.

Nullités, ne 441, p. 186.

Octrois, ne 442, p. 187.

Officiers de l'état civil, ne 443, p. 187.

De police judiciaire, ne 444, p. 187.

De santé, V. *Médecins*, p. 168.

Opposition à un arrêt ou jugement, ne 445, p. 188.

A une ordonnance, ne 446, p. 188.

Ordonnance de la chambre du conseil et du juge d'instruction, ne 447, p. 188.

Ordonnance de prise de corps, p. 189.

Ordonnance fixant l'ouverture des assises, p. 191.

Ouverture de cadavre, ne 403, p. 170.

Pansemens, nes 402 et 405.

Parquet (officiers du), p. 192.

Parties civiles proprement dites, ne 459, p. 194.

Autres parties civiles, ne 469, p. 199.

Perquisitions, p. 199.

Personnes responsables, ne 551, p. 233.

Pièces servant à conviction ou décharge.

Leur inventaire, ne 474, p. 202.

Transport, ne 475, p. 202.

Plainte, ne 477, p. 203.

Port des lettres ou paquets ( franchise de ), p. 204.

*Magistrats et fonctionnaires qui en jouissent.*

    Adjoints de maire , nᵉ 485 , p. 207.

    Archevêques , nᵉ 486 , p. 207.

    Commissaires de police , nᵉ 485 , p. 207.

    Evêques , nᵉ 486 , p. 207.

    Gouverneurs et généraux , etc. , nᵉ 487 , p. 208.

    Greffiers , nᵉ 488 , p. 208.

    Juges d'instruction , nᵉ 489 , p. 208.

    Juges de paix , nᵉ 490 , p. 209.

    Maires , nᵉ 485 , p. 207.

    Officiers de gendarmerie , nᵉ 491.

    Préfets , nᵉ 492.

    Premier président de la cour de cassation , nᵉ 493.

        De la cour royale , nᵉ 494.

    Président de cours d'assises , nᵉ 495.

        De tribunaux de 1ʳᵉ instance , nᵉ 496.

    Procureur général de la cour de cassation, nᵉ 493.

        De cour royale , nᵉ 497.

    Procureur du roi près une cour d'assises , nᵉ 498.

        Un tribunal de 1ʳᵉ instance , nᵉ 499.

    Proviseurs des colléges royaux , nᵉ 501.

    Recteurs des universités , nᵉ 501.

    Simples particuliers , nᵉ 500.

    Sous-préfets , nᵉ 502.

Poste ( direction générale des ) , p. 216.

Postulation , nᵉ 506 , p. 217.

Poursuites d'office , p. 218.

Pourvoi en cassation , p. 220.

Préfets , nᵉ 526 , p. 224.

Prescription des frais , p. 225.

Prisons , nᵉ 530, p. 226.

Priviléges. — Pour amende , nᵉ 531 , p. 226.

Privilége pour dommages-intérêts, nᵉ 532, p. 226.

Pour frais, nᵉ 533, p. 227.

Procès-verbaux, p. 228.

Procureurs généraux, procureurs du roi, nᵉ 455, p. 192.

Recors, nᵉ 542, p. 230.

Recouvrement d'amendes, nᵉ 543, p. 230.

De cautionnement, nᵉ 387, p. 162.

De frais de justice, nᵉ 544, p. 231.

Rectification d'office, p. 232.

Rédaction d'arrêts, jugemens et ordonnances, p. 232.

Des procès-verbaux, nᵉ 537, p. 228.

Réintégration dans la prison, nᵉ 236, p. 100.

Renseignemens fournis par le greffier, nᵉ 549, p. 232.

Requêtes, nᵉ 80, p. 27.

Réquisition, nᵉ 550, p. 233.

Réquisitoires, nᵉ 418, p. 177.

Responsables (personnes), p. 233.

Restitution (rôles de), p. 234.

Rôles de copies de pièces, nᵉ 147, p. 59.

D'expéditions, nᵉ 221, p. 93.

De traduction, nᵉ 632, p. 262.

Sages-femmes, p. 236.

Saisies, nᵉ 567, p. 239.

Scellés, nᵉ 568, p. 239.

Scribes, nᵉ 569, p. 239.

Secours aux détenus, nᵉ 18, p. 6.

Séjour forcé en route, p. 240.

Séjour dans le lieu où se fait l'instruction, p. 241.

Significations, nᵉ 578, p. 242.

Solidarité pour amende, nᵉ 579, p. 243.

Dommages-intérêts, nᵉ 580, p. 243.

Frais, nᵉ 581, p. 244.

Restitutions, nᵉ 580, p. 243.

# TABLE. 321

Taxe des frais, p. 244.

Témoins. — Avances au témoin, nᵉ 615, p. 259.

    Citation de la loi, nᵉ 602, p. 255.

    Femme mariée, nᵉ 242, p. 102.

    Fille âgée de 21 ans, nᵉ 247.

    Fille âgée de moins de 21 ans. — Accompagnée, nᵉ 193, p. 79.

                Non accompagnée, nᵉ 247.

    Formalités de la taxe des témoins, nᵉ 594.

    Garçon âgé de 15 ans accomplis, nᵉ 261.

        De moins de 15 ans. — Accompagné, nᵉ 193, p. 79.

                Non accompagné, nᵉ 262.

    Indemnité pour journées de déposition.

    Quand est allouée, nᵉ 587, p. 247.

    Nombre de journées, nᵉ 589, p. 248.

    Prix pour chaque journée, nᵉ 590, p. 248.

    Personnes à qui elle n'est pas due, nᵉ 588.

    Malades, nᵉ 616, p. 260.

    Militaires, nᵉ 430, p. 182.

    Séjour en route, nᵉ 592, p. 252.

    Séjour où se fait l'instruction, nᵉ 593, p. 252.

    Témoins cités par l'inculpé, etc., nᵉ 619, p. 261.

    Voyage, nᵉ 591, p. 249.

Timbre, nᵉ 620, p. 261.

Traductions verbales, nᵉ 360, p. 151.

        Par écrit, nᵉ 622, p. 262.

Tranport des accusés, des procédures, etc.

        Par les convois militaires, nᵉ 144, p. 56.

        Par les messageries, nᵉ 429, p. 182.

        Par la poste, nᵉ 628, p. 264.

        Par toute autre voie, nᵉ 629, p. 264.

Vacations. — Durée de chacune, nᵉ 632, p. 265.

Nombre pour chaque jour, nᵉ 633, p. 265.

Vacations de nuit , nᵉ 634, p. 265.

Vérification d'écritures , nᵉ 635 , p. 265.

Des registres de l'état civil, nᵉ 637, p. 266.

Visa du directeur de l'enregistrement , nᵉ 422 , p. 179.

Du préfet , nᵉ 421 , p. 178.

Visites des médecins , nᵉ 402 , p. 169.

Des sages-femmes , nᵉ 558 , p. 236.

Voyage , V. *Distances* , p. 74.

V. aussi aux articles Conseillers , p. 43.

Dépositaires de pièces , nᵉ 171 , p. 69.

Experts , nᵉ 229 , p. 97.

Filles âgées de moins de 21 ans et garçons âgés de moins de 15 ans, nᵉ 193 , p. 79.

Gendarmes , nᵉ 287 , p. 122.

Greffiers , nᵉ 300 , p. 128.

Huissiers , nᵉ 326 , p. 139.

Juges d'instruction , nᵉ 363 , p. 153.

Juges de paix , nᵉ 365 , p. 153.

Jurés , nᵉ 375 , p. 158.

Médecins , nᵉ 409 , p. 172.

Militaires , nᵉ 433 , p. 183.

Sages-femmes , nᵉ 563 , p. 237.

Témoins , nᵉ 591 , p. 249.

Traductions de langues , nᵉ 624 , p. 263.

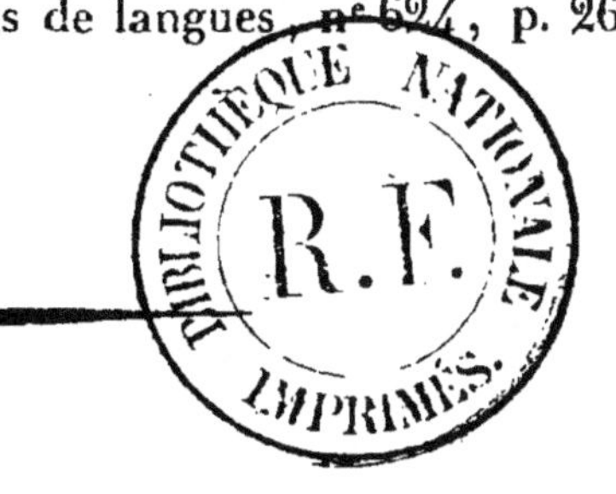